U0153680

圖解

五南圖書出版公司 印行

家族治療

邱珍琬 / 著

閱讀文字　理解內容

觀看圖表

圖解讓
家族治療
更簡單

自序

自序

　　家族（庭）治療是屬於生態思維的一環，身為專業助人者需要知道當事人周遭環境脈絡、甚至是歷史文化的一些實際情況與變數，然後才能夠真正對當事人做有效的協助。一般人最親密的關係大都是從家庭開始發展，家庭是我們最初社會化的場所，也將所學的這一切延伸及運用到家庭外的其他場域。從原生家庭開始，甚至是世代以前的家族傳統與價值觀，也都對個人有極大的影響力，這些也會影響到將來自己組成的家庭（立即家庭）。

　　家族（庭）治療的參與成員可以從立即家庭到延伸家庭，只要是相關利害人也都可以參與。我國宗族觀念甚重、特別是家庭倫理，其底下的家族不免受其重大影響，即便現在家庭模式多元，然而根深柢固的家族觀念依然延續下來、不可忽略。家族治療起源雖來自西方，但是將其應用到我國，還是需要注意到文化的適當性（所謂的「適文化」），必要時得依據我國文化做一些調整或修正，也要考慮到我國家庭倫理與傳承的議題。本書主要是介紹主要的家庭理論觀點，其次以家庭治療的實務做介紹，輔以若干案例說明，希望本書可以成為讀者認識家庭治療的入門書，而有關家庭治療的實務與案例，則可參看坊間許多翻譯或本土治療書籍。本文中將「家庭」與「家族」治療輪流使用。

自序

Part3 家族治療理論

Part4　家庭治療專業倫理

Part5　如何進行家族治療

Part6　家庭治療技術

Part7 案例分析與家庭治療注意事項

Part8 家庭治療注意事項

參考書目　216

Part 1

家族治療的起源與重要貢獻人物

單元 1　家族治療的起源

我們是藉由人際關係來定義自己、維持個人的生存，單是從個別治療裡，無從了解人在人際網絡中的運作與受到影響的情況，而家庭治療是從社會脈絡（social context）去了解人類行為，因此受到矚目。

家族治療可以追溯到佛洛依德（S. Freud），只是他所注重的是「記憶中的家庭」（family-as-remembered）（Nichols, 2010, p.5），而非實際運作與進行的家庭。家族治療最先是受到團體動力的影響，然而家庭成員的關係與複雜度較之團體更深，而且有共同的歷史與未來，因此其持續性（continuity）、承諾度（commitment）、以及彼此分享或共有的扭曲思考（shared distortions），也都有別於一般的團體（Nichols, 2010, pp.13-14）。

家庭成員不像團體成員那樣享有平等的權利，況且光是對話仍不足以造成改變，而治療師也不能仰賴家庭成員挑戰家庭規則（Nichols, 2010, p.52），畢竟每個家庭都處理過類似的議題（也就是需要做改變或維持原狀），然而決定進入治療的家庭，可能發生處理上的問題、或是處理不當反而讓問題更嚴重，因此治療師的介入是必要的。阿德勒（Alfred Adler）是最早將現象學觀點介紹進來（家庭星座的觀點），讓我們了解家庭系統（Corey, 2017, p.406），也就是需要從個體主觀對於家庭環境與氛圍、以及彼此對待的脈絡中來看。

精神分析治療師將團體視為「家庭」之「再造」（re-creation）（Nichols, 2010, pp.13-14），可以提供矯正原生家庭經驗的機會（Yalom, 1995），而團體的過程、內容以及使用的技術，的確影響了後來的家族治療。此外，「角色理論」也提供了一些想法，包括家庭成員的角色基本上是互惠、互補的，家庭之所以很難改變，主要就是彼此角色的互相「增強」使然——彼此都在等待對方的改變（Nichols, 2010, pp.12-13）。家族治療也受到社會工作的影響，因為社會工作就是將人視為在環境中的個體（person-in-the-environment），較之系統觀更早將「生態」的觀念帶進來（Nichols, 2010）。

家庭治療理論是從 1940 到 1960 年代開始，而真正的成長、成為正式的治療是在 1970 至 90 年代。Becvar 與 Becvar（2009, pp. 16-52）則將家庭治療歷史分為：種子期（1940 年代——控制理論、跨領域取向的發展）、植根期（1950 年代，特別著重 Bateson 等人的貢獻）、萌芽期（1960 年代，家庭治療漸漸受到重視、研究持續，新的研究與出版）、開花期（1970 年代，不同取向及理論的加入）、連結與統整期（1980 年代，將舊有理論如 Freud、Adler 的觀點融入現有的理論中）、矛盾衝突期（1990 年代，女性主義的批判、家庭醫學的分支、管理照護的改變）及持續關注與浮現的趨勢（21 世紀，911 恐攻及全球事件、校園槍擊等，持續需要關注與有效處理）。家庭治療聚焦在整個生活系統的改變，家人是彼此有聯繫的系統，因為這層關係所以「牽一髮而動全身」。

家庭治療歷史簡表（Gladding, 1998, pp.67-82）

1940 之前

1940 年代之前有幾個阻擋家庭治療發展的因素——是有關迷思與觀點的問題，因為當時的個人主義對家庭治療的起源是有阻礙的，當時認為健康的人是能夠處理自己的問題，這乃源自於美國尊重個體化的因素；第二個社會的原因是傳統，基本上當時若有個人的議題通常會諮詢牧師、律師或醫師，而不會尋求心理專業人員的協助；其三是當時的理論（精神分析以及行為主義）所強調的是比較屬於個人方面的議題。促成家庭治療被接受，最後成為流行的一個趨勢，是許多女性進入大學，她們要求有關家庭生活教育的課程，其次是在紐約州所設立的婚姻諮商，第三個是在 1938 年成立的全國家庭關係會議、並發行了《婚姻與家庭生活》期刊；最後是許多人開始與家庭工作，也更了解家庭的情況以及動力，而阿德勒在 1930 年代與家庭工作的方式非常風行。

1940-1949

這段期間有很重要的一些事件，對家庭治療有很深遠的影響，包括「美國婚姻諮商師協會」（American Association for Marriage Counselors, AAMC）在 1945 年成立；此外，第一份當代的婚姻治療由 Bela Mittleman 在紐約出版，強調客體關係在配偶關係中的重要性；第三個是針對思覺失調症家庭的研究；最後則是二次世界大戰及其後續的影響（由於許多男士與家人分開，許多女性進入職場，也有必要與受到創傷以及改變的家庭工作，而在 1946 年國會也通過國家心理衛生法（the National Mental Health Act），補助有關心理疾病的研究、訓練、預防與治療。

1950-1959

50 年代有許多重要人物對於家庭治療有貢獻，包括 Nathan Ackerman 從系統的觀點來治療家庭，並從家庭過程與動力的觀點來治療心理疾患者；Gregory Bateson 對思覺失調症患者的家庭溝通型態很有興趣，也發明了 double-bind（雙綁）的名詞；另外還有 Carl Whitaker，他以協同治療（conjoint couple therapy）出名，也在 1955 年舉辦了第一個家庭治療的會議；Murry Bowen 在國家心理衛生機構的資助下，與思覺失調症家庭進行治療與演示，並在後來發展其理論，此外還有 Ivan Boszormenyi-Nagy、James Framo 與 Gerald Zuk 等人發展出脈絡治療（contextual therapy）。

1960-1969

1960 年代是家庭治療快速成長的時期，有四個重要人物，包括 Jay Haley、Salvador Minuchin、Virginia Satir 以及 Carl Whitaker，而之前提到的 Nathan Ackerman、John Bell、Murray Bowen 也都持續貢獻他們的觀點與理論在家庭治療的領域上。「一般系統理論」（general systems theory）以及「循環因果關係」（circular causality）也被用於家庭理論之中，

1970-1979

70 年代有許多重要事件，包括「美國婚姻與家庭治療協會」（American Association for Marriage and Family Therapy, AAMFT）人員快速增加，以及「美國家庭治療協會」（American Family Therapy Association）的成立，許多理論的重新修正，以及歐洲治療〔如米蘭團隊（Milan Group）〕與治療師的貢獻。

1980-1989

80 年代有些家庭治療的先驅退休或者死亡，新一代的領導人出現，另外有許多個人以及協會貢獻在家庭治療上，還有就是在家庭治療研究的增加以及許多出版品如雨後春筍般出現。1984 年美國心理學會的分支「家庭心理學」（the Division of Family Psychology）成立，而「國際婚姻與家庭諮商師協會」於 1986 年在「美國諮商師協會」（American Counseling Association, ACA）底下成立。

1990- 目前

新的理論以及專業領域都慢慢浮現。將自己定位為家庭治療師的專業人員持續成長，而在學術領域以及實務上也持續做修正。新的理論包括焦點解決以及敘事治療理論，還有 Tom Anderson 的反應團隊（the reflecting team）等新理論注入家庭治療領域（這些都是以社會建構論為基礎）；此外，針對特殊族群的家庭（如單親、繼親、年邁以及同志家庭）的實務工作者也產生了，家庭治療師的認證也出現。

單元 2 影響家族治療起源的重要人物：
Gregory Bateson 的貢獻（一）

　　家族治療起源於 1940 到 1950 年代臨床治療師對於精神分裂症者（思覺失調）的治療。Gregory Bateson 從「神經機械／控制學」（cybernetics）（研究系統內回饋控制的方法，以維持與調節系統內平衡的機制）那裡借用了「回饋」（feedback）觀念，來說明家庭用來規範或調節家庭成員的行為、以維持其平衡（Nichols, 2010, p.88）。「回饋圈」（feedback loops）是一種循環的機制，其主要目的是將系統輸出的資訊重新輸入，以改變、修正或是管理系統的功能，維持家庭之「平衡」／「恆定」（homeostasis）（Goldenberg & Goldenberg, 1998, p.23; Nichols, 2010, p.88）。若將這些觀念運用在家族治療上，「回饋」是指家庭成員與外界接觸所帶回到家庭裡的、或是成員本身的成長或變遷（如青春期、上學、離家或離婚等）新訊息。「正向回饋」（positive feedback）是新訊息對家庭目前發展方向的確認與增強，而家庭對於新訊息的接收與重新調適，是主要的改變動力（並不一定是不好的）；「負向回饋（negative feedback）則是發現訊息讓家庭系統走偏了、需要做適當修正，家庭系統會拒絕或是壓抑新訊息、不讓它影響家庭原本的平衡。

　　每個家庭對於回饋的反應與處理（決定哪些訊息可以納入調適或拒絕受到影響），也顯現出此家庭的開放程度如何？開放系統（open system）是持續與外在環境互動的，會因刺激而反應、也會主動創造改變，說明家庭系統是持續不斷變化與調整的；健康的家庭系統不僅維持平衡、也尋求改變的必要性（Nichols, 2010, p.93）。倘若家庭是一個閉鎖系統（closed system），拒絕任何新資訊的流入或做適當改變，最後淪為滅絕（entropy）的命運，但若全然開放也會陷入一團混亂，然而基本上家庭系統不會走到這兩個極端；適度開放的家庭同時利用「負向回饋」（稀釋或減少）與「正向回饋」（增強或加大）來調整其功能與運作（Goldenberg & Goldenberg, 1998, pp.25-33; Nichols, 2010, p.93）。

　　一個健康的家庭必須對改變的可能性（家庭外環境的壓力、或是家庭成員成長發展的自然過程）做適度的開放，才可以維持其長期的穩定性，拒絕改變則會造成停滯與衰退（Goldenberg & Goldenberg, 1998, pp.25-33; Nichols, 2010, p.93），因為一般活的生物有機體是需要依賴兩個重要過程，其一是在面對外來環境的騷擾時，可以維持完整性（需要經由「負向回饋」的作用，藉以減少改變），其二是要改變系統本身去遷就新的資訊（這就是「正向回饋」的功能）。有彈性、功能良好的家庭會適度調整、是否將新資訊納入系統內，並做適當的改變，像是當孩子進入不同發展階段，家庭系統也會適時做調適或改弦更張（Nichols, 2010, p.46）。

小博士解說

　　正向回饋是造成改變來調適新進的資訊或變化、讓家庭系統恢復原本的平衡，而負向回饋通常是將新進的資訊或改變的需求加以稀釋或壓抑，讓家庭系統恢復原本的平衡。個人會從家庭外帶進來不同的資訊，或是家庭、個人的發展產生變化，因此家庭系統是持續維持動態的平衡狀態。

不同家庭治療先驅者貢獻的觀點
（整理自 Minuchin & Nichols, 1993, p.37）

 治療師 **Murray Bowen**
自我分化（self-differentiation）、家族譜（family gerogram）

 治療師 **Nathan Ackerman**
家庭代罪羔羊（family scapegoat）

治療師 **Gregory Bateson**
雙綁理論（double-bind theory）

治療師 **Jay Haley**
三角關係（triad）

 系統觀與社會建構的觀點（Gehart, 2014, pp.39-44, pp.46-47）

以機械學（cybernetic）觀點看家庭系統	質疑所謂的「客觀」現實，認為現實乃建構而成（reality is constructed）。
系統會做平衡與自我校正（homeostasis and self-correction）	現實是藉由語言所建構起來。
負向與正向回饋（negative and positive feedback）	現實是從關係中妥協而來。
第一與第二序列的改變（first- and second order change）	經驗分享促成社會行動。
一個人不可能不溝通（one cannot not communicate）	人們不能自外於傳統、文化與壓迫，而文化的本質是壓迫的（因為需要訂立可接受的行為規範）。
溝通——報告與命令（後設溝通）（report and command: metacommunication）	所有的文化也具有反思能力與人性，會檢視其影響力並質疑價值觀與意義。

雙綁（double binds）　　**家庭是一個系統**

對稱與互補關係（symmetrical and complementary relationships）

知識論（epistemology）	人類大部分認為的事實是錯誤的，因為只相信互動次序的一個面向。

系統治療師會將徵狀放在更大的關係脈絡中觀察

✛ 知識補充站

　　Bateson 認為重大心理疾病（如知覺失調）與家庭中不同成員之特定互動型態有關。也就是當家中有一位成員無法解讀另一人所給予的矛盾訊息時，這兩位有情感連結個體的「失功能溝通」將會導致病理的表現，然而此理論在實務上行不通（Andolfi, 2016/2020, p.21）。

單元 2 影響家族治療起源的重要人物： Gregory Bateson 的貢獻（二）

家庭若無適當的正向回饋機制（或是溝通模式），就不能去做調適、改變，而家庭要維持其平衡也需要負向回饋的機制，缺一不可。後來的學者注意到「正向回饋」未必是不好的，可惜早期的家庭治療師常常過分強調家庭「負向回饋」與拒絕改變的部分（Nichols, 2010, p.90），沒有更仔細去探討家庭正向回饋與改變的可能性，這也容易將家庭預設在某些偏頗立場、少了激勵與發展正向動力的機會；但過度重視「平衡」的功能，也誇大了家庭的傳統特質、而忽略其可能有的資源。此外，將家庭視為一系統，卻可能忽略家庭外更大的系統（如社區、文化與政治）網絡之影響力（Nichols, 2010, p.92）。

Bateson 發現系統理論最適合用來描述家庭為一個「單元」（unit）的功能（Nichols, 2010, p.91），他注意到家庭角色間的功能可以是互補（complementray）或對等的（symmetrical），也就是彼此的關係是互動，而非固定的；他也將一般人把問題歸因於過去事件的線性思考，轉變為目前仍在持續進行「某件事」之「循環回饋圈」（cicular feedback loops）的觀念（也就是問題之所以存在，是因為目前仍在進行的一連串行動與反應所造成）（Nichols, 2010, p.100）。

另外，Bateson 也發現所有的溝通都有兩種功能或層次，其一是「報告」（report，是指訊息所傳達的「內容」），另一種是「命令」（demand，指報告是如何被接收解讀的、對話者的彼此關係是如何），第二種訊息也可以稱之為「後設溝通」（metacommunication），是隱而不顯、常被忽略的（Nichols, 1992, p.39; Nichols, 2010, p.18），像是妻子抱怨丈夫：「你都不幫忙做家事。」字面上意義似乎是抱怨，但是隱藏的意義可能是一個「委屈」、想要丈夫疼惜的女人。Bateson 的「雙綁理論」（double-bind theory）在 IP（Identified Patient，「被認定病人」）的家庭溝通中是有其意義的，家長將心理疾病的孩子「神祕化」，同時傳遞兩種互相衝突的訊息（例如母親對兒子說：「你都沒有自己的主見，如果要像個男人，就趕快去找工作！」如果兒子按照母親的訊息出去找工作了，是不是「證明」了他沒有自己的「主見」？如果不去找，是不是就「不像」個男人？）讓病人更困惑，也以為每個陳述背後都隱藏著特殊意義。Bateson 與其團隊相信：溝通有多層次，不良關係模式是由家庭自我調節的互動所維持的（Minuchin & Nichols, 1993; Nichols, 2010, pp.19-20）！

若從我國的傳統倫理與文化觀點來看，也因為要維持表面上的關係（虛性）和諧，隱藏了真實的感受或表達的完整性，溝通需要顧及社會（和諧）層面、卻犧牲了心理（真實感受與想法）的需求，導致愈在乎的關係、愈無法真實表達自我，不良溝通造成的關係緊張與問題，可見一斑。

小博士解說

個人的行為只有將其放入其所在之關係脈絡中，才可以獲得理解（Andolfi, 2016/2020, p.22）。

雙綁情境的必要因素
（Bateson, 1972, cited in Becvar & Becvar, 2009, p.21）

兩人以上，其中一人為「受害者」。

重複的經驗。

第三個負面禁令——不容許受害者逃脫該情境。

一個主要的負面禁令（injuction）。

第二個禁令與第一個禁令衝突、且更抽象，如第一個禁令是強制處罰或威脅生存的訊號。

最後，在受害者學會以雙綁模式看世界時，就不再需要所有條件，也就是只要其中一個條件出現，就足以引發整個序列的恐慌或暴怒，甚至連幻聽也都可以替代來引發衝突。

 系統觀與社會建構的共同假設（Gehart, 2014, p.45）

人所生存的現實是由關係所建構出來的。

真實只能在關係脈絡中決定，客觀外在的觀點是不可能的。

個人認同及徵狀與所置身的社會系統有關。

改變一個人的語言與對問題的描述，會改變其經驗。

＋ 知識補充站

「家庭是一個系統」指的是：沒有單一個人可帶動互動模式，所有的行為要在脈絡中才有意義，沒有單一個人需為家庭的問題受到指責，個人的性格端賴系統決定（Gehart, 2014, p.43）。

單元 3 溝通治療

「溝通治療」最先影響家族治療、也是最重要的影響，此外家族治療還受到「神經機械學」最直接的影響（Nichols, 2010, p.91）。任何行為都是溝通，所有的訊息也都含有「報告」（report，要傳達的訊息）與「命令」（command，定義彼此的關係）的成分，「報告」就是白紙黑字、說什麼就是什麼，然而「命令」卻包含了話語底下的意思（包含語氣、語調），也牽涉到彼此的關係，其真正意涵就需要猜測。溝通治療師發現溝通中互補與平行（或「對等」）的兩種關係，「互補」是彼此不同、但可以互相做調適，也彼此互相影響，但容易被誤會是「因果」關係（如「受害者」與「加害者」、「被動」與「主動」），而「平行」是建立在平等的基礎上，但是也可能會引起不必要的競爭；配偶或伴侶之間常常會陷溺於某種溝通關係，責怪對方或要求對方改變（認為對方「造成」自己的反應），因此很難做更動。

溝通模式分析互動是「循環式」的因果關係（circular causality），而非「直線式」的因果關係，因此治療師就將家庭成員的行為連鎖視為「回饋圈」，家庭對某位成員問題行為的連鎖反應會讓問題更嚴重（擴大效果），就是所謂的「正向回饋圈」（positive feedback loop），反之則為「負向回饋圈」（negative feedback loop）（減輕效果）。家中成員所表現出來的徵狀或是問題，是為了要維持家庭的平衡，有徵狀的家庭就是陷溺在失功能的溝通模式裡（Nochols, 2010）。家庭發生問題是因為卡在不適當的溝通模式裡，也就是應該要改變以利家庭成長的，但是家庭卻抗拒改變，IP（被認定病人）變成「受害者」、而其他家人成為「加害者」，事實上「加害」或「受害」者的角色是彼此互相決定的，孩子不是必然的「受害者」，但也因此溝通治療師常常將父母親妖魔化，也是備受爭議的一點。溝通治療師是以改變家人不良互動的模式為目的，聚焦在「過程」而非「內容」，而病人出現的徵狀只是告訴我們家庭關係出了問題，因此必須要把潛藏的訊息攤開來檢視（Nichols, 2010, pp.45-48）。

溝通家族治療師所使用的技巧包括：指導家庭成員清楚溝通的原則、分析與解釋溝通模式，也運用不同的、間接的方式來操作家人互動方式（Nichols, 2010, p.50）。溝通治療不考慮內在的動機，而是去分析溝通模式的回饋圈，因此「心理研究機構」（Mental Research Institute, or MRI）治療師的做法就是：確認讓問題持續的正向回饋圈，找出支持這些互動的規則，最後改變這些規則以中止問題行為。Haley、Jackson、Satir 與 Watzlawick 等人也都致力於家庭溝通模式的改變（Nichols, 2010）。MRI 的治療師認為，問題是家庭自然生活的一部分，一般情況下家庭都會遭遇到、而且去解決它，之所以出現問題而需要專家的協助，主要是家人試圖解決時出了問題（Lebow, 2008）。

家庭雕塑在治療中的運用（Andolfi, 2016/2020, pp.84-90）

運用於過去情境 如重演出家庭三代的故事與記憶。

運用於目前情境 通常可以提供正向的退化經驗，透過時間的跳躍帶來可能性，象徵性地回到過去，想像一個不同的童年。

運用於伴侶治療 可以做為伴侶治療評估的工具，讓每位伴侶表達他／她是如何看待這段關係的。家庭雕塑是促進全新理解相當有用的工具，用於協助轉化角色、並發掘更有效溝通與理解的模式，也可突顯伴侶及家庭關係的負面動力狀態。

應用於未來情境 想像未來（特別是跟家庭重大事件有關的），對未來的恐懼、情緒切斷或期待都可以表達出來，可以帶給家庭跟治療師許多洞察與建議。

應用於個別治療 讓當事人運用肢體來呈現某個動作與姿態，或用某種方式去看，就會有很大的不同。

應用於治療師的督導及個別訓練 可以提供一種完全不同的方式來理解家庭，對案例產生全新的洞見。

運用在專業困境的雕塑 治療師若在治療中碰到瓶頸，可能與自身議題有關，可以覺察自己的情緒促發因子及自動化的反應。

＋ 知識補充站

溝通理論的學者形容家庭是受到規則所管轄的，而神經機械學的系統就是傾向於穩定，倘若家庭中一個成員偏離了家庭的管轄，就可能引發負面的回饋，家庭就會強迫此人改變回來、以維持家庭系統的平衡；然而將家庭視為受到規則所管轄的機械學系統的這種譬喻，無心也無腦（Nichols, 1992, p.62）。

單元 4 Murray Bowen 的家庭系統治療

Murray Bowen 的家庭系統治療（Bowen family system therapy）影響深遠。Bowen 對思覺失調症患者的觀察研究，發現病人一回家就發病，於是開始探究其中的原因，發現了家庭的影響力，而病人之所以生病、有其「附加利益」。他發現一旦家中有兩人衝突、卻又無法解決時，就很自然會將第三者拉進來、以減少焦慮，形成所謂的「三角關係」（triangle），以穩定家庭關係；「三角關係」不一定是壞的，有問題的是將「三角關係」變成一種習慣，因此毀損了彼此原來的關係。Bowen 也因此看見「代間傳承」（multigenerational transmission process）的模式，尤其是情緒問題的延續（Corey, 2009, p.415）；夫妻或是個人與原生家庭未分化，可能就會有情感過度投入（emotional overinvolvement）或是情感切斷（emotional cut-off）的結果，而這樣的情況會代代相傳。Bowen 也發展了「家族譜／家系圖」（genogram）來檢視家人與代間關係。Bowen 還看到母子／女之間的「共生」（symbiosis）關係（為了生存而彼此互相依賴，卻也會因為彼此獨立的功能受到影響，最常出現在酗酒家庭裡）（Guerin & Guerin, 2002）；Bowen 鼓勵個體與家庭做適度的區隔，而「自我分化」（differentiation of the self）的程度與個體成熟及因應壓力功能有關（Goldenberg & Goldenberg, 1998; Nichols, 1992; Nichols, 2010）。

Bowen 認為人類關係受兩種驅力〔個別化（individuality）與共聚性（togetherness）〕的平衡所影響，也就是人需要獨立，也需要與人有聯繫，因此需要學習在情感上可以處理這兩種驅力或需求，而「自我分化」就是很重要的一種發展。孩子最初是與母親發展一種「共生」的關係，彼此之間是沒有界限的〔稱之為「融合狀態」（fusion）〕、缺乏個人的自主性，慢慢地孩子才有機會與母親做適當區隔（你我是不同個體），知道母親是母親、自己是自己，分屬不同個體，而家庭的關係也是一樣，從「融合」到「分化」是一個連續的歷程，每個家庭的情況都不一樣。「分化」是有能力去思考與反省，而不是在情緒壓力下所做的反射動作，也就是有能力去平衡思考與感受，而個人分化功能也與其當前的關係品質有關聯，且人傾向於選擇與自己分化程度相似的人做為伴侶。此外，Bowen 相信人格的養成與個體在家中的地位有關，像是排行老大的較有權力慾，而排行較後的，則較能同理弱勢立場、對其他經驗較為開放（Nichols, 2010, pp.113-118）。

Bowen 學派的家庭治療目標是讓人們更了解自己與家人關係、減少過度情緒反應，那麼就可以承擔屬於自己的責任，即使家庭中一個人的改變，也可以引發不同的改變；而治療師會留意「過程」（情緒反應的模式）與「建構」（三角關係的連結網路），且做積極介入，去發掘個人內在與家庭成員間的動力情況，偶爾也使用「關係實驗」（relationship experiment）協助家庭成員做出與自己平日不同的反應（Nichols, 2010, pp.123-128）。

小博士解說

雙綁：一個人在自己重視的關係中，同時接收到兩個相反的訊息，導致其無法以適當方式因應、感覺被卡住或攫獲。

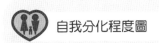 自我分化程度圖

自我分化

 低
（融合）

←————————————→

高
區分思考及
感受，並做適當回應
（行為）

 自我分化的兩個層次（Gehart, 2014, p.230）

 個體內在 可區分想法與感受，以做適當回應（而非反射動作）

 人際之間 知道人我界限，也不失自我

 Bowen與客體關係家庭治療、原生家庭治療、脈絡家庭治療的共通處
（Gehart, 2014, p.229）

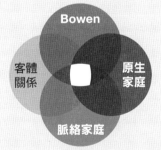

 一樣受到精神分析
與系統理論影響。

檢視當事人早期關
係，藉以了解目前
的功能。

 追蹤代間與延伸家
庭的動力，藉以了解
當事人的抱怨。

 認出並改變從原生家庭
早期經驗中所習得的破
壞性信念與行為模式。

 提升對延伸家庭動力
之洞見，促成改變。

＋ 知識補充站

　核心家庭情緒系統可能會造成徵狀的發展：配偶之一生理或情緒失功能，明顯、慢性、未解的
婚姻衝突，以及孩子心理上的缺損（Goldenberg & Goldenberg, 2000, pp.175-176）。

單元 5 Nathan Ackerman 與其他人物

Nathan Ackerman 發現病人可以成為家庭問題的「代罪羔羊」（scapegoat），他也是最早將家庭視為一個「單位」（unit）的治療師，病人藉由自己生病來緩解或轉移家庭真正的問題，而家庭反而成為「迫害」病人的力量。Ackerman 看見家庭生活中的人際面向、看見每個人的行為與家庭的關聯，因此他在治療中不僅是關注每個人內在，也注意家人彼此的關係，關切個人在系統裡的情況，是一個相當積極參與的治療師，鼓勵家人將祕密公開化（Nichols, 2010, pp.30-32）。Don Jackson 提出「家庭平衡」（family homeostasis）的觀念，強調家庭是一個會抗拒改變的單位，他主要在分析家庭的溝通，孩子的徵狀就是父母問題的誇大版、且具有平衡家庭的功能，也因此家庭在轉好之前會變得更差（Nichols, 2010）。

此外，Theodore Lidz 研究父親在思覺失調患者家庭中的角色（缺乏角色互補）；Lyman Wynne 提到「橡膠圍牆」（rubber fence），將家庭外的人捲入家庭事件中，而家人之間的「假互惠」（pseudomutuality，假裝是很親密的一家人，掩飾彼此的衝突或疏離）與「假敵意」（pseudohostiality，彼此是共謀結構卻以敵意來做掩飾），不僅讓溝通扭曲也破壞了真實的感覺與思考，而這些家庭的情緒混亂，也孕育了孩子心理上的紊亂；John Bell 直接運用團體動力在家庭治療裡（Nichols, 1992, p.37; Nichols, 2010, pp.20-24），Carl Whitaker 甚至率先在治療

中使用「協同治療師」（co-therapist），協助治療師可以有彈性地介入與做直覺反應，不需要去檢視所謂的「反移情」，而 Ivan Boszormenyi-Nagy 將倫理責任（注意到家庭成員對於家庭貢獻與公平性的看法）放入治療目標與技巧裡（Hanna & Brown, 1999; Nichols, 2010, pp.32-33）。其他重要影響人物會在稍後的學派中陸續介紹。

再則，家族治療理論也受到「依附行為」理論的影響（Nichols, 2010, p.96），注意親子間的依附關係與其對個體後來人際發展的影響，特別著重個體內在安全與親密的需求，讀者在人類發展相關課程會接觸到這個理論，本書不另外贅述。

當然，家族治療也不能數典忘祖，有些家庭治療理論者還是會將之前心理學前輩們的貢獻列入，像是佛洛伊德對「小漢斯」（Little Hans）的治療，就是將父子納入，楊格將不同人格（如男性與女性）的整合，蘇利文認為人際模式是人格理論的基礎，佛洛姆認為人類發展不可能自外於人際關係，艾伯特認為人格系統與社會互動不可分，勒溫認為行為是個人與環境交互作用產生，而杜威與班特利留意到事件不是只有一種「正確」的描述方式（Becvar & Becvar, 2009, pp.41-45）。換句話說，家庭治療理論是慢慢演變而來，之前的許多理論與實務工作者都貢獻了自己的智慧，讓這些理論漸漸成形、更新與整合。

阿德勒學派家庭治療過程（整理自Carlson & Kjos, 2002, pp. 60-65）

與家庭碰面

先與家庭成員做個別接觸，了解組成家庭之成員。

評估家庭系統

請家長描述家庭星座（組成成員）、或發生過的家庭事件（如流產、身心障礙、早夭等），以及與家庭較常接觸的親友或照顧者。

問題描述

如最近一次問題發生時間、問題的發展、家人對問題的反應與感受。

典型的一天

了解家庭一般的生活作息、互動情況，可以了解家庭價值觀、需求與家庭氛圍。

與家庭成員分享診斷之假設

可以看見目標與錯誤互動模式。

訪問孩子們

從座位與彼此互動了解家人關係。

重新定位家庭

安全與鼓勵、建立或重新建立家長的領導位置、協助家庭解開重複模式或錯誤目標。

後續會談

詢問家長執行情況與需調整之處。

 阿德勒學派家庭治療師的特質
（整理自Carlson & Kjos, 2002, pp. 71-72）

對人有興趣，關切與尊重當事人。 專注於每個人的描述。

要讓參與的家庭成員都感受到自己被聽見與了解。

使用故事或隱喻，也教育家庭。 維持正向立場，「重新框架」就很重要。

適當使用幽默。

＋ 知識補充站

阿德勒是家庭治療的先驅，也將民主平權帶入治療中，治療過程善用「猜測」的語氣，也從優勢觀點看當事人與家庭。

單元 6　家族治療的修正與發展

家族治療是結合了學界與臨床領域許多人的努力而成，不是單一的個人成就。「神經機械學／控制學」（cybernetics）與一般系統理論提供家族治療相當有用的暗喻（以人為方式將個人與家庭生活週期分開，或是以「凍結架構」的方式將互動分開，Gladding, 1998, p.5），協助臨床專業人員組織家人互動的模式，也注意到家人之間的行為是互相影響的，而每個人的行為也都與家庭相關；但是家族治療採用「神經機械學」的比喻，也容易讓治療師變得機械化，而不是一個人性的治療者，因為人類不是被動的生物，同時也是行動的引發者，還有想像力、記憶、推理能力與慾望（Nichols, 2010, p.26 & p.54）；此外，其採用系統理論也受到許多後起治療師與學者的批判，因此將其理論做了修正與補足（Rivett & Street, 2003），包括只是做第一層次的改變（first-order change，如家中成員或家規）效果不大，必須要改變整個家庭系統（第二層次的改變）效果才突顯（Keeney, 1988, cited in Rivett & Street, 2003, pp.22-23）。後期家庭治療理論了解只是專注於互動模式是不足的，因此加入了家庭成員的信念（建構主義與社會建構主義）、以及文化的影響力，如焦點解決家族治療與敘事家族治療（Nichols, 2010, p.93）。

家族治療師雖然有不同的信仰與學派，但基本上還是需要知道一般家庭的發展史，包括家庭的生命週期（family life cycle）——也就是家庭成員因為發展階段不同，也會帶給家庭不同的衝擊與挑戰，而家庭從新婚夫婦期到孩子出生與發展、最後是孩子離家到配偶退休或死亡，這是一般的家庭生命週期，然而現代的家庭解構與重組有很多形態，因此也需要了解不同的家庭（如單親、同性、隔代教養、繼親家庭等）組成與變化，以及每一世代對下面繼起世代的影響力，還要將環境與文化因素納入（如全球經濟發展情況、網路時代、政治與福利策略等），也意識到家庭其實與其他系統（如延伸家庭、政治改革等）有共享或重疊的部分，才不會在做家庭治療時太過偏狹或失焦。此外，現在許多家族治療師已經不將「抗拒改變」當作議題，因為這是人情之常（人有安全、穩定的需求），反而是將抗拒視為具有「保護」的功能（Nichols, 2010, pp.103-105）。Nichols（2010）也提醒家族治療師要注意到性別議題與文化脈絡，不要輕忽了性別可能涉及家庭權力與位階的問題，而文化的潛隱影響力是一直存在的（Nichols, 2010, pp.107-109）。

小博士解說

米蘭團隊（The Milan Group）有所謂的「觀察團隊」（在治療現場外的單面鏡外觀察治療過程——觀察從事治療的治療師、觀察治療室內與團隊互動之情況），而在每次晤談後，治療師要向家庭轉達觀察團隊對家庭的正向解讀，其目的是希望家庭成員離開治療室之後，仍可做獨立之改變（Minuchin et al., 1996/2003, p.91）。

影響家庭治療修正的影響因素

時代更迭，須納入更多元的家庭形式。

核心家庭的基本假設受到挑戰。

位階與權力納入民主平權的修正。

關注到更多弱勢家庭與其處境。

原生文化與移民文化之間的接觸與融合。

促使許多社會政策的改變或修正，以符合家庭福祉。

治療師有更多外展或到府服務。

科技網路發達的線上服務正方興未艾。

少子化與老化的衝擊，引發更多關注議題。

 認知行為家庭治療（**Gladding, 1998, pp.182-183**）

假設

行為是經由學習而來。

目標是改變不適應行為。

不是每一位家庭成員都需要治療或改變。

技巧

刺激、增強、形塑、示範，也強調社會交換理論裡的關係互惠，父母親職訓練與教育。

＋ 知識補充站

　　家庭治療目前在發源地美國急遽式微，但在亞洲國家卻另啟新頁，式微的主要因素是精神疾患家屬協會對治療師的強烈抗議——治療師因孩子的失功能而怪罪家長，這樣的指責並不公平（Andolfi, 2016/2020, p.202）。

單元 **7** 家庭發展

　　每個家庭有其生命發展過程，從新婚配偶、孩子誕生、孩子入小學、孩子進入青少年、成人、孩子離家、孩子孕育下一代、到配偶之一退休到死亡。家庭生命發展週期（family life cycle）帶有社會與文化的意涵（Gladding, 1998, p.10），同時也考量了家長與子女各自的發展階段。

　　在看家庭的生命週期時，要同時看到家長與孩子雙方的發展，而不是只看單方或孩子的。兩個人結婚，應該視為兩個家族的結合，結婚的兩造帶來了原生家庭的一些文化（如尊重長輩、書香傳家）、價值（如文憑最重要、金錢至上）、規則（如全家至少晚餐要一起用、晚歸要先告知）與習慣（食衣住行小細節）等，需要一段時間彼此調適與調整，通常需要一年時間，甚至產生新家庭的新規則（如共同基金、生活習慣、年節要如何過等）；決定有孩子或延遲幾年，想有幾個孩子，照顧與家庭工作的分配等。初為父母，是有關生理、心理與社會的事件（Gladding, 1998, p.13），會大大改變配偶原先的生活，接下來要如何育子、教養，也都挑戰配偶的思維與能力；孩子出生、誰是主要照顧者、誰要請育嬰假或請誰來照顧；孩子選擇進入哪個幼幼班、誰負責接送、教育的部分如何；

當孩子進入學齡期到青春期，家長可能是事業高峰穩定期，親子共處時間可能減少，加上管教方式隨著孩子成長會有變化（如管束少、多些自主性），也帶給親子雙方不少挑戰；接著準備孩子慢慢離家，父母面臨空巢、退休期，如何規劃自己的兩人生活、病痛或就醫，以及是否協助照顧孫輩、拜訪的安排等，當然還要加上照顧年邁的上一輩、手足分工或財務分攤等，最後是家長自己的傳承與死亡。

　　不同階段的家庭發展，就會面臨不同的變化，需要家庭做調適或改變，可見家庭是持續在變化之中、不是靜態的。絕大多數家庭在遭遇這些變遷時，可以因應或調整、安然度過，少部分可能抗拒改變、或無法做適當調適，而影響家庭功能或彼此關係。例如，若母親太過投入自己的角色，父親無形中就變得邊緣化，若加上孩子正值青春期在獨立與歸屬兩種需求間掙扎，可能就會讓家人關係變得緊張，甚至更惡化，此時的家庭治療就可以發揮功效，協助家庭重回平衡、恢復功能。當然中途若還有其他變化，如生病、意外、死亡、障礙、財務或其他議題，也會讓家庭發展過程增添變數。

小博士解說

　　受過良好教育、配偶彼此都是好人，甚至有良好之家庭淵源或環境，並不一定表示可以成為「好父母」或教養出對社會有正向貢獻的孩子。但是相信每位家長都希望自己所產出的下一代，可以是社稷的榮光，因此在教養過程中盡心盡力，同時也要了解自己可用之資源，及時求助。

家庭生命週期（Duvall, 1977, cited in Lee & Brage, 1989, p. 371）

開始建立家庭
（結婚無小孩）
→
第一個孩子出生
（家有幼兒）
→
**最大孩子上幼稚園
（孩子兩歲半到六歲）**
→
孩子上
小學
（六歲到
十二歲）

退休家庭（丈
夫退休到配
偶之一死亡）
←
父母親後期
（孩子均已
離家）
←
**家庭為發射臺（launch-
ing centers，最大孩子
離家到最小孩子離家）**
←
孩子是
青少年（十三歲
到二十歲）

 婚姻發展階段（Becvar & Becvar, 2009, p.113）

階段	情緒議題	階段性關鍵任務
蜜月期 （0-2 年）	對婚姻的 承諾	與原生家庭區分、挪出 空間給伴侶與親朋好友、 調適工作要求
婚姻早期 （2-10 年）	關係漸趨 成熟	在婚姻中維持浪漫關係、 平衡分離與歸屬、重新 做承諾
婚姻中期 （10-25 年）	退休規劃	調適中年的變化、調整關 係、重新做承諾
長期婚姻 （25 年以上）	生命回顧與 道別	維持配偶功能、處理掉 房子或做調適、因應配 偶死亡

＋ 知識補充站

　　除了一般家庭的正常生命週期之外，倘若有其他變數（如受傷、殘障、意外、生病、分居、離
異、死亡等），也都會影響生命週期。

單元 8 為何使用家族治療（一）

家庭是一個人的最初與最終，每個人最親密的聯繫就是家庭。家庭提供我們生存的一些基本條件，除了食物、遮蔽保暖的居所，還包括愛與隸屬、自尊自信、成長、靈性及自我實現等資源。有人說我們無法選擇家庭，然而儘管如此，我們還是可以選擇家庭對我們的影響，隨著年紀漸長，我們也開始從原生家庭（生養我們的家庭）分化出來，成為成熟、自立的獨立個體，同時也重新調整與原生家庭的關係。

中國人的家庭關係緊密，甚至與世代宗族源遠流長，也都有不可分割的關係。終其一生，我們與自己原生家庭的關係都無法切斷，儘管有時候在自己的原生家庭裡受過傷，但家依然是我們的最終、也是最殷切的期待。現在有許多單身族群，如果沒有成立自己的立即家庭，那麼與原生家庭的關係就更為緊密，也更為複雜。沒有家的人，是孤單的人──在心境上的抑鬱與孤立是不能解的。許多人離開家，最終還是要回到自己的家。通常我們在成熟發展階段是離家獨立，成年後回過頭來與自己的原生家庭重新調整關係。

許多家庭除了直系親屬、姻親、朋友與教會或信仰之外，大概就是以工作上的同事居多，倘若沒有在職場工作，或許就是與鄰居較有互動，然而在大都會區鄰居有時也不一定認識彼此，因此在人際關係上較為單薄。除非有孩子進入安親班或學校，家長才會開始開拓自己的人際圈。有時候即便自己家庭有一些擔心或關切事件，也不一定會找家人或朋友諮詢，因為憂心對方會擔心，反而添加負擔，或許自己選擇的婚姻不是家人所贊同，因此婚後聯繫較少，除非有新的一代產生，或許會有重新連結之可能性，這牽扯到的不只有倫理上的孝道，還有擔心自己被評價。優勢家庭通常有極好的支持系統，在面對挑戰或突發事件時，較容易啟動資源、緩解或解決問題，然而若平日未真正強化與聯繫這些資源，突然要使用時，不免會有難度。倘若在支持系統薄弱的情況下，家庭中任何成員出現問題，家長首先可能尋求孩子教師或學校的協助，諮商或家庭治療往往是最後一根稻草。家族治療其實也提供現代家庭一個極佳的諮詢管道，可以在保密、專業人員的協助下，一起讓家庭恢復良好功能。

小博士解說

我們常說一個人好就全家好，家中若有人出問題或彼此關係不如預期，其實都是家庭的遺憾。家庭是一個人最重要的堡壘，倘若沒有面臨生死攸關的挑戰，大家都還是計較細枝末節，卻犧牲掉了最重要的寶藏。

親子溝通關鍵要訣（Egan, 1998; Gordon, 2000）

要訣	說明	功能
傾聽	花時間與心力聽孩子的故事，在傾聽前要暫時擱置自己可能有的想法或偏見。	接納與尊重孩子，也表現出孩子很重要。
接納但並非接受	接納並不是說同意或是接受對方的看法，而接納可以表現在積極的傾聽上。	「接受」對方有表達自己的權利。
使用開放式問句	相對的「閉鎖性問句」就讓人較無選擇。	讓對方可以有較為充分的表達。
注意使用的語調與其他非語言訊息。	人在說話時，其他身體的表現、表情和語氣等，都會同時傳輸一些意義。	清楚對方要表達的真正意義與一致性。
隨著對方的用語、或是使用對方的語言。	孩子有他所接觸的次文化，有屬於他習慣的表達形式，這些也許是學校或是他所處的交遊圈子使用的溝通模式，表現出來與其他次文化不同的特色。	使用孩子陳述時的語言，可以拉近彼此的距離，當然最好也要知道自己在說什麼，也不要刻意得太多或是太假，更會讓孩子起疑。如果裡面牽涉到不雅用語，而你也不希望孩子使用，可以說：「有時候用一些話，更可以表達一些自己的感覺，我還是想用比較清楚的方式來表現，而不是單單表現出情緒的發洩而已。」或是將用語轉成你／妳希望他／她也可以使用的，如孩子說：「我覺得心情很『幹』。」父母可以回應為：「你／妳覺得很不舒服、很生氣！」
不以單一方式或要求來做溝通。	溝通管道有許多，孩子因為習慣或是個性，會有不同表達方式。	以對方擅長的方式來表達，也要多觀察。
溝通要表達清楚，不要暗設陷阱。	溝通的目的是讓對方在接收訊息時，可以很明白地解讀（decoding），不要讓對方猜測。	溝通清楚，對方接收就明確，不會引發不必要的誤解。

＋ 知識補充站

　　家族治療如同團體治療一樣經濟實惠，同時結合更多人致力於改變，雖然阻力也會更大，但效果加乘。

單元 8 為何使用家族治療（二）

　　家庭的共通性包括家庭的結構是成員的互補性建構，家庭有次系統以及界限的滲透性，家庭結構圖是運用家庭型態和家庭發展的概念來看家庭的人口結構，此外，家庭衝突是定型化的衝突模式，且涉及階層的權力（Minuchin, Lee, & Simon, 1996/2003, pp.58-64）。家庭的兩大基本任務是養育下一代及配偶間的情感支持（Minuchin et al., 1996/2003, p.41），每位家庭成員都希望可以有所歸屬與獨自自主，因此家族治療希望能夠平衡「個人」的獨立自主以及與「家庭」的聯繫關係。我們集體主義的中國傳統，讓每個人與家庭形成密不可分的連結，像是個人與家族「榮辱與共」，個人的一切與家庭或家族休戚相關，因此長輩也常常提醒晚輩「要以家庭為重」；這樣的方式，很容易導致個人失去其獨立性，或者是想要獨立卻不能。西方是尊重個體主義的國家，尊重個人的獨立自主，但同時也可能失去與家人更親密的關係。

　　為什麼要使用家庭治療？使用家庭治療的原因包括：家庭治療讓治療師從循環或（有時候）線性的角度看到因果關係，家庭治療涉及將真實的重要他人列為治療過程的一部分，在家庭治療中，所有家庭成員在同時接收同樣的訊息，家庭治療通常比個別治療花費時間要少，同時家庭治療使用了與家人一起工作的特性、聚焦在人際（而非內在動力）關係上；有證據顯示，家庭治療在同樣情況之下，與其他治療取向一樣有不錯效果（Gladding, 1998, pp.65-66）。以家庭權力位階的觀點來看，有時候家庭出現問題（如父母爭吵），年紀和權力小的家庭成員也想要對問題解決出一份力，所以可能在不小心的情況之下，成為「代罪羔羊」（也就是轉移了真正的家庭問題），在這樣的狀態下，針對個人來進行治療，並不一定能夠得到良好效果，此時將家庭成員聚集在一起、找出問題的真正根源與解決之道，才具真正的療效，也才能長治久安。

　　要將孩子的問題歸因於家庭系統，可能有許多家長不同意、也很難接受，家庭治療大師 Minuchin 自己也承認，因為堅持孩子生病是家庭生病的緣故，而不受到醫學院精神科的歡迎（Minuchin & Nichols, 1992, p.31）。從不同的家庭理論來看家庭面臨的挑戰，的確可以跳脫出狹隘的個人觀點，考慮到大環境脈絡與世代可能的代間傳承，對呈現問題或徵狀的影響，也可以讓家人少責備（代罪羔羊）、彼此多些理解與有效溝通，共創美好的現在與未來；再者，只是專注在個別治療，其改變需要極大動力與支持，同時也會遭遇到嚴重抗拒、效果不彰，結合家人力量共同努力，療效更大且持久。

失功能家庭（dysfunctional family）（張秀如，1998，pp.38-41）

不適當溝通

不足或不當都是問題，許多的家庭仍然是以父權為主，家長很少與孩子做習慣性溝通，也許是因為口語表達訓練不足、善意受到扭曲或誤解，甚至雙方大玩猜測遊戲，孩子也就依樣畫葫蘆，造成家人關係疏離、衝突、甚至暴力；這也是目前存在中國家庭裡最多的問題。

家庭成員角色混淆

這就是「家族治療」提出的「界限」過於糾結的問題，所謂的「父不父、子不子」，父母親不像父母親、沒有扮演好自己的角色，孩子也沒有享受孩子的樂趣，呈現出來的問題，包括孩子被賦予非其責任的家長角色，成為所謂的「假性」父母（pseudo-parent），或是亂倫、虐待。

孤立

家庭的支持系統很少，甚至沒有，處於一種獨立運作、不跟周遭社會連結的狀況，甚至家長也不容許孩子自己開創社交網路，這樣的家庭容易專制獨裁，常有暴力虐待或忽略的情況發生，甚至外力的協助，如社會局要介入都有困難，父母親與孩子都成了禁臠。這種家庭不僅會出現問題孩子與問題父母，也容易有暴力或是虐待情形發生，可能是因為社會變動太大，讓人人自危，但是愈是如此，就更需要完善的社會協助政策跟進，否則家庭功能失據，又不能得到社會提供的補救協助，家庭分崩離析是自然結果。

父母的童年經驗

父母親本身在年幼時，沒有受到妥當的親職照顧，甚至遭受凌虐或忽視，在自己擔任家長之後，自然不太能勝任親職工作，有的連自己的問題都自顧不暇了，更遑論照顧下一代；這樣代代相傳就是一種惡性循環。

婚姻問題

父母親結婚的原因不同，有許多可能就會影響到後來組成的家庭，貌合神離、經常吵架衝突、暴力等，都會讓置身其中的個體受到負面衝擊，夫妻之間沒有合夥人的關係、不能滿足自己的需要、不能互相支援，可能就把重心放在孩子身上，甚至想從孩子身上獲得自己想要的，造成孩子與其中一位家長的關係過於融合糾結，刻意疏離另一位家長，家庭功能瓦解。

父母分離

因為人為或不可避免因素（如父母自己選擇離異、一方不在或死亡）而產生沒有雙親的家庭，孩子就感到不完整、有缺憾，在別人面前抬不起頭來，也容易把問題帶到學校，不管是過度成就或是行為方面偏差，或者是孩子對於自身的價值感不夠，有憂鬱或自暴自棄的行為。

父母罹患慢性病

家中有人生病、又需要長期照顧，在家庭財務上是一項不小的負擔之外，也是許多壓力的來源，而家庭生活也會因而大受影響，不僅孩子可能要擔負更多屬於親職的責任，親職教育也相對受到極大的考驗。

擁有許多年齡相近的子女

家庭資源的分配以及父母親的照顧都會受到影響，孩子不能得到應有的關愛與照顧，發展上會有缺失或不足。

父母濫用酒精與藥物

不僅容易產生生理上有缺陷的孩子，也容易讓下一代價值觀混淆，可能在成年之後也陷入同樣的泥淖，容易同樣以吸食藥物或酗酒方式來解決面臨的生活挑戰，而家庭中有人濫用酒精與藥物，整個家都因此失序，甚至酗酒或藥物成為家庭的祕密，也是家中成員一個揮不去的夢魘！

Part 2

影響家族治療的因素

單元 **9** 影響家族治療的因素概述

家族治療是從社會脈絡中去了解家族成員，因此家庭中的許多因素都會牽引著家庭成員，加上每一個家庭都有其發展歷史，許多關切議題之所以變得不可控制，主要是家庭企圖維繫其平衡、可控制的結果，結果反而適得其反！許多家庭內所發生的事，基本上都可以靠家人一起尋求解決之道（有主導者或配合者），這是家庭展現功能與強度的表現，然而若家庭功能持久不良或運作不佳，甚至僵固地使用同一種方式企圖舒緩或壓抑問題，不僅家中成員會有抗拒、疲憊，甚至到最後絕望、無助或忽略，這樣子過生活不啻行屍走肉；由於家庭是一系統、沒有人可以擺脫，所以就這麼惡性循環、永無寧日，每個人都成為受害、犧牲者。固然每個家庭在遭遇許多挑戰與困境時會力圖解決，或是尋求外界資源（通常是友朋或親人），最難的是去找社福或專業協助機構，畢竟家醜不願外揚，此外也擔心他人對自己的看法或目光。

家人尋求朋友或親人的意見或諮詢已不容易，況且是向外人求援？要揭露家庭祕密或醜事，就會有許多擔心，擔心洩密或信任問題，也擔心事情一發不可收拾。家族治療師不像一般擅長個別諮商的治療師，還需要了解生態社會與文化脈絡，以及家族或家庭歷史，更要能夠設身處地站在不同參與成員的立場去思考與感受，同時也要進一步思索成員彼此間的想法或關係會不會因為一個動作而受到牽引、影響如何等。家庭還有抗拒改變的力道，主要是為了維護家庭系統的平衡與運作，有時候在個別諮商的使力下，當事人願意做改變，卻會遭遇到家人極力阻撓，破壞其所做的努力，情況比初時更糟！此時，將其他家人納入、一起做治療，或許會產生更大的改變能量。

坊間流行一句話：「夫妻問題不外乎性、金錢與孩子。」性生活問題或外遇、金錢賺取或使用方式，以及孩子問題或教養。華人夫妻常常會因為孩子的誕生改變了彼此的關係，基本上夫妻關係被親子關係所取代，夫妻二人因為角色與身分的增加（夫婦與爸媽），倘若親密關係本就不堅固，就會以孩子做為夫妻關係的聯繫重點，這樣反而會因此彼此生疏、較未花時間與心力經營配偶的親密關係，而以子女來維繫的婚姻是岌岌可危的。但不可諱言，許多的家庭出現問題都是從孩子開始，最後才會讓家長出面，而家庭治療相信年齡愈小或能力愈小者，最容易成為家庭問題的代罪羔羊。

小博士解說

國人對於家庭治療仍顯陌生，然而在諮商或助人專業漸漸普羅化的現在，都會區民眾也較能善用這些資源，政府單位也有可以協助的部分，只是有些資訊並不是那麼普及。

家庭功能治療學派
（Functional family therapy）（Gladding, 1998, pp.189-197）

治療目標	治療步驟	治療師角色
協助家庭成員的人際互動（接觸／親密、距離／互賴，或結合前兩者）	評估⇨改變⇨維持（聚焦在家庭成員的教育與訓練）⇨結束	介紹、評估、促發、造成行為改變與結束

 客體關係家庭治療（整理自Scharff & Scharff, 2002）

特色	結合精神分析、系統理論與發展理論。
觀點	將家庭視為多元日常互動的系統，有不同角色與關係，角色之間的關係甚至是在潛意識的層次運作、增加其複雜度。
治療重點	移情、反移情、投射認同（projective identification）、內化的客體關係。
家庭問題的定義	個人徵狀是內化客體關係的表現，而 IP 就是家庭系統內化客體關係的徵狀。
治療師的立場	提供良好的心理空間與涵容環境，讓家庭可以展現重複的防衛模式，最後可面對自己潛隱的焦慮。

＋ 知識補充站

　　我們的生活意義不能自外於傳統或文化的影響（也就是一些大大小小的規範）。文化傳統讓個人生活及與他人之連結建構出一個框架，讓這些產生意義。文化提供了一系列的價值，讓其成員可以據此解讀自己的生活、知道自己是否過著「好生活」（Gehart, 2014, p.47）。

單元 10 影響家族治療的因素：
家庭發展階段與性別

一、家庭發展階段與因素

每個家庭都有它的發展階段，而在每個階段可能會遭遇到一些挑戰需要去處理或者是調適。在成家的階段，主要是經濟上能夠獨立、照顧自我，而在家庭形成時，就需要找到潛在的配偶在經濟與家事分攤上能夠合作，以及興趣上的配合度；等到家庭擴充時，家中有年幼的小孩，挑戰就有財務上的責任、家庭事務做重組或重新分配，當家中有青少年時，就會有較多不可預測的事項，再來就是孩子離家、然後生活重新回到兩人世界，會有財務上的負擔（像是大學學費、婚禮等）等，配偶重新聚焦在工作上；而在晚期的家庭，可能包括退休、老年的不確定性，經濟上的不安全性以及醫療的照顧等（Gladding, 1998, p.18）。家庭發展週期還要考慮家長與孩子的不同發展階段。

二、性別

家庭中性別的變數也不可忽視。到底配偶之間（不管是個性、做事方式、價值觀、生活習慣等）應該是對等還是互相補足？不同學者有不同意見。兩人在親密交往過程中，許多人是受到「致命吸引力」（與自己極端不同者）的影響，有些則是因為相似性高才在一起，喜歡與自己不同的人，可能想要補足自己所沒有的，而相似性高可能是因為熟悉、安全。傳統家庭以男性為尊，配偶間的權力地位本就不平等，其所造成的問題會更多，小者在家事的分配與操作，大者在養育子女的觀念與孝道的執行上。即便是夫妻與子女的小家庭，還是不能免於傳統觀念與上一代的影響力，要如何在關係維繫與獨立自主之間保持適當的平衡及滿意度，都考驗著個人的智慧。如婆婆希望媳婦待在家裡生養、照顧孩子，媳婦卻希望能夠有機會展現才能與貢獻社會，做丈夫的夾在其中，該何去何從？

許多女性在中年左右，較能體會做自己的重要性，以往或許礙於社會文化或倫理角色的義務與約束，而鮮少造次，甚至將自我的需求置於他人需求之後，然而當人生歷練達某一程度，人生階段也步入中後期、意識到生命短暫與無常，想要在僅剩的生命當中一償宿願或完成自我實現，因此自主性的程度就增加，甚至一改以往的行為或態度，他人的眼光與批評變得不重要，開始投入自己想做的事情，也有人擺脫了婚姻的束縛，走自己想要的人生。

女性以關係定義自我，也較注重人際關係的維持，步入中年或是退休之後，仍有不錯的人際網路；男性的許多人際關係是建立在工作與職場上，一旦退休後，若無定期參與活動或是與以往同事聯繫，幾乎就待在家中，而對於終於進入空巢期、擺脫義務的妻子而言，家裡又多了一位「孩子」且不甘寂寞（總是想掌控妻子的去處），就不免會有夫妻勃谿的情況。

女性發展階段
（Conarton & Silverman, 1988, 引自邱珍琬，2006，pp.48-49）

連結
（bonding）　→　與他人關係
（orientation toward others）　→　文化調適
（cultural adaptation）

覺醒與分離
（awakening and separation）　→　女性特質的發展
（the development of the feminine）

賦能
（empowerment）　→　心靈發展
（spiritual development）　→　統整
（integration）

 健康女性
（Ballou, Gabalac, & Thomas, 1985, 引自邱珍琬，2006，pp.49-50）

★可以接受來自自我、他人與環境的訊息，也開放自己所覺知的訊息。
★會處理資訊，知道獲取、分類與分析所獲得的資料，讓資料有效且有意義地呈現。
★懂得依據現有資訊做明智決定，此決定可促進個人生存與成長、與他人滿意之關係，並與環境和諧相處。
★可以在需求與目標之間做最好判斷，引導自己做出最好的行動策略。
★了解在處理自我與環境間的問題時，如何善用自己的權力與精力。
★了解自己、自我需求、目標與尋求資源的方式，促進自我與他人之福祉。
★了解自身是受害者的同時也是行動者，可以在社會限制與個人責任之間取得適當平衡。

✚ 知識補充站

　　新手母親需要四種支持：情緒、資訊、身體以及讚許（Nichols, 1992, p.153）。大部分的職業女性肩負著雙重壓力，在職場工作後，接下來回到家中還需要扮演妻子、母親或媳婦的家庭角色，幾乎一刻不得閒。

單元 11 影響家族治療的因素：
位階與權力關係

三、位階與權力關係

在目前男權依舊較高的社會，性別也會造成基本的權力不均，這當然也會直接或間接影響到家庭結構、關係、功能與氛圍，特別是「複製父權」（內化了的父權思想，不只是男性有這些貴賤尊卑的想法，女性也有，且成為有力之幫凶）的部分，最怕的是代代相傳，要根除不易。

性別本身就有既定的權力位階，倘若還加上其他變數——工作、職位、收入、能力等，以及角色、環境等因素，其複雜度就更錯綜難解。女性在中國傳統的倫常位階是較為下等、不受重視的（連族譜中都沒有女性）。女性雖被視為家庭的主要照顧者，但是其位階與受重視感卻無法等量齊觀，像是家庭主婦的工作是繁多而細瑣的，是不可或缺的存在，但是家庭主婦無收入、也無職業保險（因為是「家管」），或許在家中主掌經濟分配權，但是錢不是自己賺的，沒有隨意挪用的自由。有固定收入（錢）與權力是掛勾在一起的，「養家者」與「依賴人口」的位置就不一樣！

即便女性在家中是養家者，但並不因此而翻轉其位階，有時反而被壓抑（如要順從丈夫）、剝奪該有的尊重與權益（如沒有經濟支配權），男性可以因為職場角色而忽略其家庭角色及義務——其升遷受到「市場行情」（the market place's mistake）的一種錯誤觀點之影響，也就是要求事業的晉升必須以犧牲「家庭」

做為代價（Pollack, 1998, p.130），而職業女性卻無法享受同樣的豁免〔就是職業婦女必須要宜「室」（辦公室或工作地點）宜「家」，兼顧工作與家庭的角色〕，造成女性許多的角色衝突。對於現代女性來說，女性角色依然難為，因為同時被期待要堅強（維繫一個家庭的責任）、也要脆弱（要像女性的柔弱委婉）（Chaplin, 1999, p.18）。晚婚或不婚儼然成為我國女性的選項，因為一旦進入家庭，就大大削減了自主權與選擇權。

新移民女性與本國人結婚，至 2018 12 月底，總人數已超過 54 萬 3,807 人。新住民人數以中國、港澳地區配偶為大宗（35.9 萬人，占 66.1%），其他外籍配偶人數共 18.4 萬人（占 33.9%）（典通公司，2020 年 4 月）。往年新移民（尤以東南亞新住民為然）與本國男性成家，需擔任四種角色（配偶、母親、老年照顧者與養家者）；而有些男性本身因種種因素（如經濟、身心障礙），在國內無法結婚，往往以「金錢婚姻」的方式，達成傳宗接代的文化任務。十多年前，政策上要求新移民學習中文，近年來有朝向多元文化的趨勢。以往因為新住民語言與教育受限，無法勝任親職工作，甚至還受到丈夫、夫家及子女的貶抑或歧視，在權力位階的地位最低，因此她們必須在經濟獨立、生活學習上更努力融入，以獲得更好的籌碼（邱珍琬，2014）。

遭受家暴女性對自身的看法（Mertus et al., 2004/1999, 陳源湖，2004, 引自邱珍琬，2006，pp.224-225）

自責忍讓	➔	都是我的錯、惹怒配偶
犧牲小我完成大我	➔	如孩子的福祉
在意他人對婚暴的看法	➔	自己不好、丟臉
合理化婚暴	➔	丈夫有壓力
支持系統不當介入	➔	要女性為家庭著想
貶低受害者	➔	責怪受害者

不同形式的權力控制	➔	肢體、語言、精神暴力，或財務、行動控制等
資源掌控與分配	➔	女性較無經濟能力，不敢讓外界知道自己的情況
原生家庭對性別意識與權力控制的影響	➔	夫家與娘家對暴力的容忍或默許

 女性求知路徑（Goldberger, 1996, 引自邱珍琬，2006，p.108）

建構知識 將所有知識視為有其脈絡背景，自身可創知識，可經主客觀途徑獲得知識。

程序知識 科學客觀的知識，經由客觀公正程序產生。

主觀知識 向自我內在去尋求真理，有篩選與批判之能力，重視主觀直覺。

接受知識 知識由外面的威權知者而來，女性了解並複製。

沉默 說了卻不被聽見，有意見也不能表達，或只好不表達。

✚ 知識補充站

權力可分為：剝削、操控、競爭、照顧與統整（May, 1972, 引自邱珍琬，2006，p.226）。

單元 12 影響家族治療的因素：倫理位階、信仰與宗教、家規或價值觀

四、倫理位階

中國人重視父子、君臣、夫婦、兄弟、朋友的五倫關係，前三者都有上下位階的關係，現代女性也無法置身其外。儘管現在的配偶關係較屬於「對稱」而非「互補」（Nichols, 2009, p.280），然而真正的對稱是否存在？

公婆是長輩，做媳婦的要順從與服侍，盡量不表示自己的意見；丈夫是下一輩，有時與父母有意見不合，媳婦儘管不同意公婆的意見或做法，卻不能「公然」反對或抗衡，因為是「倫理」。媳婦雖然是「嫁」過門的，卻在短期之內與一群陌生人成為親戚，其對於原生家庭的責任與孝心該如何兼顧？雖然身為媳婦，但畢竟還是「外人」，顧了夫家的公婆，就無法兼顧自己家中的長輩，似乎也是不符人性的做法。現在人口老化與少子化，許多中間的「三明治世代」既要顧及長輩那一代、還要照顧下面那一代，倘若公婆與自家父母都需要照顧、協助，又該如何分配時間與心力？即便是新新世代，還是受到家庭傳統倫理的約束，在行為與態度上，都需要顧及許多因素，甚至長期委屈自己、釀成身心疾病，這是我國儒家傳統需要顧及的倫理文化，與西方家族治療的核心家庭有著極大差異。

五、信仰與宗教

宗教與信仰有時候也會影響雙方的婚姻與生活，雖然國內信仰自由，但是若有特殊信仰或皈依者，在討論到進一步的婚姻與家庭時，還是有舉足輕重的影響。有些家庭重視祖先與祭祀，子女若嫁娶對象的宗教信仰不同（如舉香的與不舉香的成家，或原本舉香的改變信仰），可能就會經歷一番家庭革命，最後即便塵埃落定、木已成舟，卻有可能為未來相處埋下伏筆或變數，畢竟祭祀祖先是我國傳統文化，若不能舉香祭拜，也可能落得數典忘祖的惡名。

六、家規或價值觀

配偶雙方若無特定信仰或皈依，但是仍不能免於價值觀與信念的不同。兩人結褵通常是兩個家族的結合，也就是每個人背後都還有其他的背景因素存在（家族傳統、信仰、教養、成長過程、生活習慣等），需要經過一段時間的磨合，倘若彼此可以協調出適當的互動與處理事務之方式，或許就可以繼續走下去。倘若是與上一代一起住，長輩與下一輩本就存在著代間的差異性，如果雙方願意讓一步，或是學習及寬容，問題自然不會鬧到不可收拾，然而若上一代執行複製父權，下一代卻懷抱民主新思維，中國傳統家庭的「虛性（表面）和諧」恐不容易維持。

小博士解說

父權社會是由男女共謀而成的一種文化，不能一味將責任推給男性，因為女性也擔任了推波助瀾的工作（也就是所謂的「父權複製」或「內化父權」）（Hooks, 2004），而在我國的家庭中也是如此。

女性與男性在婚姻中的差異

女性	男性
「嫁」到夫家	迎娶到「家」
在短期內與一群陌生人變成親戚、需長期相處	只有年節時才會與妻家姻親見面
家務主要負責人	婚前與婚後不需全權負責家務
即使工作也是「補貼」性質	主要角色——賺錢養家
角色（職業女性、家庭主婦、母親、妻子、媳婦）衝突較多	角色衝突較少
維繫家人關係的主要人物	維繫關係非其主要功能
社會對母職的期許較多	社會對父職的期許較少
較多倫理位階（如婆媳）之約束	較少倫理位階之約束

 家庭價值觀的內容可能有（Knox & Schacht, 1994, p.574）

尊重他人、尊重不同。　討論不同、並找出和平合作的解決方案。　堅持與毅力，不怕困難。

承諾與堅持所做的承諾。　維持一個人的人格完整。　對他人體貼、也盡量提供協助。

知道社區的需求，也有能力貢獻。　良好溝通。　家人共同一體的感覺。

有精神支柱或信仰。

 價值觀的類型（引自鄭雅蓉，2000）

理論型	經濟型	審美型	社會型	權力型	宗教型
注重合理與科學探索	重效率與利益	重視美與和諧	重視與他人間的關係、他人的福祉	重視統馭與領導	重視心靈慰藉與信仰

＋ 知識補充站

　　家庭有許多隱藏性的家規，也就是若沒有碰觸到「地雷」，就不會發現有此家規。專家建議家規最好經過討論與妥協，並隨著孩子成長而做適當更動。

單元 13 不同家庭形式與挑戰

我們對於家庭的定義不明確，加上現在多元家庭的形式更不同，除了原本有血緣關係、同居一處者，現在有更多的選項與組合。家庭的特徵，依據 Gladding 綜合學者們（1998, p.6）的說法是：「有經濟、生理、社會與情緒功能，強調滋養家庭中成員發展的同時，也提供家庭成員穩定、保護與生存的家庭結構。」

現今社會大環境的變動，間接影響到許多家庭的結構與過程，當然也衝擊家庭／親職教育許多面向。大環境的變化，包括不同家庭型態、性別角色改變、文化多樣化與社經地位的懸殊、不同與擴張的家庭生命週期（Walsh, 1998, p.26），可以觀察到的現象有：離婚率增加、單親或未婚家庭增多、不同型態家庭組合（如頂客族、雙收入或雙生涯家庭、隔代教養、通勤家庭、繼親、再婚家庭、同居或同志家庭等）的出現，以前許多研究會針對家庭的「結構」問題，進行影響子女或是親職問題方面的探討，彷彿一般結論是結構不完整（所謂的「破碎家庭」）就容易出現一些問題，然而隨著不同結構家庭的陸續增加，甚至成為主流家庭模式時，許多家庭成員也學會了因應之道，當然政府與教育相關機構就必須拿出有效的因應策略。

沒有完美的家庭，因為其中的「人」是最大的變數，彼此之間的血緣、互動、歷史、價值觀、習慣等，又交織成更複雜的關係。不同的家庭會有不同的挑戰，

當家庭面臨挑戰時，也正是考驗其強度與彈性的時刻，絕大部分的家庭都會度過這些考驗，讓彼此之間更凝聚、關係更緊密，但是也可能因為考驗過後，其中有些人的分歧更多、糾結更深。《曠野中的聲音》一書提到：「父母親是來給我們學習的」，家庭又何嘗不是？

每個家庭都可能遭遇挑戰或壓力，適當的壓力可以考驗家庭的韌力與提升因應問題的能力，並讓家人凝聚力更高、彼此關係更緊密，若壓力過大、因應方式、資源不當或不足，可能就會造成家庭危機。家庭壓力有兩種，一是與家庭發展階段（年齡與生命階段）有關的，另一種是情境式的（人際關係、感受），最常見的家庭壓力有財務上的、孩子行為、配偶相處時間不多、親子溝通、私人時間不足，以及家人玩樂時間不足（Curran, 1985, cited in Gladding, 1998, p.39），而隨著時代的演進、加上科技發達，家庭的壓力源也會也所不同，而不同的家庭結構，也會有不同的議題。倘若家人將壓力視為正向的改變機會，了解壓力只是暫時的、是生活的一部分，聚焦在一起努力找答案，以及適當改變規則以因應目前情況（Curran, 1985, cited in Gladding, 1998, p.49），家庭的功能更能發揮。家庭是一個系統，也就是一直處於持續變動平衡的狀態，一旦有家庭內或外來的壓力或挑戰出現，家庭都會設法因應，以恢復原先的平衡。

多元家庭形式（不限於此）

雙親家庭	配偶與子女組成的核心家庭。
單親家庭	配偶之一離異或死亡後，與子女組成之家庭。
偽單親家庭	雙親雖離異但仍同居在一起。
繼親(再婚)家庭	配偶之一或兩位經歷離異／死亡後，再度組成之家庭，可能分別帶各自的子女進入家庭，或再生育共同的孩子。
頂客家庭(Double-Income No Kids,DINK)	配偶雙收入、無子女。
同居家庭	配偶無結婚之名，但是一起居住，也可能有自己的孩子。
同性家庭	配偶為同性別組成之家庭。
隔代教養家庭	祖孫組成之家庭，父母之一或許同住。
通勤家庭	配偶平日在外地工作、分居兩地，或是孩子由他人照護，只有週末或假期一家人才相聚。

一般人對於「完整家庭」的迷思

◉ 一個家庭有雙親與子女才是完整。

◉ 完整家庭才是「正常」。

◉ 家中缺少雙親之一或子女，一定是出現了什麼問題。

◉ 家中雙親即便不和睦，也要維持完整的形象，要不然會遭到「社會汙名」（其他人會覺得奇怪或不正常）。

◉ 為了維持完整家庭形象，犧牲家裡所有人的幸福也沒關係。

◉ 雙親之一擔心離異後，自己與子女很難面對親人與一般大眾。

◉ 即便是因為情感走私或外遇而不回到家裡來，也是可以忍受的。

◉ 只要家庭完整就不會有太大問題。

 家庭因應壓力的優勢

（Figley & McCubbin, 1983, cited in Gladding, 1998, p.47）

沒有肢體暴力或藥物濫用問題。

有能力認出壓力源，將壓力視為家庭而非個人的問題。

家庭成員的忍受度。

問題解決導向。

家庭凝聚力與彈性，以及適當運用家庭內外之資源。

家庭成員間清楚表達對彼此的承諾與愛，開放而清楚的溝通。

單元 14 不同家庭形式與挑戰： 單親家庭（一）

單親家庭在目前的社會已經不是少數，每年平均離婚人數也在逐年增加之中，根據內政部的統計資料，臺閩地區 2011 年離婚人數破 800 萬，每年有近 600 萬家庭是離異家庭；2017 年至今每年有 5 萬多對離婚，子女監護權給父親的居多（內政部，2020），而在美國的單親家庭以母親為一家之主的居大多數（Patterson et al., 2009/2011, p.182）。

也許是因為個人自主權的影響、或是價值觀的轉變，婚姻成為一個人生選項，而非必然。雖然單親家庭成因不一而足，包括離婚、喪偶、未婚生子、遺棄、入獄、分居、心理疾病等，但主要還是離婚率增加使然（張貝萍，2000；黃越綏，1996，引自黃富源、鄧煌發，1998）。現在也有許多女性刻意成為單親的家長，當家庭的結構中缺少了另一位家長，承擔的責任會更重；即便是單親家庭，其結構也不單純，有些單親家長有同居人，或同居人與其子女同住，China Post（11/20/2007）的報導也發現，家庭型態改變，對於孩子的養育是很不利的，尤其近年來有一種「虐待型男友徵狀」（abusive-boyfriend syndrome），不少年幼孩童是受到母親同居人或男友，甚至繼父的不同形式虐待，而同居、繼親或單親家庭孩子受傷或被凌虐的案件也相對增多。對於單親家庭來說，家長與孩子也會面臨一些挑戰，這也是親職工作的新試煉。

因離異而造成的單親家庭，還要考慮到在離婚時孩子的發展階段。年紀愈小的孩子，愈會認為自己需要為父母親的離異負責，所以有許多自責的情況，理由也不一而足，年紀較長的孩子也會有許多的憤怒與懊悔情緒需要注意。因此要關照到離異家庭的小孩，此時需要特別強調：父母親離異是因為不愛彼此了，而不是小孩子所造成的，儘管父母已經離婚、不住在一起了，但是他們依然是孩子的父母親，依然會愛著他們，提供他們必要的關照、協助與支持。造成離異的單親家庭，通常有社會、個人以及關係因素，包括現在社會的變動，新科技、新選擇，以及更多挫敗、失業或疏離，女性角色也改變了，而社會的變動對於家庭的結構也有貢獻，此外還有個人因素（包括不同的心理成熟度或是期待），而人際的因素，像是在關係中是否能夠維持「獲得」與「給予」間的平衡。單親家長需要去面對婚姻解體的失落、接受新的角色與責任，跟家人與朋友重新協調以及定義關係，另外要跟前任之間建立彼此較滿意的安排（如監護子女、教養方式與費用）（Garfield, 1982, cited in Gladding, 1998, p.288）。對單親母親而言，可能擁有較少的資源、時間不夠用，以及認同或身分問題（如離異女性、單親母親），對單親父親來說，或許獲得的資源較多，但時間或社交生活也會受到影響（Gladding, 1998, pp. 290-292）。

成功單親家庭的特色（Lindbald-Goldberg, 1989, cited in Patterson et al., 2009/2012, pp.183-184）

父母（特別是母親）少有憂鬱症問題，有能力管理自己的生活

較能有效管教子女

溝通可以更有效能

認知上強調正向的生活經驗而不是負面的

能夠放手讓長大的孩子離家

有創意運用社會網路

有能力建立親密的家庭情感連結

 離異家庭會經歷的階段（Ahrons & Rodgers, 1987, 引自 Patterson et al., 2009/2011, pp.178-179）

做出離婚決定（通常是一方先提出）➤ 告知家庭系統即將離婚之事 ➤ 真正分開 ➤ 系統重組 ➤ 系統穩定到一個新的形態

 單親家長負荷繁重的三個向度
（Weiss, 1979, cited in Atwood & Genovese, 1993）

負擔過多責任	大自財務方面的決定，小至家庭瑣事，都得要承擔，而且不像以往有個可以商量做決定、分攤責任的對象，雖然孩子也可以分擔一些，但是畢竟能分攤的有限。
工作負荷過重	身兼養家活口、照顧家人、處理家務及教養孩子相關事務等工作，責無旁貸，根本很少有機會可以擁有家庭或工作之外的社交生活。
情感上的負擔過重	一個家長得顧及孩子所有的情感關愛需求，常常覺得精疲力竭，也因此常會有情緒化的表現或處理方式，導致親子關係緊張、不和睦。

＋ 知識補充站

　　目前許多家長分居、但未離婚，這似乎是社福單位較缺少關注的一塊，其實在許多面向上與單親家庭無異，但是因為沒有正式離婚，孩子很容易成為雙方角力、爭戰的對象或籌碼，整個家庭成員所承受的痛苦，不下於不睦的家庭。

單元 14 不同家庭形式與挑戰： 單親家庭（二）

　　單親家庭的優勢包括：與其他家庭結構相形之下較為民主，角色與規則較為彈性，而每一位家庭成員的發展階段較有步調，對於資源的運用也較有創意。單親家庭的限制包括界限以及角色的問題（像是前配偶與家人及孩子之間的爭論，或者是有監護權的家長跟共同監護的家長之間可能的爭執），可能有角色反轉（如需要照顧的家長、親職化的孩子）或者角色負擔過重的問題，孩子在學業的表現可能低於能力或者是過度成就，此外，較未能建立一個清楚與堅實的身分，特別是如何與不同性別互動會有一些問題；對單親女性來講，較容易陷於貧困，還有就是有情緒上的問題（Gladding, 1998, pp. 294-296）。母親單親家庭仍多於男性，主要是因為女性再婚率低於男性，然而就因為如此，單親女性就必須要兼顧許多角色（如養家者、照顧者、父親與母親等），而在目前社會對於單親女性仍不太友善的氛圍下，加上女性單親想要努力證明自己是勝任的單親角色，因此壓力與情緒的負荷就相對吃重，有些單親女性擔心子女缺乏適當的角色楷模（尤其是父親或男性），經常覺得自己做得再好、也無法填補那個空缺。早前的研究發現：單親女性認為父親可以提供兒子最重要的是「性別角色」與「遊戲活動」，而許多母親也都認為男孩子生活中缺少父親角色其影響是比較嚴重的（Stern, 1981）；缺席父親對兒子的影響可能造成對父親形象的迷思、以及對自我認同的真空感，也使得母親成為兒子了解父親的守門員（Wark, 2000），因此不免會有錯誤或個人偏見的滲入；若父親經常缺席，父子關係就會缺乏信賴，孩子就會出現攻擊行為（Gebauer, 2003/2007, p.53）。沒有父親在身旁的女兒，容易較早與人發生性關係、性行為較為活躍，也容易淪為被性侵害對象（Ballard, 2001）。

　　治療師經常將自己對家庭的觀點與期待帶入治療中而不自知，在面對單親家庭時，治療師本身對於單親家庭的成因要摒棄成見或主流價值觀（如完整家庭的迷思、女性當家或自願成為單親是不智的行為），還有就是性別刻板印象也會影響治療的態度與處置。家庭治療師特別需要注意：要將個人的偏見與價值觀暫時擱置，也需要注意到治療過程中的情緒張力，雖然要讓單親家長將自己的感受與功能分開有困難度，但是治療師可以協助家庭成員及家庭將自己的內在資源以及支持系統做最好的運用。而在治療過程中要特別注意此時此刻，讓家庭成員能夠展現出更多的自信及能力，此外，還要協助家庭成員能夠有清楚而具功能性的界限，倘若要再婚的話，也需要有充分的資訊來做最好的決定（Gladding, 1998, pp. 299-301）。

可預測離異的互動因素
（Gottman, 1999, cited in Gehart, 2014, p.532）

 批判 (criticism)
暗示對方錯了，喜歡用「總是」、「一直」、「都」、「從不」做陳述。

 防衛性 (defensive-ness)
對於自認為的攻擊或批判採取防備姿態，表明自己是無辜的。

 輕視 (contempt)
舉止或言語都顯示自己高人一等（這是最能預測離異的因素）。

 冷漠 (stonewall-ing)
自互動中退縮（實際離開現場或不願意持續溝通都算）。

 離婚後適應良好的家庭特色（Patterson et al., 2009/2011, p.179）

單親父／母親會以親職的角色維持與前任配偶的接觸。 ✓

單親父／母親會支持孩子與前任配偶及其家庭的接觸。 ✓

單親父／母親重新建立自己的社會網路。 ✓

未取得監護權的父／母親會維持與前任配偶的親職角色接觸，支持有監護權的前任配偶與孩子之間的關係，與孩子建立有效能的親職關係，也重新建立自己的社會網路。 ✓

 單親家庭可能面臨的壓力

 親職壓力
子女行為、課業表現等

 經濟壓力

人際較孤立

 社會眼光或汙名
心理壓力

 無求助管道或可用資源
包括朋友或親人

 自身壓力
如情緒沮喪、無申訴或紓壓管道

 家人或家族壓力
如要其再婚、子女之比較

 工作與親職角色的衝突

居住問題
因經濟問題選擇較偏僻，或距離工作地較遠

＋ 知識補充站
　　女性單親最擔心沒有父親這個男性角色在家裡對孩子的性別社會化、管教平衡等問題，若延伸家庭中或學校有男性補足這個角色，或母親本身與孩子之間溝通通暢，善用相關資源等，就不是大問題。

單元 15 不同家庭形式與挑戰：
繼親家庭（一）

不管是因為離異或是死亡，不少家長會因為再婚而建立繼親家庭。繼親家庭面臨的困難任務是必須合併來自不同的信念、傳統及習慣的兩個家庭之外，還需要釐清、分配不同的角色和責任，另外還有比較獨特的像是忠誠度的問題（該接受新的繼父／母嗎？）以及角色不明確（繼父母希望或期待負擔哪些教養責任）等（Patterson et al., 2009/2011, pp.184）。離異後無監護權之母親相較於無監護權之父親，比較常與孩子保持聯繫（Furstenberg, 1990, cited in Gladding, 1998, p.314），國內情況亦同。

離異之後再婚的繼親家庭，也有其不同的關注面向。根據內政部統計處 2009 的資料顯示，該年有 57,223 對配偶離婚，有 20,887 位男性再婚，再婚率為 2.46%；女性有 17,482 再婚，再婚率為 1.21%（內政部，2010，引自羅皓誠與洪雅鳳，2011, p.30）。女性花較長時間再度進入婚姻，可能是擔心另一半不會善待自己的孩子，或是以孩子為重的種種考量，男性再婚率高主要是找一個可以照顧孩子的女性（因為男性基本上還是被定義為「養家者」）。即便許多離異者並無再婚，但是其中有許多仍然有同居人或親密伴侶，這樣的組合雖無法律約束，但基本上還是屬於繼親家庭的形式。

繼親家庭通常會面臨幾個階段的適應：（一）幻想（fantasy）──成人期待在現成家庭中得到快速愛情；（二）沉浸（immersion）──不自在的感覺以及緊張和衝突的跡象；（三）覺察（awareness）──新系統中的成員逐漸認識自己及彼此；（四）動員（mobilization）──克服面對差異的掙扎，同時維持來自先前階段的動力；（五）行動（action）──增強夫妻關係及新成員之間較堅定的凝聚力；（六）接觸（contact）──繼父母和繼子女之間的關係變得更親近也更真誠，也達到一定程度的穩定性；（七）解決（resolution）──成員體驗到他們的繼親關係是可靠且具滋養性的（Papernow, 1993, cited in Patterson et al., 2009/2011, p.184）。當然再婚（繼親）家庭之前的背景不同，有單身、離異、前配偶死亡等因素，而繼親家庭的組合也有許多種，彼此都是離異、其中一位配偶死亡或是沒有過婚姻關係，加上是否帶著前次婚姻的子女一起共組家庭等，以及在結婚之前彼此與其子女或家人是否認識或關係如何，也都會影響接下來的新家庭。對於之前無婚姻紀錄的繼親家長，可能需要有較多的調適、讓自己融入新的家庭，因為在角色上會多了配偶與家長，而這些角色是自己未曾經歷過的；此外，要建立繼親家庭，彼此都帶著期待進入新的家庭系統，也會面對現實生活的考驗（Gladding, 1998, p.315）。一般說來，繼親家庭需要面對的重要議題有（Carter & McGoldrick, 1988, cited in Gladding, 1998, p.316）：解決過去的議題、對繼親家庭生活的恐懼與擔心、建立或重新建立信任感、培養較實際的態度，以及彼此在情感與心理上的依附。

繼親（再婚）家庭常見的議題（整理自羅皓誠與洪雅鳳，2011）

再婚家庭初期的稱謂　**忠誠拉扯**

對外與對內的稱呼　　　對親生與繼親父母的忠誠度（如接受繼親就是背叛）

悲傷失落

在組成新的家庭之前，成員們通常曾面臨過離婚、家庭破裂或配偶死亡等失落經驗，這些經驗通常牽引其他（如性關係的失落、失去每天習慣互動方式、失去原本家庭中已習慣的規則和系統，失去熟悉鄰居、經濟資源、熟悉朋友和社會支持等）的失落經驗。

界限轉變

進入再婚家庭後，比起在一般家庭，成員們間的界限較不清楚也具滲透性，特別當孩子在兩個不同的家戶間移動時，若界限模糊，對婚姻穩定有負面影響。

立即性的愛

重組家庭要在短期間內形成情感連結並不容易，兩位成人雖因相愛而結合，但不能保證他們也會如此快速地愛上彼此的孩子，這樣的期待往往是再婚家庭一個重大的壓力來源。
若未從原先婚姻中帶孩子進入新的家庭，關係比較單純，而若雙方家庭中都有孩子，系統會比較複雜。新家庭成員組成分子愈多，家庭成員必須因應的關係愈複雜，也引發界限重建的問題。

生命週期對家庭組合的影響

新的再婚伴侶彼此的生命週期差異愈大，新家庭的調適與整合過程也就愈不容易。例如一個帶著青少年期孩子的父親與一個未婚的年輕妻子結合，調整上就會非常不容易。

手足與親屬網絡議題

重組家庭與親屬關係的好壞程度也會影響再婚家庭的整合情形。若親屬或家人可以接受、認同這個婚姻時，家庭的整合最有可能發生；然而若是家人採取反對或其他負向態度時，最糟糕的情況是完全斷絕關係或者漠視，也就少了支持。

角色轉變

再婚家庭並不像一般家庭那樣，有明確的角色典範可供學習。

過去情感經驗

前段婚姻過程中之分離、死亡、痛苦、哀傷、矛盾等複雜而糾葛的情感，也會為現在的關係帶來影響。

再婚伴侶的溝通及關係

再婚家庭的伴侶相較於初婚伴侶，在溝通上有顯著差異：前者有較少的正、負向溝通，以及較多從伴侶討論中退縮。

性

新再婚的夫妻性行為發生頻率通常較高，若未注意性行為的隱密性，孩子不小心觀察到的機會也會變多，日後可能容易轉化成具體的行動；青少年期的繼親手足之間，也可能因為彼此沒有血緣關係，而容易相互受到性的吸引。

監護權　**財務及時間的資源競爭**　**自我概念**　**社會認知**　**性別**

雙親關係與監　膽養費分配、經濟壓力、與　社會汙名與　社會汙名與繼親　對繼親之汙名化（可
護權之分配　　親生孩子接觸較少　　　自我認同　　家庭需求被忽略　怕繼母或施虐繼父）

＋ 知識補充站

　　單親家庭治療的成功結果，包括：家庭成員展現更多自信與能力、清楚有功能的人際界限、對於再婚與否有共識或可共同做決定、不是只靠自我資源，而是同時能夠善用社區可用資源。

單元 15 不同家庭形式與挑戰：繼親家庭（二）

　　繼親家庭面臨的挑戰有：（一）家庭成員認同問題——子女夾雜在同住與不同住的生身父母間，到底該向誰輸誠？對於陌生的繼親又該如何自處？繼親如何看待伴侶的子女？（二）手足相處問題——與繼親手足間該維持怎樣的關係？會不會認為對方跟自己搶父／母親？要如何稱呼與互動？（三）家庭資源分配及財務問題——對待繼親子女與親生子女有何差異？如何才能達到公平公正？財務方面要如何分配及處理？（四）親子與配偶相處議題——與自己親生子女及繼親子女的關係要如何維繫與處理？配偶彼此之間若有過前次婚姻的創傷，對目前婚姻的期待會不會有所不同（整理自賴歆怡，2011, pp.66-69）？根據美國多年前的研究估計，繼親家長與子女要建立較深的關係需要二到五年（如同新婚夫婦一樣），才能勝任其角色（Dahl, Cowgill, & Asmundsson, 1987, cited in Gladding, 1998, p.317）。

　　繼親家庭有其優勢與限制，優勢方面包括生命經驗（提供不同面向的意見或政策）、親朋網路（給予家庭適當支持）、創意與創新（過去失敗的經驗可作為借鏡）、欣賞與尊重不同（彼此背景、成長經驗不同），以及善用目前的情境（因應失落經驗，讓照護與溝通更順暢）；限制方面則有失去重要家庭成員（家長之

一）、建立階層體制（可能孩子的年紀不同、地位要重新排列）、界限問題（彼此之間關係的親疏）、感受問題（如罪惡感、忠誠度、氣憤、失落等），以及經濟情況（通常在財務上較不足）（Gladding, 1998, pp.320-323）。因此在與繼親家庭工作時，需要注意到他們的優勢與挑戰，或許對不同的繼親家庭而言，還有不同的挑戰（如慢性病兒的照顧、青少年或成年孩子）也要納入考量。Gladding（1998, pp.323-325）提醒治療師要注意到家庭成員對家長的忠誠度問題（可以談談過去生活、不需壓抑或隱藏）、讓兩位家長進來（對自己原來與新進孩子、過去配偶與現任配偶的關係）、了解不同家庭系統運作的教育，並且協助新家庭建立新的家庭傳統與儀式（如生日慶祝或重要節日、日常生活作息）。

　　對於離異又再婚的家庭成員來說，需要多花時間將過去婚姻與家庭關係問題做一個回顧與反省，尤其是每位成員的感受部分要做處理，接著就是如何讓新的家庭系統開始建立與運作、彼此關係如何拿捏、互動與溝通方式的調整、不同手足（次系統）關係的建立與維持、減少競爭及多些合作等。不管是家長或子女，也都可以從新成立的家庭裡獲得需求的滿足與愛，才是家庭的真正目的。

小博士解說

　　「愛」與「管教」是一體的兩面。在管教孩子之前，先讓他／她明白你／妳為什麼要這樣做的原因，也聽聽他／她的意見與感受。管教態度是友善而堅定，在不損及其尊嚴的大原則下做處理。

離異（單親）家長注意事項

勿以孩子為彼此爭戰的籌碼　（孩子是無辜的）

勿刻意醜化對方　（你要讓孩子恨自己的親生父母親嗎？）

不要以孩子為自己情緒的出口　（包括孩子「像對方」的部分）

可以與孩子商量家庭情況與需要合作的部分　（分攤責任與合作）

抽出時間與孩子共處、了解他們的近況　（讓他們覺得自己被愛）

鼓勵孩子與另一位家長保持固定、持續的聯繫　（孩子就不會對親密關係生懼）

固定與另一位家長商議怎麼做對孩子最好　（因為你們永遠是孩子的父母親）

 治療師與繼親家庭工作的特色及重點
（整理自Gladding, 1998, pp.327-329）

要處理許多動力與複雜關係。

支持新配偶與手足系統。

較多情緒張力。

對彼此與家庭生活事件多些容忍、並切實處理。

分離與監護權問題，
必須要特別關注到孩子與法律議題。

避免對雙親及子女角色做投射或扭曲，建立新的、健康且持久的關係。

與前任配偶間的協調及安排
要盡量滿足且可預測。

對於前任配偶或家長的浪漫幻想或完美期待。

要讓兩位家長的關係堅固而健康，
才能因應彼此與孩子的諸多挑戰。

協助家庭成員找到自己的位置、探索新的角色。

釐清家長各自帶來的一些關係迷思。

建立新的傳統與儀式，並承擔責任。

＋ 知識補充站

　　單親家庭形成原因：未婚（或無婚姻關係）產下子女、喪偶、離異、雙親之一變故（如雙親之一入獄、嗑藥、心理疾病）、單親領養、分居、遺棄、單一養父／母收養、雙親之一服刑或失蹤（聯）。

單元 16 不同家庭形式與挑戰：
家庭經歷創傷或失落

家庭遭遇天然或意外災害、受傷或死亡、失落（財務或性命）、自殺、暴力、性侵等，都屬於創傷經驗，對家庭來說都是重大衝擊，一般家庭較少因此而尋求專業協助，除非家庭成員有人因此出現較嚴重之徵狀、影響其功能或家庭關係與運作。

以家暴家庭來說，受害者通常不只一位（通常是配偶或伴侶），還有目睹者（特別是孩子）。對於有創傷經驗者來說，要談論自己的經驗是有困難度的，因為有些是在他／她還沒有語言能力之前就已經歷的，而其他則是因為想要保護自己的大腦機制（Rober, 2017, p.132）。治療師本身需要聆聽自己所經歷的過程，就可以對參與治療的家庭成員的故事更了解（Rober, 2011, cited in Rober, 2017, p.133）。當事人的許多痛苦經驗，也可能勾起治療師本身的未竟事務或個人議題，這些也都提醒我們需要去聆聽自己的經驗。

依據早年之估計，每一位自殺者會影響六人（Shneidman, 1972, cited in Bartik, Maple, Edwards, & Kiernan, 2013, p.211），若家中有人自殺，留給存活的家人（自殺遺族）許多疑惑及悔恨（自己為何沒有警覺或提早防範），而家庭成員自殺也會成為一種祕密或受到他人的汙名化，有些成員也可能會有仿效行為或擔心自己是否有自殺傾向。因重要他人已自殺的存活者，都會有悔恨感受、企圖尋找意義（Maple, Plummer, Edwards, & Minichiello, 2007; Ratnarajah & Schofield, 2008），自殺遺族也都希望試圖了解為何家人選擇自殺（Cerel, Jordan, & Duberstein, 2008）？自殺遺族或重要他人會有心理與情緒上的後遺症，像是憂鬱、持續的悲傷或自責、自傷或自殺行為（Mitchell, Kim, Prigerson, & Mortimer-Stephens, 2004）。有研究者探查十位年輕人（平均年齡 24 歲，都在他們 16-24 歲間因為朋友自殺已遂）的敘說故事，發現他們都在事件之後努力尋找意義，有人企圖用危險行為（如酗酒、自傷、嗑藥、不安全性行為）尋求安慰，有些人無法維持有意義的關係，或持續有哀傷反應，甚至有自殺意念（Bartik et al., 2013）。倘若家中有人因為人為意外（如車禍或謀殺）而喪生，家中其他成員都成為間接受害者，該如何處理失落議題？複雜的情緒又該如何宣洩？即便走法律途徑，該如何熬過長久且不確定的訴訟過程？許多遭受重大創傷者無法及時得到協助，更遑論心理諮商或治療，當家庭治療師有機會碰到這些族群，先備條件是了解自殺與相關創傷議題、受害者可能的反應與感受，有無其他可用資源與治療模式可搭配？如何將其悔恨感受正常化，了解一些行為（如自傷、嗑藥）背後可能的動機或促因，處理將自殺視為家庭祕密或被社會大眾汙名化的議題，讓家人可以度過哀傷與悲慟，從事件中找到意義與存活目標。

心理疾病

未婚媽媽

雙親之一死亡（或瀕死）

拋棄

嗑藥

失業

漠視或虐待孩子

離婚率增高

入獄

愛滋病所遺留的孤兒

立法上的改變

 隔代教養家庭模式（整理自王舒芸，2015）

隔代教養家庭模式	說明	祖輩需求
代位父母	父母不在／親職功能喪失；或父母在世但長期離家、親職功能幾乎喪失。	「要人照顧、要錢度日」。
補位父母	父母在家、但親職功能微弱；或父母在世但長期缺席，偶爾維繫部分親職功能。	需要解決教養上的代間衝突、減緩照顧負荷。
接棒父母	父母在家、且發揮親職功能，但過多角色衝突，因此需要外在支持。	需要解決教養上的代間衝突、減緩照顧負荷。

（依據標準：以父母輩「是否健在、是否出現在家中」、及父母輩的「親職功能健全程度」區分出三種隔代教養家庭。）

隔代教養孫輩面臨的挑戰

情緒
如失落、焦慮、罪惡感。

行為
如社交孤立、出現偏差行為或學業上的問題。

認知
如認為自己是多餘、是祖父母的負擔、對自我期許較低。

＋ 知識補充站

　　家庭的結構完整是一個家庭的先決條件，但最重要的不是結構完整與否，而是在於家庭功能的發揮程度。家庭中每個人能夠在自己的位置上展現能力、發揮功能、坦誠溝通，就可成為對社會有貢獻的人。

單元 17 不同家庭形式與挑戰：
家中有心理疾患者

家中若有人罹患心理疾病（像是憂鬱症、思覺失調），對其他所有的家人來說（包括病患本身），都是很大的挑戰（包括被汙名化）。憂鬱症的主要風險因素，像是家中有憂鬱症病史、缺乏社會支持，加上有重大的生活壓力事件或家人自殺等，當然憂鬱症也常出現在焦慮症或有物質濫用的人身上（Patterson, 2009/2012, p.230）。許多憂鬱症患者不需要接受治療也能慢慢恢復健康，但是也有很高的復發率，因此，針對家庭中有憂鬱症患者進行家庭治療時，治療師需要意識到，許多家庭成員會因為經常發生或面對這樣的議題，而感到身心俱疲、有一些情緒疏離的狀態，甚至有嚴重的習得無助感（learned helplessness），除了要教育家庭成員適當的醫療處置，有助於健康的恢復之外，也要協助他們有耐心地陪伴，而在緊急的情況之下，需要做緊急的危機處理（包括強制就醫）。

家庭中有人罹患心理疾病，第一個就是無法履行其生活功能，同時需要家庭挹注許多金錢、時間與心力來照顧，倘若無法送到療養機構安置，絕大部分還是由原生家庭或立即家庭成員負責照顧之責，這個負荷很沉重。若家長罹患心理疾病，自然會影響其親職之功能，甚至會讓家人隨時都處於警戒與危機狀態，久而久之就讓許多資源用完、或是賠上親情與關係，甚至彈性疲乏與冷酷；

倘若是孩子之一罹患心理疾病，對家長來說也是不可承受之重，此外還有嚴重的罪惡或愧疚感需要釐清與化解。

家中有心理疾患者，通常會將家庭的許多資源用罄，因此更需要與外界或相關醫療社福單位聯繫，取得可用之資源，切勿只是靠家庭或若干少數家庭成員承擔，很容易身心耗竭、把自己也賠了進去，因此在確認病症之後就要積極找尋可用資源，而不要等到資源耗盡之後再尋求幫助，就可能緩不濟急。目前全球老化速度激增，年長者或有失智（連帶會有心理疾患徵狀）或失功能狀況，或是老人照顧老人（尤其是配偶），對於一個家庭來說，都是很沉重的負擔，而對病患本身來說，也擔心自己成為家人之累贅，甚至有輕生或共同赴死的念頭，這些也都是專業助人者的新挑戰。

絕大多數的心理疾患是可以在社會中正常生活的，而且多數有心理疾患者之家庭，可以從家庭治療中獲益，而絕大多數的罹病成員也可納入家庭治療（只有極少數不能自參與中獲益）；家人彼此之間有更明確、坦誠、有效的溝通，自然可以讓他們在責任分攤與分工上較具效能，而不需要浪費時間在怪罪彼此或推諉責任上；另外家人若對於此疾病有更清楚的認識，也可以提供較有效的協助或危機處理。

頂客家庭（雙薪無孩子的家庭，Double Income No Kids, DINK）
反映的社會現象

 個人主義抬頭，結婚是兩個人結合而形成的家庭，推翻了傳統上認為家庭應該是為了繁衍後代的觀念。

 對於下一代的來臨與生存的現實條件有更多考量，甚至不認為孩子的生活條件比自己這一代更佳。

 教養孩子的費用與心力需要更多，除了可能會影響到目前的生活，對於孩子的前景也不抱持樂觀態度。

 婚姻關係的穩定性減少，也讓夫妻有危機意識，因為有了孩子的婚姻，在婚姻面臨危機或破裂時，處理起來會更為棘手；

 沒有傳統「養兒防老」的觀念，對於養兒育女的期待有不同以往的變化。

 家有慢性病兒研究結果（邱珍琬整理）

牽涉到的問題	包括經濟、醫療、照護、就學或學習等。
家人感受	家人與患者都覺得生活中的不確定性太多，包括長期的預後情況、痛苦的醫療歷程、持續需要醫療照護、重複的介入處遇、一直存在的病徵、甚至是身體與發展上的遲滯，更可能造成心理疾病、生活品質受到影響、婚姻問題、社會孤立等。
影響層面	個人內在、人際關係、與社會一生態（如婚姻關係與家庭功能、社經地位等）的適應要素。
患慢性病的孩子	在心理適應上展現了更彈性的結果，並無明顯的心理困擾出現。
家庭成員	儘管家庭成員必須要調適彼此的關係、因應家中有病人的生活方式、面對財務上的壓力等，這些並無礙於親職的品質；家中有慢性病人也凝聚了家人情感、增進配偶間的關係。

 健康家庭（Gladding, 1998, pp.49-50）

 欣賞家庭生活的多元面向，以及家庭成員如何彼此影響。

了解即便是失功能家庭也有其一般或優於一般的表現。

 了解健康與病態都是發展性的。

 治療師可以更清楚了解家庭的優勢與劣勢。

單元 18 不同家庭形式與挑戰：同性家庭

我國在 2019 年才通過同婚法，然而立法之初，許多法規是否有其執行之難處（如生育或認養問題）？仍須待時間考驗，才能做適當修正。同志伴侶在目前承受社會邊緣化與歧視的情況依舊嚴重，同志父母或同夫／同妻（同志異性戀夫／妻）以及子女的問題，也是另一個需要重視的議題。同志向家人出櫃，是希望彼此關係更靠近，但往往礙於我國異性戀價值觀與倫常（尤其是傳宗接代）的文化，迫使同志們即便在自己經濟獨立之後，與家人之間的關係仍處於疏離狀態，需要修復與修補。新新一代較獨立自主、也敢於表達，不像以往仍是經濟上的依賴人口，也較沒有考慮到家長的感受與擔心，往往較早與家人疏離、斷了支持網絡。雖然說出櫃（或現身）是終生持續的過程，也是重要自我認同的一部分，同志在出櫃之前，也有需要考量的「後顧之憂」（如家人也需要時間消化與調整，或是提前遭受到歧視與霸凌），切勿莽撞行事，這樣造成的家庭關係割裂，往往較難修復。

同志伴侶與異性伴侶一樣也會有伴侶間的權力位階、關係界限的拿捏、家暴、分手或離異、社會資源或支持網絡、為人父母等問題，比較不同的是，社會不友善或歧視、身為少數族群的自我內化（貶抑或歧視）議題。如同一般異性戀伴侶，親密關係需要滿足三項任務——建立適當人際界限、處理彼此的差異與衝突，以及調整親密與距離（Tunnell & Greenan, 2004, cited in Tunnell, 2012, p.26）。男同志伴侶間關係親疏的拿捏，往往是考驗其互動品質與關係持久的重要議題，男性的社會化，較不涉及情緒與關係的處理，因此在伴侶關係中也可能會產生混淆或不確定（不知該承諾多少、如何表達親密），畢竟男性被教育成要獨立、不依賴，因此在親密關係與獨立自主的平衡上，是需要學習做調整的。女同志除了社會對同志的壓力、異性戀主義、內化的恐同或低自我價值之外，性別歧視也是需要留意及探討的部分（Connolly, 2012, p.45）。女性儘管對於關係經營或表達較勝於男性，也較男同志更容易維持持久、承諾的關係，但是親密關係的經營不易，彼此不同的性別認同發展階段，對於關係親密的定義與表現，也都是伴侶治療要提及的。此外因應國情，在我國的同志伴侶還需要與對方的家人相處，雖然沒有「明確」的稱謂，但是彼此還是需要互動，而由於同婚法才通過，同志伴侶與雙方家庭彼此之間較少受到禮節或位階的綑綁，反而多了一些自由（許慈芳，2020）。

小博士解說

同夫／妻的異性戀婚姻是一般較少研究的主題（Grever, 2012, p.168），同志受限於異性戀婚姻的價值，往往為了表現「正常」或給長輩交代，或紓解自己身為同志的社會壓力，而逃避到異性戀婚姻之中。

同性伴侶面臨的特殊挑戰（Nichols, 2010, pp.295-296）

社會與他們家庭的恐同

親密關係中承諾、界限及與性別有關行為的不明確

發展支持系統的問題

出櫃的議題

內化的恐同

 面對同志伴侶的治療師（整理自Nichols, 2010, pp.296-298）

若對同志伴侶的性與愛有不舒服感受，可能就無法與當事人開誠布公討論。

急於表達對同志伴侶的積極態度，可能就難啟口詢問重要問題。

需敏銳覺察自己內化的傳統性別規範與偏見。

需與當事人檢視社會對同性關係的負面隱微觀點。

男同志在婚姻之外的性關係，並不一定會危害其親密關係，協助伴侶決定哪一種形式的關係對他們是最好的。

伴侶之間的忌妒議題。

 與LGBT（Lesbian, guy, bisexual & transgender）的家長做治療時
（整理自Tasker & Malley, 2012, pp.152-159）

治療師要能欣賞與尊重人與人之間的異同。　治療師要協助連結家庭之外的資源。

治療師的性別、文化或種族很重要。　治療師要將 LGBT 的認同與關係因素納入系統思考中。

治療師要支持家長目睹孩子掙扎於對雙親的忠誠、適應廣大社會與同儕環境間的痛苦。

治療師要去思考自己的訓練背景或信念架構是否需要質疑，以符合當事人的最大福祉。

＋ 知識補充站

　　除了掙扎於歸屬親密與獨立之間的議題外，女同志伴侶還受到性別社會化的影響，容易將自我需求列在親密關係之後（Connoly, 2012, p.46）。

單元 19　優勢家庭與成功父母（一）

在做家庭治療時，治療師通常碰到的議題是親職功能或親子關係，也就是最先碰到家庭裡的母親，接著才是孩子，許多治療師都希望可以從親子系統開始，然後說服其他家庭成員也加入，但是往往父親會加入、也最早抽身離開，這與性別社會化有關。當然母親本身被社會視為最主要的照顧者，若孩子身體或行為出現問題，母親都是第一個遭受指責的對象，但是「親職」工作不是單靠女性一人可勝任，需要家長雙方的積極涉入、合作分工與溝通，要不然親職無法發揮其應有功能。

每個家庭都不完美，但是都有其優勢與挑戰，隨著家庭成員、外在環境的持續成長與變化，家庭面臨著許多的挑戰、危機，而有調適之必要，家庭的優勢就可以在此時展現。「優勢家庭」是可以提供照顧、支持、家長管教、鼓勵成長、顧及精神上的福祉、有良好溝通與問題解決技巧、以及參與社區的活動，也就是家庭應顧及基本生理與生存的照顧、物質與精神上的支持陪伴、適當的約束與管教，讓孩子在心理精神上有安全愉悅的感受、暢通同理的溝通模式與方法，也不孤立於整個家族或社區社會的支持系統之外（Otto, 1962, cited in Lee & Brage, 1989, p.356）。每個家庭都有其歷史與整個過程中互動的個人內在動力，環環相扣之下造成其複雜度，而家庭由不同個人組成，每個人有自己的思考與做法，這些也會影響家人互動與家庭氣氛。

家庭是一個系統、牽一髮而動全身，因此家庭成員都互相影響。家庭系統的運作，也說明了家庭會因時勢或現況進行機動性的調整，像是若父母之一外派或死亡、無法執行其功能，家庭其他成員就會自動分攤失功能的那個角色，讓家庭可以重新運作。當然「優勢家庭」也會善用可以取得的資源，用來補足或修補家庭功能，而社福政策與資源之適當挹注，也可省去許多因為家庭失功能而造成的社會成本（如犯罪、貧窮）。

「成功父母」（Jensen & Kingston, 1986, pp. vi-vii）特色：

（一）與孩子一起合作、而不是與之對抗

孩子也會在與雙親的合作經驗中，學會與他人相處之道、與人為善。因為孩子終究要到大社會去生活，需要知道與他人「互相依賴」的重要性，因此就要知道「合作」的技巧與智慧。「對抗」往往是因為父母親的威權心態作祟，也是孩子「想要掙脫父母影響，做獨立自己」的反應。父母親也曾經是孩子，在擔任家長之後換了位子，也可能換了腦袋（思考），無形中會從較高位階或威權的角度看孩子的行為，像是苛求完善、要求孩子一下就做對，卻忽略了人都不完美、都值得給予第二次修正的機會，而孩子也需要養成挫折忍受力及與人合作的能力——此能力從原生家庭中培養最適當！

適應良好家庭的特徵
（Forgarty, 1976, cited in Taylor, 2004/2007, pp.26-27）

情緒平衡、具有能力能夠適應改變。

代間有聯繫。　維持一個正向的情緒氣氛。

家人間容許鼓勵且尊重彼此的差異。

每個家庭成員都認為自己的家最適合自己。

家人解決問題時不會過度混淆或是冷漠。

儘管家庭系統中有情緒問題，但每位家人只有一些情緒問題。

家人的兩人單位（dyad）可以處理問題，不會牽涉到第三人。

每位家人都會和其他人在思考及情緒的層次上做溝通。

家裡的每位成員都可以覺察到從家人關係中所得到的好處，家庭沒有祕密。

每位家人都允許有自己的空間，其他家人也不會想要去拯救他。

每位家庭成員都可以由其他人身上學習及得到回饋，而不是依賴他人。

 家暴受虐婦女特徵
（Klingbeil & Boyd, 1984, 引自吳慈恩、黃志中，2008，p.33）

不實際的期望
——丈夫會突
然改變。

長期忍受
痛苦。

長期感到憂鬱、
壓力，有身心症，
可能有酗酒或
藥癮。

自認丈夫之暴
力行為是自己
引起的，因而
內疚。

缺乏判斷
何者會導
致生命危險
之能力。

極低的自
我評價。

社會隔離，
連娘家也
不常聯繫。

經濟與情
感依賴。

不確定自
己的需求。

相信毆打只
是暫時的，
情況一定會有
所改善。

＋ 知識補充站

家庭功能失常：
• 指親職功能不能或未能適當發揮（如失業、單親、隔代教養、入獄等）。
• 家庭結構出現問題，或是有暴力傷害事件發生，對於未達成年的孩子，不管是受害者或非受害家人，影響尤其重大。

單元 **19** 優勢家庭與成功父母（二）

（二）父母會犯錯是必然的，但是不要刻意抹去自己犯的錯誤

父母親不是完人，這也讓孩子覺得犯錯是不可避免，但是也有機會修正的，這種身教會給孩子更大的正面影響，不僅可以鼓勵孩子有探險、求知的勇氣，也讓他知道從犯錯中學習、成長。父母不怕承認自己犯錯、也願意改正，孩子看到這種勇於擔當的表現，會更明白自己的能力與價值。此外，對於孩子的要求，父母本身也應該身先士卒，更不要因人而異，有了「雙重標準」，這樣很容易讓孩子對家長失去信任。孩子較容易在父母親的身教中學習，孩子也是很敏銳的觀察家，很容易發現父母親的「言行不一」，屆時他們學習的是父母親所說的還是所做的？會犯錯的父母是會反省的父母，會反省才會思以改正，這樣孩子學習到的不只是人性，還有人修正錯誤的能力與勇氣。

（三）快樂來自給予，而不是接受

父母的愛是無條件的，只因為他們是自己的孩子，所以願意付出，當然這與溺愛是不同的，也就是愛中有教育。有些父母親自身的需求沒有被滿足，於是就從孩子身上來獲得滿足（這就是「情感綁架」的由來），孩子礙於自己對父母親的忠誠與愛，有的會選擇犧牲自己、討好父母親，但是也因此失去了童年與自我，有些會遠離父母、不再與其有瓜葛，同樣失去了歸屬與自我感，對親子雙方而言都是輸家。在家庭治療中會注意到父母親位階與功能的部分，也讓每一位家庭成員有自主、發聲的權利，並致力於真誠、良好、無礙的溝通。

（四）夫妻間的合作，優於意見的不同

孩子是夫妻之間的「最大公約數」，因此儘管彼此之間或有意見不同，但是在處理家庭事務與教養孩子的態度、做法上，應該是一致的，這讓孩子明白事情的規則，不會遊走在父母之間鑽漏洞、敷衍。倘若夫妻之間需要以孩子為橋梁、或是其中一位長期固定扮演白臉或黑臉的角色，孩子自然知道該找哪位家長說什麼或要什麼，讓原本平權的夫妻關係變成其中一方權力更大，另一位家長就成為邊緣或疏離的對象，對一個家庭而言不是好現象。我們在一般家庭中最常見夫妻以孩子為要脅對方的籌碼，逼迫孩子的忠誠度分裂（只能選擇父母親之一方來效忠），或者是討好孩子、破壞對方在孩子心目中的形象（特別是不合或離異的夫妻），孩子就成為最可憐又無助的受害者。

小博士解說

父母效能訓練（Parent Effectiveness Training, PET）裡，很強調親子間建設性、同理的溝通，包括傾聽技巧訓練、「我訊息」（I message）的使用，利用環境的改變來改善行為，避免與孩子間的權力鬥爭，營造「雙贏」的衝突解決方法（Gordon, 2000）。

處罰的目的與影響（Sweeney, 1989, p.95）

通常是為了展現個人的威權或權力。　可能會涉及道德議題。　使用說話或強迫手段。

無邏輯可言，只是擅自將破壞性行為與結果做任意的連結。　讓對方沒有轉圜餘地或選擇。

與過去或歷史有關（不是著眼於現狀）。　通常會讓受處罰對方屈從或羞辱。

不管是表面上或隱藏著，都有氣憤的因素存在，而且常常做出處罰動作之後會有懊悔的感受，也傷害彼此的關係。

仰賴外在的動機（讓受處罰對象懼怕、而非內心真誠改過）。

被處罰者充其量只是「努力忍受」而已，而不是真心接受。

通常是在衝動（而非理智）之下所做的處罰決定。　受處罰的對方會覺得沒價值、很渺小。

通常會有不斷的嘮叨（而不是單一一次行為）。

 「正向管教」的原則與重點（引自鄔佩麗、陳麗英，2010, p.235）

目的在於讓孩子學習自我內化管理	「自律」行為不需要外力約束，效果較持久。
針對行為而非個人	將「人」與「問題」分開，較容易改善。
注意正向、可欲的行為	看見也肯定個體的優勢，因為每個人都需要被看見、被認可。
與孩子共同討論要遵守的規則	一起商議的結果較容易遵守、也將孩子的意見納入考慮。
前後一致、堅定的引導	一致的態度才能奏效，堅定而不需要「嚴厲」。
肯定也尊重孩子	每個人都需要被認同，語氣要特別注意。
非暴力的語言與行為	做最佳行為示範，也展現了情緒智商。
回應方式直接且符合邏輯	這是與處罰最大的區別
傾聽與示範	最基本的尊重就是從傾聽表現出來，孩子被聽見、了解之後，才有可能接受建議。「不教而成謂之虐」，適當的教導與說明，孩子才會學得正確又有自信。
不當行為若造成損失，應有適當之補償動作	這是教會孩子「負責」的表現
將錯誤當成學習的機會	許多學習都應該有「第二次」機會，而不是一次就要求完美。

✚ 知識補充站
「親職化的孩子」（parentified children）是指孩子跨越了界限，或是替代了失功能的家長。

單元 19 優勢家庭與成功父母（三）

（五）視孩子為自己成長的機會，而不是沉重的負荷

父母可以在孩子身上學到許多新的成長經驗，而孩子也只有一次的成熟機會，是學習成長而非負荷的觀念，會讓父母親發現自己還有許多能力可以開發，在與孩子的相處中，也萌生活力與創意。有人說孩子是自己此生需要償還的債務，但是每個人面對債務的態度不同──有人認命，就好好養育孩子，有人不認命，甚至利用或虐待孩子。我們都不是天生就會做父母，因此在陪伴孩子成長的過程中，家長也在成長，教養下一代的過程都是有喜有憂、有樂有苦，但是因為這個緣分與愛，即使是負擔，也是甜蜜的。不少父母親為了讓孩子生活得更好，必須要花費大部分時間去工作，相對地，也可能犧牲了親子共處的優質時間。

（六）父母不能讓孩子快樂，但是可以提供適當的環境引發快樂

家庭氣氛的維持就是父母親可以做到的，但這並不是指讓一切火爆情緒都隱藏蟄伏，表面裝出快樂。而父母親本身的「快樂婚姻」就是給孩子最大的保障（Simon, 1986; cited in Stinnett & DeFrain, 1989），孩子不會因此而擔心家庭不睦或處於危機崩解之中，這樣才能滿足最基本的安全感與歸屬需求，孩子在這樣的氛圍中才會茁壯。然而有些家庭卻要費盡力氣去維持表面的「虛假和平」，每位成員都將心力浪費在無益的努力上，每個人內心卻傷痕累累，有時候孩子也成了被動的「合謀者」，配合雙親演出。現代家庭離婚率升高，有人說是女性「自主權」使然（難道只有男性有「自主權」？）這當然是不公道的說法，也不符合社會正義，而這個訊息的背後，是不是也依舊是「男人至上」、女性為主要照顧者的文化脈絡？因此家庭治療必須將問題放在大環境脈絡中檢視，而不是只針對家庭這個單位做處置而已！

（七）提供以孩子為導向的環境，而非不重視孩子的環境

給孩子適度豐富的環境，可以刺激他們的身心發展，協助自我管理、也尊重他人，忽視或是凌虐孩子的環境、一切以成人的需要為依歸，就會犧牲了孩子，甚至讓孩子的人格發展與行為出現重大危機。環境教育是最容易做到的，環境包括物理與人文的環境，小自家庭環境的布置與清靜，大至社區治安與人口組成。家長讓每位成員在家裡都有屬於自己的空間，或是屬於自己私人的一小塊地方（即便只有書桌），可以讓其安身立命，不需受到突然的打岔或干擾；此外，家人作息時間都能夠協調（如孩子寫作業或唸書時間，家長也可以在一旁陪伴從事靜態閱讀），也開發屬於全家人一起的時間，都是讓孩子覺得自己有隱私，同時也有與家人共享的時光。

讓孩子有效學習

父母以過來人的身分，常常會提供孩子一些學習的方式或策略，鼓勵孩子去試試看一段時間，提供適當的鼓勵與成功經驗。

家長提供的方式是容許做適當修正的，甚至鼓勵孩子依據自己的需求做若干修改。

給孩子嘗試的機會，一旦孩子做了決定，也要鼓勵他堅持下去，為自己所做的選擇負責。

提供孩子適當資源，必要時請教他人或專家。

了解孩子學習的特色（例如：喜歡用聽的、說的、寫的、喜歡變化或是不喜歡變化等），也留意孩子學習時，有沒有特殊的困難或狀況。

開發、也示範不同的學習方式與策略，提供角色典範。

學業成就可看出孩子學習的多寡與優劣，也是學習障礙的重要指標。

不要以單一學業成就或是筆試成績為評量孩子優劣的圭臬，因為孩子的才能不同，表現也有差異。

注意過程與孩子的努力，不要只以最後的結果論英雄。

協助孩子對學習有興趣是第一步，最終目的還是希望可以讓孩子養成自己主動學習的習慣。

孩子年幼時，家長可以為孩子選擇讀物，也要慢慢教孩子如何做選擇的能力。

學習可以是多方面的，做家事、與人應對、財務管理等，都是可以學習的技能。

孩子如果特別對某些領域或是技能有興趣，家長可以提供教練或學習課程，讓孩子的技能更增進，自然最好，如果家長有其他考量（如經濟不勝負荷、對孩子要學的有意見），事先的溝通與協調很重要。

家長不要老是拿孩子的成就或學習情況與他人做比較，徒然造成孩子的壓力，也可能誤導了孩子的價值觀。

創意思考的障礙（邱珍琬，2002）

權威式、上對下單向的管教方式。

不重視個別差異與個人的獨特性。

只有一個標準答案的教育。

只重視成果，不願意花時間與精力在過程上。

不尊重、不允許犯錯的環境與氣氛。

只用一種方式來評量結果，甚至只有「成功」或「失敗」的評估。

不鼓勵多元思考。

＋ 知識補充站

目前有愈來愈多「單人家庭」，或許是離異或配偶死亡之後一人獨居、或是選擇單身過一生，或是老年人，尤以女性居多。

單元 19 優勢家庭與成功父母（四）

（八）相信孩子基本上是良善的

不要只是以孩子的行為為唯一評判標準，孩子也需要給他們機會去學習與做準備，孩子可能因為技術或能力不足、生命經驗有限、想做的與做出來的結果不同，父母親要體諒到孩子的用心，同理其行為背後的用意與感受。孩子還在發展階段，有時候受限於語言表達能力與懾於父母親的威權，無法適切地說出自己的想法，家長不妨花些時間，在適當的地點，仔細聆聽孩子的想法與感受，同時可以站在孩子的立場，同理他／她可能的感覺，然後用猜測的語氣詢問。孩子的一些「不良」行為通常是仿效而來，有時候是不小心做出來的，卻意外達成其目的（如突然大哭，卻發現家長願意聽他說話，此後可能就沿用此法），因此進一步了解行為背後的動機是很重要的。

（九）要有幽默感，不要太嚴肅

父母親在擔任父母工作之後，常常忘了自己也曾經年少、曾經無知，過度以成人的標準來要求孩子；幽默是人際關係，當然也是親子關係最佳的潤滑劑，孩子也需要成人的幽默來示範應對生活中的不如意與處理的智慧，也增加自我強度。幽默的展現也是一種生活態度，這是孩子很需要的能力、也可以擴展其挫折忍受力，當孩子學會以不同的角度看事情，較不會自陷於情緒的深淵、也較能夠寬容對待他人。

（十）要給孩子時間，而不是按照自己的需求來安排與孩子共處的時間

以孩子為導向的考量，就會盡量多花時間跟孩子相處，不一定是需要很長一段時間，即使只是一、兩分鐘，都可以讓親子之間的關係品質有加溫效果！此外，在與孩子溝通或是傾聽孩子意見時，也要給予足夠的時間，不要因為自己不耐煩或待會兒要忙，就逼迫孩子立刻做反應，孩子也常常因為時間不夠的緣故，而做了不周全的倉促決定，反而讓父母親挑出毛病更生氣。孩子尚年幼，許多事情需要更多的時間考量，有時不妨教導孩子如何做判斷與決定，或是與孩子約另外的時間聽取其決定。

（十一）要管理孩子，而不是操控

重視孩子是一個獨特的個人，而不是父母自我未竟夢想的完成者，就會少些操控、多些自主與自尊、尊人。「管理」是一種生活與生命智慧的傳承，最終目標是自我管理，而不是受到外力的壓制才如此，讓孩子學習管理自己的時間、作息、學習習慣的能力，未來受用無窮！

（十一）自他人的經驗與自己的錯誤中學習

父母不是天生的，犯錯在所難免，也從經驗中學習更好的處理方式，因此家長的自我覺察能力與願意改變很重要。我們都不是天生就會當父母，孩子也是我們累積經驗與智慧的試驗品，彼此都可以做對方的老師。

認知行為學派設計的親職STAR課程（Fox & Fox, 1992, cited in Nicholson, Anderson, Fox, & Brenner, 2002）

S (Suspending reaction) | 不要立即反應
T (Tending to your own feelings) | 留意自己的感受、取得情緒上的掌控
A (Attending to child's expectation) | 詢問自己對孩子的期待是否合理
R (Responding after thoughtful consideration) | 以適當、深思熟慮後的行動來反應

 網路成癮型態（Young, 1999）

網路性成癮（在網路上瀏覽有關性行為或與人做網路性愛）。

網路關係成癮（網路關係勝過實際的人際關係）。

資訊超載（常常上網看資訊，無法判斷資訊的真偽）。

網路遊戲成癮。

網路強迫症（如病態賭博或購物）。

 網路成癮的核心特徵（Young & de Abreu, 2011/2013）

獨特感受	情緒改變	耐受性	戒斷徵狀	衝突與爆發
渴望上網、未上網時對網路念念不忘	不上網就焦躁不安	滿足需求的限閾提高	一旦不使用會焦慮難受	容易與人有衝突及情緒爆發，復發上網行為

＋ 知識補充站

　　在家庭治療中有不少伴侶會因為親職管教或是子女問題來請教，治療師若是諮詢角色（提供家長管教知識或教育），或許不一定納入子女，但若進入治療過程，適時讓子女加入，效能會更佳！

單元 **20** 家庭治療與個諮、團諮之區別

家族治療與個別諮商、團體諮商有許多的不同，主要是在面對家族治療成員時，要考慮到成員之間彼此有血緣及互動歷史、家族價值觀與傳承，而且當事人不只一位；而個別諮商是面對個人，讓諮商師有很大的空間可以與當事人做真誠及深入的對話；團體諮商的成員彼此之間無血緣關係，也不能夠在團體裡面做個人諮商，因為要考慮到其他成員的福祉跟利益，即便團體成員中有個人議題，但是在處理的時候可能不是那麼的深入與周到。家族治療的許多技術來自團體諮商，然而在使用時還需要考慮到參與成員彼此之間的關係與顧慮。團體諮商的成員或許會擔心團體結束之後，自己在團體中所披露的私密會成為他人的把柄或損害自我形象；而在家庭治療中，治療師的目的是希望家人可以直接坦誠溝通、讓彼此關係更親密，但是也會擔心若其中一人有祕密（如婚外情或同志），可能就會對治療效果有負面影響。

家庭治療最難的就是因為彼此的血緣關係，或許顧慮太多，反而遮掩或毀壞了彼此想要靠近的真正意圖，但是其出發點基本上都是良善、可以預期或了解的，況且家人關係是一輩子的（家庭是我們的最初與最終），不像團體諮商一結束，可能成員就散了。再者，家庭有世代的傳承、文化與價值觀影響著整個家庭與個人，但是團體卻沒有歷史可言，即便是長期進行的團體；在進行家庭治療時，會顧及原生家庭對立即家庭的影響，在團體中除非議題有相關，要不然絕少提及原生家庭。

團體中很重要的是「人際學習」，或者是藉此可以矯正原生家庭的經驗，但基本上團體即便可以讓成員更熟悉彼此，重點卻不在於了解彼此；在家庭治療裡，最重要的功能可能是彼此藉由有效與誠實的溝通，讓彼此更了解、也更了解自己，讓關係更親近，同時一起面對問題並試圖解決。若說家庭是「決定」的，那麼團體就是「選擇」的，這兩個不同組成就會有差異。不喜歡團體，可以退出，但是家庭卻不容許我們這樣做，即使雙親或子女「脫離」（disown）了家庭，卻無法擺脫。當然，有時在家庭治療中，必要時也需要做個別晤談。有人企圖逃離家庭，卻被羈絆得更深，有人想要更靠近家人、卻換得傷痕累累；我們對於家庭的親職倚重甚深，甚至認為家庭裡的雙親是塑造人格最重要的推手，然而也不要忘記：即使是最完美的父母、最好的親職功能，還是需要顧慮到孩子本身的性格，才能夠「速配」。

小博士解說

家庭與一般團體最大的不同，在於彼此之間有血緣或情感連結，而且家庭的生命是持續下去的（包括世代傳承的價值與文化）。

個別諮商與團體諮商的差異

諮商型態／特點	個別諮商	團體諮商	注意事項
人數	一人	四人以上至十二人（或以上）（視主題或時間而定）	資訊分享方面，團諮有更多人知道，保密就更不容易
對象與進行方式	一對一、面對面	一對多、直接	若只專注於若干成員，就容易忽略到其他成員
動力不同	當事人與諮商師二人	諮商師與參與成員全體，就經濟與人際層面來說效果較佳，也容易獲得支持	有人較不習慣在他人面前說話，或發表不同意見
諮商室外的掌控	較容易掌握	較難掌控	因為人員眾多，保密較難，也影響到成員在團體外的表現
效果	較不易評估	效果較佳	團體彼此會有歸屬感、獲得支持，也可以在外面社會類似情境的團體中學習與練習所學
時間	較固定，一次可以四十分鐘到一小時（必要時可延長）	若每人二十分鐘來計，可能一次團體就需要一小時以上	團體中若有人缺席，動力就受到影響

 個別諮商與家庭治療的差異（Gladding, 1998, pp.64-65）

個別諮商	家庭治療
其哲學觀是線性的因果關係（也就是 A 導致 B 的結果）	建立在循環的因果觀（A、B 兩者會彼此影響）
聚焦在「為何」	聚焦在「如何」及「什麼」
著重在內容	著重在過程（去探索彼此互動的動力狀態）
聚焦在歷史性的資料上（過去）	主要是處理此時此刻的素材與立即的改變

＋ 知識補充站

家庭通常是我們的最愛，但可能同時也傷害我們最深，然而卻無人能夠擺脫。

單元 21 家庭治療看問題的角度（一）

家族治療是從「系統觀」而來，所謂的「系統觀」，就是所謂的「牽一髮而動全身」，就像一個系統一樣，只要其中的一個螺絲或一小部分發生問題或變動，就會影響到全部的系統，換句話說，只要其中有一小部分或個人發生改變，也會造成漣漪效應。我們從系統觀的觀點來看當事人的問題，一般說來，我們都會把當事人當作問題的「源頭」和「製造者」（例如「偷竊的人」），可是在許多情況下（尤其是年齡愈小、愈弱勢的族群），他們本身受到周遭環境，甚至文化的影響更大。也許我們看到一位有偏差行為的小孩，如果只是聚焦在他／她本身的偏差行為上，有時候就會失焦；也許是因為他／她家庭的經濟因素、父母教養的方式，或是他／她因為身為家庭的一分子，希望為家庭盡力等，讓他／她成為目前這個模樣。因此，如果要讓真正的問題得以舒緩或解決，那麼我們就必須要站在更廣、更高的角度來看當事人與周遭環境的關係。

家庭是一個系統的概念，植基於生物學家 Ludwig von Bertalanffy（1934）對於有機體的概念，由於家庭成員是持續地互動且彼此影響的，因此將家庭系統視為一個活生生的有機體（Gladding, 1998, pp.62-64）。從系統的觀點來看，家庭一直在持續改變、而且會重新建構的過程中，家庭是開放、自我管理的有機體，同時也是在較大的社會系統下互動，家庭的穩定以及改變是使用「正負向回饋系統」（負向回饋是稀釋強度、回歸原來的平衡，而正向回饋是增加其強度而造成主被動的改變），因此要維持改變以及穩定之間的平衡，則是每個家庭的功能所在。

家族（庭）諮商的起源受到「系統觀」的影響，是 1960 年代的產物（Minuchin & Nichols, 1993），家族治療師之所以喜歡「系統觀」，主要是常常見到當事人無力去控制家庭中發生的狀況，常常淪為受害者（Nichols, 1992, p.11），因此批判傳統治療將個人與其所置身的自然脈絡及社會系統切割開來（Lebow, 2008）。系統觀將當事人的問題視為家庭系統功能運作的徵狀（symptom），而非個人的適應問題，因此個人出現問題或徵狀可能是：（一）為了家庭而有其功能與目的；（二）家庭不小心讓這個徵狀持續下來；（三）家庭無法有效運作，特別是在轉換期發生；以及（四）可能是世代傳承下來的失功能模式（Corey, 2009, p.412）。家庭為一系統是因為個人與此活生生的系統有連結，而家庭是互動的單位，裡面成員的行動不只影響到其他家庭成員，其他成員的反應也會對個人產生互惠的影響（Corey, 2017, p.404）。

小博士解說

由於家庭不能離群索居，其周遭的環境、經濟、政治、文化等，也都是重要的影響力，別忘了家庭還有傳承文化與族群生命及價值觀的任務及功能，更不能切割開來看。

個人與系統治療師的比較（修改自 Corey, 2017, p.405）

個人治療師

系統治療師

個人治療師	系統治療師
聚焦在獲得正確的診斷，或者使用 DSM-V。	探索家庭過程與角色的系統，或使用家族圖。
即刻與當事人做治療。	邀請當事人之家庭成員一起進入治療。
聚焦在當事人徵狀或問題行為之原因、目的、認知、情緒與行為上。	聚焦在家庭成員之間的關係，而這些關係與維持當事人之徵狀或問題有關。
介入方式是協助當事人做適當因應。	介入方式是改變當事人的環境脈絡。

 家族治療師使用的技巧（Andolfi, 2016/2020, pp.115-124）

與家庭形成同盟

讓孩子擔任協同治療師

治療師內在自我與自我揭露（拿下專業面具，以完整的自我與人性來進行治療）

關係技巧

留心傾聽與自我反思

融入或加入　　坦然而直接

有趣與幽默（運用語言、物件、玩具、幽默與笑聲）

＋ 知識補充站

　　家庭雕塑需要治療師主動且創意地投入其中、選擇要呈現什麼，並且分配家庭角色給同僚，同時根據治療師自己對案家關係的理解，把他們放入雕塑中（Andolfi, 2016/2020, p.88）。

單元 **21** 家庭治療看問題的角度（二）

　　每個家庭都是一個系統，有自我調節（self-regulation）的功能，即便在一個家庭裡，也不是只看見所有成員而已，還包括個人的經驗、彼此之間的關係，即使是個人的心理問題，也是在與人互動中呈現出來（Nichols, 2010），因此只要系統中任何一個環節出問題，都會影響整個系統的運作，而系統則會發揮「平衡」（homeostasis）的功能，讓系統回復到之前的狀態，就像家人間的互動，會依循一些慣例或規範，其目的就是要維持可以預測的穩定狀態（Nichols, 1992, p.28）。這樣的思考，其實與人都希望安全、穩定的需求是一樣的。

　　系統觀對於家族治療的技巧沒有直接關聯，其主要貢獻在於提供治療師思考當事人與其失功能行為的原因（Goldenberg & Goldenberg, 1998, p.20），而家庭治療師將個人的「病態」（或問題）視為當事人關係模式的困擾，其目的也是要協助家庭成員以關係的角度去重新定義問題，由於「被認定病人」（IP）的出現有其功能，因此治療師會詢問當事人家屬：「如果病人不再生病了，會有什麼改變？」讓每位家庭成員都可以表達自己的感受，不讓「生病」或是「有問題」的當事人成為家庭真正問題的代罪羔羊（Goldenberg & Goldenberg, 1998, pp.41-42）。然而，系統觀強調家庭有「平衡」的傾向與功能，同時也意味著家庭會抗拒改變，這也讓後來的家庭治療（如

後現代）有了新的思維與發展，強調「形體發育學」（morphogenesis）朝向改變前進的系統力量（Lebow, 2008）。

　　既然家庭是一個系統，底下自然有不同的「次系統」（subsystems，如夫妻、親子、手足），「次系統」是整個系統的一部分，可以在系統內執行特殊功能與過程，以維持系統的整體性，次系統間也會彼此影響，而每一個家庭成員都分屬於不同的次系統，這些次系統可能是依其在家庭內不同代間、性別、興趣、角色或功能而組成，如果任何一個次系統失功能，就會引發整個家庭系統的反應（Goldenberg & Goldenberg, 1998, pp.27-28）。家庭治療也沿用了「一般系統理論」（general systems theory）的觀點，也就是不以直線因果的方式思考，而是以「循環」（circular paths of causality）的方式來看家庭問題，聚焦在彼此互動、重複的模式上（Lebow, 2008）。因此系統觀就涵蓋了大環境與家庭，加上家庭成員之間的關係、延伸家庭或姻親的因素，還有個人內在的動力因素（如個性、價值觀、慾望），更增加其複雜度。治療師需要有生態脈絡、系統關係的思考，才不至於在個人求助時只看見這個人，或者是與家庭工作時只看見家庭這個單位，而是能夠拉高位置，從更高的角度或歷史探看，或許會有更多創新的理解與點子。

小博士解說

　　如果一味逃避、不去處理衝突，可能也表示了挽回這段關係不重要（DeVito, 1999），相對地，也失去了培養衝突解決能力的機會。在家庭中亦是如此，將衝突視為溝通的契機，不放棄或逃避，自然會有新的視野。

家庭治療（整理自Nichols, 2010）

 家庭角色基本上是互惠、互補的。

 家庭成員有共同的歷史與未來。

 介入方式是協助家庭成員認出並改變有問題或
適應不良的關係模式，及自我破壞的信念系統。

 讓每位成員都可以滿足自主獨立
（個體化）與歸屬（連結）之需求。

 注重家庭成員互動的過程與內容。

 家人互動、溝通因為彼此關係或顧慮，往往無法直接坦誠。

 家庭治療主要目標在於讓家庭成員
可以聚在一起，並轉化其互動方式。

不同伴侶結構（Andolfi, 2016/2020, pp.95-99）

高衝突型伴侶

關係高度緊張與
痛苦，持續不斷
的衝突。

不穩定型伴侶

兩造都沒有安全感、
寂寞，在原生家庭中
都經歷過被忽視
與疏離。

和諧型伴侶

彼此親密、信賴、
相互分享與尊重。

三明治型伴侶

夾在兩個世代間，上
有長、下有小，感受
沉重壓力。

＋ 知識補充站

　　家庭儀式賦予家庭生活質感與意義，象徵家庭不同的生命週期（如婚禮、生日、葬禮）或
困難議題（如酗酒、疾病），適當運用一些儀式，可以看見家庭驚人的力量與效果（Andolfi,
2016/2020, pp.124-127）。

Part 3

家族治療理論

單元 22 家族治療理論：
精神分析與 Bowen 學派

　　家庭治療師需要有扎實的哲學與理論基礎。理論是治療師組織一切資訊的工具，同時可以為問題做適當命名與提供有效之支持，治療師不應該只鎖定某一特別理論，而是能夠找到一個適合自己性格、優勢與世界觀的理論。好的理論也可以符合我們個人的哲學觀──我們的價值、對生活的看法，以及人們與問題在生活中所扮演的角色（Taibbi, 1996, pp.6-8）。治療師需要有勇氣讓自己和參與治療的家庭突破對於改變之焦慮（Taibbi, 1996, p.10），儘管所有的治療其目的都是做適當的改變，也都需要讓成員看見改變後的優勢、給予持續支持及鼓勵，並預防復發。

　　家庭治療師的目標可能是減緩或消除被認定病人（IP）出現的徵狀，也可以是改變整個家庭互動的模式，而由於治療師對於家庭問題所持的觀點不同，也會影響接下來的處遇動作或方向。因此在治療師工作的過程中，除了維持和參與成員良性互動的關係之外，很重要的是，要能夠讓家庭成員有足夠改變的動機，因此在晤談時段進行相關活動或是家庭作業的分派，就是實驗的一環，讓成員在小試身手之後，減少對改變的抗拒。誠如家族治療學者 Nichols（2010, p.3）所言：「家庭治療不是新系列的技術而已，它是一個了解人類行為──基本是由其社會脈絡所形塑──的全新取向。」因此就如同學習助人專業不是一個「匠工」之事，而是有統領我們思考、假設、解釋與定義問題的理論基礎，而當我們以理論及當事人所處脈絡為考量，並思考可近與可用資源，處置策略自然就會出現。

精神分析與 Bowen 學派

　　家族治療不僅省時省力，效果也加乘，尤其是在今日家庭結構與世界變動劇烈的年代中，有更多的因素需要考量，因此家族治療也會因時因勢而做適當的修正與調適。許多學派的服務對象，也從個人治療拓展到家族治療，像是阿德勒的自我心理學派、認知行為學派以及客體心理學派等，讀者若有興趣可以參見其他相關書籍，一窺其堂奧，本章限於篇幅，會先介紹家族治療的起源與理論，然後介紹幾個家族治療的主要派別。

　　家族治療有幾個派別，將分別敘述。此處先介紹精神分析取向與 Bowen 學派的多世代家族治療。精神分析治療跟 Bowen 治療學派的共同點是：他們相信過去仍然持續活躍在目前的生活當中，都強調家庭的互動以及歷史，也就是早期經驗對個人及家庭持續有影響，特別是早期與重要他人的連結與互動。

小博士解說

　　理論、哲學與技巧是好治療的核心。治療師的成功與否不在於如何做，而是如何努力讓家庭突破他們生活中的束縛（Taibbi, 1996, pp.9-10）。

一般系統理論與家庭的關聯
（Henderson & Thompson, 2011/2015, pp.15-2~15-3）

將焦點從個人轉移到社會脈絡

系統是有組織的「整體」和互相依賴的「部分」

整體大於各部分的總和

系統運作模式是循環性的（個人內在因素與互動的影響）

關注於家庭如何在不良的極端特質中，持續維持平衡？

需考量家庭之生命週期

 家庭治療理論取向

精神分析　　**治療重點**
處理移情與反移情、投射認同、涵容

Bowen 多世代　　**治療重點**
家庭情緒系統、自我分化

體驗　　**治療重點**
溝通、重視自我與歸屬

結構　　**治療重點**
重建位階、界限、結構與溝通模式

策略　　**治療重點**
徵狀解決、矛盾意象

後現代　　**治療重點**
社會建構觀點、人類互動經驗與意義

認知行為　　**治療重點**
改變想法與行為、教育與實驗

✚ 知識補充站

　　不健康家庭通常採取極端方式，而健康家庭往往採用中庸之道來達成平衡（Shapiro, Friendberg & Bardenstein, 2006, cited in Henderson & Thompson, 2011/2015, p.15-3）。

單元 23 精神分析取向家庭治療學派（一）

Nathan Ackerman、Ivan Boszormenyi-Nagy、James Framo、TheoforeLidz, Norman Paul、Donald Williamson、Robin Skynner、Lyman Wynne 等人，基本上都是屬於精神分析家庭學派的成員，而 Ackerman 是公認的奠基者（Gladding, 1998, p.121）。

Ackerman（1908-1971）對於家庭治療的興趣，起因於觀察賓州一個礦城小鎮的男性失業率對其家庭之影響，他同時發現家庭似乎因為所有家人的參與而改變得更快，而他也特別對於家庭生活的心理社會動力（psychosocial dynamics），以及把精神分析的原則運用在家庭裡特別感興趣。1961 年，他共同創辦了《家庭過程》（*Family Process*）期刊（是美國家庭治療的第一份期刊）。Ackerman 本身具有非常強烈的領袖特質、也是一個很棒的理論學者，有許多著作的產出，他影響了許多以精神分析取向的實務工作者及專業人士，他將個人與家庭視為系統來介入（Gladding, 1998, p.122）。

精神分析的家庭治療，主要是奠基於佛洛伊德的工作上，重新做解讀、修正以及運用，另外一個很重要的精神分析的理論就是「客體關係理論」（object relations theory），它連結了傳統的佛洛伊德理論與家庭治療，也就是讓佛洛伊德強調個人驅力的理論轉換到強調家人社交關係的治療（Gladding, 1998, p.123）。

Ackerman 將佛洛伊德專注於個人的理論運用到家庭中，其他一些理論者或實務工作者，包括有 Heinz Kohut、Boszormenyi-Nagy 與 Framo。因此，Ackerman 強調精神分析學派取向的家庭治療師必須精確地了解到個人的潛意識，要了解個人的潛意識，需要了解到其脈絡。Ackerman 提到的一個觀念叫做「互鎖的病態」（interlocking pathology），用來解釋家庭成員持續保持失功能狀態的情況，也就是在這樣的家庭裡，有一種潛意識的過程在家庭成員之中發生，讓他們連結在一起，但事實上是沒有功能性的。

小博士解說

所謂的「涵容」（containment），是讓每個人都可以說出自己的想法、讓人們去自由思考，並與目前正在發生的事情產生連結（Flaskas, 2013, p.48）。

精神分析學派與Bowen的家庭治療共同點

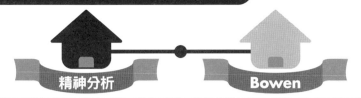

| 精神分析 | Bowen |

都強調人際關係的發展以及人類在關係中的發展。

都相信家庭以及成員的改變是在家庭、歷史以及發展的脈絡中檢視時產生。

不管是集體或個別的意識和潛意識的過程,都是治療介入的焦點。

焦點都在於個人內在以及與人互動的方式如何影響彼此。

 精神分析家庭治療使用的技巧(整理自Gladding, 1998, pp.124-127)

| 夢或白日夢解析 | 分析家庭中有哪些沒有滿足的需求? |

| 面質 | 治療師指出家庭中的哪些行為是互相矛盾的,或者是跟他們表現出來的期待有衝突的?面質的運用是要協助家庭成員更了解他們所做的,然後改變他們因應的方式和策略,讓他們變得更有功能。 |

| 聚焦在優勢 | 目的是協助改變家庭的焦點。聚焦在優勢,可以用建構性的活動提升家庭成員之間的合作,打破行為的非功能模式。 |

| 生命歷史 | 藉由了解家庭目前以及過去的互動歷史,來提升對治療師的信賴,也提供家庭成員頓悟的機會。 |

| 互補性 | 互補性(complementarity)也就是指家庭成員角色的協調性如何。治療師協助家庭成員提供與接受關係中的滿意程度,也就是可以詢問他們所要的是什麼?而且他們要怎麼做來回報? |

| 移情 | 是要了解在家庭裡面最重要的感受是哪些?以及哪些情緒會轉向某些(個)特殊的人?藉由情緒宣洩的表達或者自我發現、頓悟,學習到新的互動方式。 |

 精神分析取向家庭治療師的角色

★老師 需要學習一些基本精神分析的名詞,然後將這些名詞運用在個人以及人際關係上。
★夠好的母親(good enough mother) 能夠讓家庭成員發展出信賴以及真實的自我。
★情緒催化者 能夠讓家人有生活的空間、激發他們彼此的互動(通常是有意義的情感交流)。

單元 23 精神分析取向家庭治療學派（二）

　　精神分析取向家庭治療的主要目標，是讓家庭成員能夠解脫「潛意識的限制」（unconscious restriction），可以經由治療師的解讀或是家庭成員的頓悟來達成；在頓悟達成之後，就必須能夠「修通」（working through），也就是說，將這些所頓悟的轉化成新的、更具有生產性的行為與互動的方式（Gladding, 1998, p. 127）；一旦修通之後，家庭成員間可以自由且健康地互動，擺脫之前受到過去潛意識的影響，真正在現實生活中產生連結，也就是個人可以在理性與情緒的自我間取得平衡、達到自我成熟分化（differentiation）。萬一自我分化不成，那麼就將目標設為減緩徵狀（Gladding, 1998, pp. 127-128）。

　　分析治療通常較著重在個別治療上，而將其運用在家庭治療中時，治療師也不免會聚焦在個人強烈的感受上。Ivan Boszormenyi-Nagy 的脈絡治療（contextual therapy）強調家庭發展的倫理面向，認為家人彼此之間要互相忠誠、考慮到彼此的福祉；對已婚的伴侶來說，他認為健康的指標就是在權利與責任之間的平衡，也就是配偶之間要有互補性（不管是在他們的需求或是在給予及接受之間），倘若有不成熟的依賴與不完整的自我發展（替代了原來的戀父情結以及壓抑的直覺），就會在發展過程中產生問題（Nichols, 2010, p.224）。

　　精神分析的家庭治療中，Melanie Klein 的「投射認同」（projective identification）是一個非常重要的觀念。所謂的投射認同，是指一個人會從一個客體（object）身上覺察到他自己本身個性中所不受歡迎的部分，而也會企圖引發這個客體的這些反應，來證實他／她的覺察。不管是在配偶或是家庭治療中，了解投射認同在治療中非常關鍵，而從比較深層的角度來看婚姻——就是兩個隱藏、內化的客體之間的交換關係（Nichols, 2010, pp.224-225），也就是彼此是帶著來自原生家庭的人際互動模式進入婚姻當中，配偶是依據其實際與幻想的部分來互動。精神分析家庭治療的首步就是在投射性認同上工作，如打斷伴侶或家人間的重複爭論。

　　分析家庭治療最常見的目標就是分離——個體化或是自我分化，讓家庭成員可以學習如何放手、使成員都可以在自主獨立的同時，也與家人有連結；或者說其目標在於讓家人從潛意識的壓迫中解放，能夠以健康個體的方式彼此互動，最初的目標則是紓解徵狀，倘若家庭因為徵狀紓解之後就結束治療，也要尊重他們的決定。治療師在協助家庭紓解徵狀時，聚焦在支持防衛機轉及釐清溝通方式，而不是在分析防衛機轉與探索被壓抑的衝動（Nichols, 2010, pp.227-228）。Boszormenyi-Nagy 的脈絡治療目標是平衡公平性，讓家人可以同時承擔責任與享受福祉（Nichols, 2010, p.229）。治療師強調家人互動中隱藏的意識，因為這些是被壓抑在潛意識的抗拒之下，且以移情方式展現（Nichols, 2010, p.236）。

精神分析家庭治療假設的五步驟

（Bentovim & Kinston, 1991, cited in Nichols, 2010, p.230）

 Step 1 家人針對這個徵狀的互動情況如何？互動對徵狀的影響為何？（如家人對孩子不去上學的看法，孩子不上學對家人關係有何影響？）

 Step 2 目前徵狀的功能為何？（如孩子不上學是想要讓雙親關注他、還是雙親因此可以和平相處？）

 Step 3 家人最害怕的災難為何？災難可以讓他們正視家人之間的衝突嗎？（如孩子不上學，讓家人之間的衝突檯面化了？還是隱藏起來？）

 Step 4 目前的情況與以往的創傷有連結嗎？（如孩子不上學當時有任何特殊事件發生嗎？雙親爭吵或是鬧著要離婚？）

 Step 5 治療師如何以言簡意賅的方式說明衝突的核心？（如孩子不上學之前，父母親彼此關係冷漠，一旦孩子不上學了，就必須彼此協調請假時段、輪流在家陪伴孩子。）

🏠 治療技術

傾聽

聚焦在了解，在被了解之後進而產生改變。

同理

讓參與成員可以對彼此開放。

解釋

釐清經驗中可能隱藏的面向。

1.
2.
3.

分析的中立立場

建立一個分析的氛圍、不偏頗誰，較容易建立信任。

＋ 知識補充站

　　家庭迷思（family myth）可以保護家庭成員不去面對痛苦的事實，同時也不讓外面的人知道這些令人難堪的事實。家庭迷思會以一種「虛假互惠」（pseudomutuality）方式呈現，就是維持家庭表面的和諧，若家庭出現固著（如僵固的互動）或退化（如退回到嬰幼兒期），就表示陷入失功能狀態（Nichols, 2010, p.227）。

單元 23 精神分析取向家庭治療學派（三）

　　分析治療主要有四個基本技術，它們是傾聽、同理、解釋以及分析的中立立場（analytic neutrality）。傾聽是很需要耗力且動態的活動，而分析的中立性是要建立一個分析的氛圍，聚焦在了解、而不是去擔心問題是否解決，而且有了解，改變就可能產生。

　　分析學派的治療師拒絕再保證的誘惑，也不會輕易給建議，或者是面質家人，而是靜默地沉浸在他們的經驗裡；當治療師做介入時，他們會表達同理來協助家人敞開心胸，而在做解釋時，也會釐清經驗中一些隱藏的面向。大部分的精神分析家庭治療是做配偶治療，治療師協助伴侶能夠了解自己的情緒反應，他們為什麼這麼生氣？想要從彼此身上拿到什麼？他們的期待為何？以及這些感受從哪裡來？而不是試著要解決他們的衝突問題，反而會去探索衝突下面的期待以及害怕。內在衝突的訊號就是情緒，強烈的情緒可以視為探索源頭的起點。精神分析家族治療會藉由四種管道來整理他們的發現——內在的經驗、經驗的歷史為何，以及伴侶是如何引發這些經驗？還有晤談當下的脈絡以及治療師的介入，對於配偶關係會有怎樣的貢獻（Nichols, 2010, p.231-232）？在協助配偶時，治療師會帶著伴侶去檢視他們目前的問題或困境是從潛意識裡原生家庭的衝突而來，治療師以同理心營造「涵容」的環境，可以協助修通（經由頓悟產生新的、有建設性的互動）（Nichols, 2010, p.229）。

　　治療師可以使用啟動、挑戰、面質、解讀等技巧來協助家庭治療過程的整合，同時強調家庭成員以及個人的互動，讓他們彼此之間能夠很自由地互動、而不過度涉入（Gladding, 1998, p. 127）。精神分析學派的家庭治療有別於其他學派的特色有：強調影響人類行為的潛意識功能——家人之間有一種看不見的忠誠度、讓彼此之間可以更親近或更疏遠；檢視基本的防衛機轉，以及防衛機轉在家人關係中的角色；強調失功能的歷史淵源，同時針對被影響的個人與家庭做治療；客體關係可以協助解釋每個人是如何形成依附關係，以及家庭成員的功能是如何（Gladding, 1998, p. 128）？

　　與其他家庭治療的理論相形之下，精神分析的家庭治療比較屬於線性的因果關係，因此這樣的治療方式可能受限於個人，而不能夠拓展到家庭生活。此外，此取向的家庭治療需要耗時甚久，且所費不貲，而參與治療的成員需要有較高智能，因為裡面有許多抽象的觀念（如移情、潛意識），倘若家庭需要立即有效的結果是不可能的，另外，此取向也缺乏實證性的研究來證實它的有效性（Gladding, 1998, pp. 129-130）。

小博士解說

　　Whitaker 的象徵體驗模式與精神分析較為相似，唯一不同是聚焦在當下（Rambo et al., 2013a, p.61）。

精神分析取向家庭治療的理論基礎（Nichols, 2010, pp.220-221）

自我心理學
（self psychology）

每個個體都渴望被欣賞，若雙親可以展現出欣賞，孩子就會將此接納、內化為堅強有自信的性格。反之，若雙親對孩子是情緒冷漠、無反應或退縮的，孩子對被欣賞的渴望就會持續到成人，並將其壓抑下來。

客體關係學派
（object relations theory）

連結個人與社會關係的就是客體關係學派，我們與他人的連結主要是以早期經驗為基礎（特別是與主要照顧者）。早期關係的殘留會造成「內在客體」（internal objects）——從經驗與期待中所建構的自我與他人心象（mental image）。

 精神分析與體驗取向的家庭治療相同處
（Rambo et al., 2013b, pp.60-61）

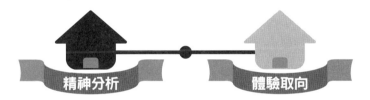

精神分析   **體驗取向**

治療師都有強烈的情緒（不管是正、負向），且都被視為是有價值的治療資訊。

都受到依附理論以及一般系理論的影響。

也受到社會建構理論以及敘事理論的影響，共同興趣都在於改變理解與意義。

將家庭系統視為一個整體，阻斷負向的關係模式，
藉由提供頓悟以及讓家人投入與彼此連結來做拓展。

精神分析／體驗的家庭治療通常是要平衡歷史與現在的情緒經驗。

＋ 知識補充站

精神分析學派的家族治療注重關係以及脈絡、潛意識與潛意識溝通、移情與反移情、投射與投射認同、涵容及治療的涵容架構（holding frame），了解到依附與依附模式，同時也善用治療師本身（Flaskas, 2013, p.45）。

單元 24 Bowen 學派的家族治療（一）

Bowen（1913-1990）認為人類的關係是由兩種不同驅力之間的平衡來維繫的：一個是個別性（individuality）、另一個是歸屬感（togetherness）（Nichols, 2010, p.113），倘若關係中沒有個人的自主性、或過度涉入關係中，就叫「融和／糾結」（fusion），情緒融合則是因為焦慮之故（植基於焦慮依附），會展現出依賴或孤立（Nichols, 2010, p.120）。Bowen 認為，在正常與有困擾的家庭之間，其實是連續性的情況，也就是從情緒的融合到自我分化（Nichols, 2010, p.113）。

Bowen 學派的治療也稱做「代間模式」或「多世代模式」（intergenerational model）治療，他認為每個家庭都有其特殊且複雜的時間結構，包含不同成員的成長史，與彼此共同經驗及世代之間的連結，因此家庭包含有過去、現在與未來的生命歷程，而兩個人的結合就是兩個家族的交會；家庭不同的發展階段中，不同成員的加入與離開，出生、死亡都有標記，也持續轉換（Andolfi, 2016/2020, p.31）。生命週期可以協助治療師辨識家庭正在經歷的階段，同時針對家庭轉換到不同階段的調整與改變做評估（Andolfi, 2016/2020, p.33）。多世代家庭治療師相信，儘管家人之間的關係似乎不緊密，但因為彼此有共同的歷史與遭遇，成員之間仍有無形的牽絆，而每位成員也被期待（明顯或隱微的）或扮演適合的角色，這些也都與世代傳遞下來的價值觀或規範有關。

多世代家庭治療師將家庭視為一種情緒系統，此系統包括分化與歸屬的驅力，而家族歷史（原生家庭及過往重要他人之間的關係）扮演核心的作用（Andolfi, 2016/2020, p.75）。以每位家庭成員的命名來說，中國傳統上也都有其傳承之意義，有些家庭會以家訓內的字做為男性名字，因此從名字可以看出不同世代、還有家族的期待，美國文化亦同，像是祖輩的名字可以傳給下一代（如以 Thomas Junior "JR" 或 Thomas I、Thomas II 與 Thomas III 來命名），就是非常明顯的。

在三角關係中，每位成員都是主動參與者，透過多世代的三角關係（是由不同世代之家庭成員組成的三角關係），可看出三代互動脈絡與情緒負荷過重的情況，也突顯當前關係與個人徵狀中的複雜樣貌；因此若要充分了解個人，需要就其生活脈絡做較為完整的觀察，而且不是就單一個人為觀察對象，還需要包含與個人有關的重要三人關係（Andolfi, 2016/2020, p.74 & p.77），而所謂的「三角關係」，也涉及缺席者（如父親）。

小博士解說

Donald William（1981, 1991）將個體化與代間債務的解除歷程稱之為「翻轉個人權威」（the conquest of personal authority），是指個人不向其他世代妥協的努力，使其達成內在權威狀態，可以維持自主與代間權威的平衡、真正成熟（cited in Andolfi, 2016/2020, p.37）。

家族譜／家系圖的功能（整理自Andolfi, 2016/2020, pp.76-78）

★可豐厚口頭之描述

★是以具體／視覺方式呈現
家族世代間的關係與圖像

★是治療與評估的工具

★提供家庭資料

★還能觸動說話者的情緒與強烈
記憶，以及對重要事件與家庭
情緒系統影響的深刻反思

 三角化關係（triangulation）（Andolfi, 2016/2020, pp.40-41）

指的是情緒三角中
的關係動力

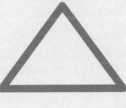

系統觀是指子女陷於父母關
係的衝突裡，以轉移雙親之間
充滿張力的失功能歷程

Minuchin 拓展其研究，指出子
女為掩飾或迴避雙親衝突而
出現四種僵化結構（三角化關
係、親子聯盟、攻擊性迂迴與
支持性迂迴）

 不同的三角化關係（Andolfi, 2016/2020, p.41）

三角化關係	父母雙方企圖吸引子女之支持、以對抗另一方。
親子聯盟（parent-child coalition）	雙親之一方與子女建立穩定聯盟、以對抗另一方。
攻擊性迂迴（detouring-attack）	雙親無法在教養上有共識、彼此不合，但仍會聯合控制脫序子女之行為。
支持性迂迴（detouring-support）	雙親高度保護子女，將注意力放在生病的孩子身上，用以掩飾雙方間之張力。

＋ 知識補充站

　　家族譜中包括：姓名、性別、年齡不同次系統與世代間的關係、重大事件（如出生、死亡、結婚、流產等）日期、職業、教育、文化背景、遷徙與情緒切割等資訊（Andolfi, 2016/2020, p.77）。

單元 24 Bowen 學派的家族治療（二）

Nichols（2010, p.115）認為大部分家庭治療的先驅者都是實用主義者（pragmatists），也就是較關切行動、而非頓悟，對技巧的興趣勝於理論，但是Bowen 卻是個例外，他研發了許多觀念，而這些觀念都被後來的家庭治療師沿用。Bowen 的理論是有關個人內在以及人際間的觀點，也就是跟自我強度或是自我分化有關。Bowen 認為，家庭的主要問題是情緒融合（emotional fusion），因此其治療目標就在於分化，為了增加個人自主性與成長，家庭成員必須要接通被切斷的連結，同時透過「去三角化」（de-triaugulate）以達成個體之分化；也唯有降低焦慮，才能夠讓理解力成為推動改變之主力（Minuchin, Lee, & Simon, 1996/2003, p.79）。

自我分化的個人能夠有自主性、能夠抗拒情緒的衝動，而自我分化不足的人就會很直接地做反應（不管是屈服或者是抗拒）。Bowen 也提到情緒的三角關係（triangles），主要是焦慮所引起的問題——一旦焦慮增加了，我們就會需要與他人在情感上靠近，或者對他人所加諸的壓力做反應，可能就需要遠離。如果第三個人牽扯進來了，若經常發生這樣的情況，這三角就變成關係中的一部分；三角關係無所謂好壞，因為有暫時轉移焦慮或怒氣的功能，在關係中的雙方都可以有自己的立場（I-position）、彼此溝通無礙，但是有問題的三角關係是將其變成一種習慣，因而毀掉了原先的親密關係（Nichols, 2010, pp.115-116）。Minuchin 等人認為，Bowen 理論的困難在於其探討分化程度是以原生家庭的童年經驗為主，不能依據個人目前的家庭或成長後之經驗來探討分化與改變的可能性（Minuchin et al., 1996/2003, p.80）。

Bowen 的治療模式主要是去了解情緒的脈絡與對關係的焦慮，形塑了個人在家庭系統中的行為，因此治療的第一件事就是建立一個家庭系統的家族圖，同時治療師會阻止家人繼續他們彼此之間熟悉已久、對彼此的情緒反應。以關係為基礎的建構性問題，可以協助治療師創造出他／她對於這個特殊的家庭系統運作的第一印象和底下更廣範圍的關係過程，治療師會讓當事人說出自己的個人目標，以及在一個情緒連結系統中的成員（家庭）的目標。也就是在減少家庭系統中彼此的關係焦慮，讓家庭在一個情緒系統中，增加其運作的能力，藉著增加成員彼此的了解，減少自動化的情緒反應（Burnett, 2013, pp.67-69）。

Bowen 學派認為孩子身上出現的行為徵狀，主要是因為高強度且未解決的焦慮在家庭情緒系統中出現，當關係的焦慮強度與持續時間過長，超出了這個關係系統所能因應的範圍，就會出現一些臨床徵狀。正確地追索不同的路徑、了解關係焦慮的不同表達方式，是 Bowen 家庭治療師對家庭的主要貢獻，而家庭治療旅程被視為是一個持續性的反思、關心的探索以及教育的過程，而家人的關係也會持續地靠近或者疏離（Burnett, 2013, p.70）。

Bowen的主要觀點
（整理自Goldenberg & Goldenberg, 2000, pp.169-189）

自我分化 (differentiation of self)	個人可以區分情感與理智過程，能避免讓自己的行動被情緒所控制。
三角關係 (triangles)	焦慮（如平衡親密與獨立的需求）驅使家庭成員形成三人的關係。
核心家庭情緒系統 (unclear family emotional system)	人們因自我分化程度來選擇伴侶，造成核心家庭的情緒系統不穩定，必須想方設法來減少緊張。
家庭投射過程 (family projection process)	自我分化程度低的家長本身不夠成熟，會選擇一個最不成熟的孩子來聚焦，將自己的分化程度傳承給最脆弱的孩子（但許多孩子都可能受到影響）。
情緒截斷 (emotional cutoff)	涉入情緒投射過程愈多（融合）的孩子，為了要成長成熟，就必須使用各種策略來達成，可能採用地理上遠離、設立心理屏障（如不跟父母互動）或自我欺騙的方式。
多世代傳承過程 (multigenerational transmission process)	嚴重失功能就是特殊分化程度傳承若干世代的結果。
手足位置 (sibling position)	家庭情緒系統會影響不同出生序的孩子個性，主要是其所處功能的位置，並非出生序。
社會退化 (societal regression)	社會就像家庭一樣，也有情緒系統，端賴於其情緒或理智的分化程度來做決定。

 Bowen學派使用的技術（整理自Nichols, 2010, pp.124-136）

 家族譜／家系圖 用來評估家人關係與重要事件（如衝突、情感切斷或三角關係）。

化解三角關係 (neutralizing triangle) 三角化關係與徵狀有關，化解可讓家庭成員免於情緒化反應。

過程問題 (process questions) 用來探討個人內在與彼此關係，以及對關係的期待為何。如「當你老婆忽視你時，你的感受為何？」

關係實驗 (relationship experiment) 協助成員體驗與平常不一樣（或相反）的情緒反應，協助他們解決問題或不受舊習慣綑綁。

提供「替代故事」 (displacement story) 有關其他家庭面臨類似問題時的情況，藉以協助成員從較遠的距離觀看自己的問題。

＋ 知識補充站

情緒截斷的兩個重要指標為：否認家庭的重要性、表面上展現誇大的獨立（Nichols, 2010, p.132）。

單元 24 Bowen 學派的家族治療（三）

Bowen 的治療模式，涉及家庭中兩代以上的關係，聚焦在重新平衡不同世代間的關係，關切的是跨世代的模式、並增加成員的頓悟，同時關切自我分化的進展，而平衡一個人的負債及權利是 Böszörmënyi-Nagy 所稱的「關係倫理」（relational ethics），也就是說，個人必須要在對家庭以及對自己的義務之間找到一種平衡（Rambo et al., 2013c, p.65）。多世代傳遞過程指的是：未分化的家庭可能會有情緒上的極端反應或者是融合的情況，若沒有處理，就會延續到下一代的親密關係或家庭。過度的情緒涉入（或者是情緒截斷），都是缺乏分化的家庭裡所產生的，而孩子們會把這些帶到婚姻中，當新婚階段、新的融合關係尚未成熟之際，可能會產生伴侶之間的情感疏離、其中一位配偶生理與情緒上的失功能、婚姻的衝突或是將問題投射到孩子身上（Nichols, 2010, p.116），也就是家庭中的情緒過程（emotional processes）主要影響到個人適應的能力。因此 Bowen 認為，除非可以了解與直接挑戰原生家庭的關係模式，要不然只是從現存的家庭做改變是不可能的（Corey, 2017, p.407）。

孩子年紀小、能力與自信不足，是最容易受到影響的族群，在每個世代中，孩子很容易涉及家庭融合的關係，呈現自我分化程度較低，而選擇不涉入家庭關係的孩子就會較少焦慮、有較高的自我分化。總而言之，也就是孩子學習不要將自己過度涉入家人的情緒漩渦裡、學會適當管理情緒、善用理性，設立適當的人際界限，可能就會較少焦慮。

此外，Bowen 也相信孩子在自己家庭中的位置，也會影響其人格特質，手足間的對立和衝突、或者是出生序，也都會影響到個性特質，這是他沿用了阿德勒的出生序觀點，只是後者將「社會心理地位」置入，像是老大可能會比較認同權力與威權、有權力渴望的傾向。

「情緒截斷」形容的是在兩代之間人們管理焦慮的方式（Nichols, 2010, p.118），另一極端則是「融合」，這種處理情緒的方式會傳承給下一代。Michael Nichols（1986）提到，有些人誤將情緒截斷視為成熟的表現（cited in Nichols, 2010, p.116），反而無法與重要他人建立起真實、親密的關係。即便個人在原生家庭裡，學會忽略他們在家庭衝突中的角色，但是大部分的人卻不能免於在新的關係中重現同樣的情況（Nichols, 2010, p.119）。有能力處理壓力就是自我分化的一種表現，自我分化不只是講個人的特質而已，也涉及與他人的關係，而自我分化的功能水準，也會受到目前關係品質的影響（Nichols, 2010, p.120）。

Bowen 學派的治療目標不是要改變人或解決問題，而是將治療視為一個更認識自己及關係的機會，然後他們就可以為自己的問題承擔起責任，因此治療的過程是積極詢問、協助成員看見自己在家庭問題中的角色。治療師聚焦在過程（情緒反應的模式）與結構（三角關係的互鎖）上，讓雙親可以有能力管理自己的焦慮、更能掌控孩子的行為，讓他們在原生家庭裡，在較少焦慮的情況下、增強雙親的情緒功能（Nichols, 2010, p.123）。

多世代家庭治療的重新框架（reframing）技術
（Andolfi, 2016/2020, pp.136-138）

重新定義治療關係（redefinition of the therapeutic relationship）
是一個動態歷程，將參照的架構從個人徵狀轉移到家庭議題。

重新定義脈絡（redefinition of the context）
奠基於治療師轉變會談情緒和認知氛圍的能力，讓每個成員對治療師產生信任感，在治療歷程中感受到賦能，並變得積極主動。

重新定義問題（redefinition of the problem）
是整個治療的關鍵。將個人徵狀（如憂鬱或漏尿）重新定義，以促成家庭之轉變。

🏠 多世代家庭治療使用之問句（Andolfi, 2016/2020, pp.138-148）

 關係陳述（Relational statements）
治療師對家庭之關係動力的直覺理解而產生之假設，此假設形成了後續問句的基礎。

 關係問句（Relational questions）
所問的問題至少要包括三人關係。

 個人問句（individual questions）
讓當事人看得見「連結」、讓當事人感覺被同理、關懷，同時觀察其他人之反應、蒐集到重要關係的訊息。

 三角關係問句（Triadic questions）
治療師可將自己放在第三者位置，如：「在妳覺得沮喪時，妳先生做了什麼？」，澄清或了解對三角關係的理解。

 直接與間接問句（Direct and indirect questions）
直接詢及家庭成員彼此的關係，間接問句是請成員站在他人立場來回答並反思。

 比較問句（Comparison questions）
比較之前或之後、較多或較少，蒐集隨時間變化的相關資訊。

 假設及隱喻問句（Hypothe-tical and metaphorical questions）
使用假設問句探索主題或關係，建構隱喻來加強與家庭間的治療聯盟，可激發更多想像力與創意。

 代間問句（Inter-generational questions）
我們會傾向複製與成長環境相同的環境氛圍，且無意識地呈現。如詢問一位十歲女孩的頭痛，可以溯及母親在同年齡的偏頭痛，藉此了解家庭如何處理女性的壓力。

＋ 知識補充站
重新框架是以語言為主的策略，提供家庭面對議題的一個新詮釋（Andolfi, 2016/2020, pp.136）。

單元 24 Bowen 學派的家族治療（四）

Bowen 學派的治療師認為，若能夠降低焦慮、且更聚焦在自我的話，就有能力看到自己在人際過程中的角色，而這是改變的重要契機。Bowen 基本上會直接針對原生家庭的部分來工作，而第二代的 Bowen 學派治療師則是聚焦在核心家庭，不會急著針對當事人的原生家庭做探討，將原生家庭的部分視為增進個人與家庭功能的方式（Nichols, 2010, p.123）。因此，基本上治療師在整個治療過程中是一位主動探問者，問一些問題引發參與成員的反思、減少情緒化，所以要造成改變並不需要全家都參與治療，只要其中一人或配偶能夠影響其他家人就可以，這就是系統觀。

Bowen 學派的治療技術包括家族譜／家系圖（genogram）、過程問題（process questions）、關係實驗（relationship experiment）、去除三角關係（detriangling）、教導、採取「我立場」（I-position），以及替代性故事（displacement story）。

Bowen 用家族譜來評估三代之間的關係（包括衝突、截斷或三角關係）。而在整個家庭的發展過程中，有些三角關係的存在是很平常的，另外也可以註記一些重要事件的日期（這些事件可能造成了整個家庭的情緒震撼）。Bowen 學派的治療師相信了解家庭系統如何運作非常重要，另外也要使用「過程問題」來探討人們內在以及彼此之間的情況，同時減少情緒性反應，讓家人間可以理性地做適當回應（Nichols, 2010, pp.124-126）。治療師也可利用家族譜來建立治療連結的工具，讓家庭成員或被認定病人（IP）畫家族譜，還可同時賦能此人，並互相補足疏漏的資料，而使用照片也是有創意的治療工具（Andolfi, 2016/2020, pp.79-80）。

所謂「關係實驗」是讓當事人去體驗與他們一般情緒反應截然不同的回應，也就是降低情緒化的練習，同時給予家庭成員不一樣的反應選擇，然後看看結果如何？我們與家人之間常常會有一些固定的制約反應，即便在認知上可能認為不對，卻還是繼續維持這樣的反應，反而讓彼此之間關係更緊張或疏遠，因此只要做出不同的反應，或許對方也必須要隨之改變也不一定。像是如果父親進家門，兒子通常不做任何反應、也不打招呼，父親也就漠然走過去，這種刺激—反應的連結，已經成為一種不變的模式，父親或兒子都不願意打破這樣的反應模式，可是如果有一天父親進門，兒子抬頭看著父親或是直接開口跟父親打招呼，或許父親的反應就會不一樣（可能先是驚愕，然後又恢復漠然），這樣子的不同反應或許會造成漣漪效應，可能接下來就改變了父子彼此互動的方式。「去除三角關係」是指治療師維持自己的中立客觀立場、不陷入配偶或家人之間的三角關係中，也就是不「選邊站」，企圖連結在場的每一位成員，也詢問刺激他們思考的問題；倘若治療師著重在內容而非過程，就表示治療師已經涉入成員的三角關係中了。

小博士解說

所謂的自我分化，是我們學習如何管理自己情緒的程度。

Bowen學派家庭治療的評價（Nichols, 2010, pp.134-135）

優勢

★解釋了家庭受到情緒系統控制的情況
★情緒化是自我分化程度不足所致,而焦慮則可以解釋逃避或依賴,以及為何有情緒化的反應。

缺點

★聚焦在個人與其延伸家庭,可能忽略了核心家庭的力量。
★ Bowen 鼓勵治療師一次只跟一位家庭成員說話,可能忽略了直接與整個家庭工作的力道及效果。
★較無實證支持其治療效果。

 核心家庭情緒歷程（Henderson & Thompson, 2015/2011, p.15-7）

 意義

代表家庭在危機中如何處理焦慮與壓力的過程

 徵狀呈現家庭運作的指標

★家庭成員逃避或給予對方沉默的回應而產生情緒距離(家庭問題出現的早期徵狀)。
★將家庭問題轉移到孩子身上。
★家庭中兩位成員互相指責對方,將過錯推在對方身上。
★家庭中一位伴侶功能不彰,另一位則取得更多控制權,時日一久功能不彰者更依賴。

 Böszörmënyi-Nagy的「脈絡家庭治療」（contextual family therapy）（也是多世代家庭治療的一種）關切的四個面向（Hargrave & Hammer, 2013, p.72）

事實	個別心理學	家庭與系統互動	關係倫理
在家庭中每個人的一些客觀事實,像是健康情況、社經地位與歷史事件等。	有關家庭成員的個性、形塑行為與動機的心理動力。	與家庭中的溝通及過程有關,是管理家庭中的權力、位階、建構以及信念的部分。	處理的是代間正義以及信任的平衡,也就是描述關係中的愛與信任。

✛ 知識補充站

家庭中的責怪、羞恥、控制、逃離/混亂等因應行為,是個人反應(self-reactions),具有破壞力。脈絡家庭治療師積極傾聽、建議以及執行轉換的想法與反應,建立讓家庭成員愛與信任的氛圍(Hargrave & Hammer, 2013, p.73)。

單元 24 Bowen 學派的家族治療（五）

「替代性故事」（displacement story）則是以相類似的故事，企圖讓配偶雙方或家庭成員去思考自己在問題中的角色為何？像是夫妻爭吵，彼此都急著說自己要講的，治療師就可以提供一個類似故事：「你們這麼想要讓對方了解自己，看起來挫敗感很大，我上回也碰到一對夫妻，彼此都忙著說自己要說的話，無暇聽見對方要說的，最後我只能強行將他們分開、輪流說話，他們才聽見彼此。」也可以用「替代性故事」來架構過程問題，避免挑起成員防衛的動作（Guerin, 1971, cited in Nichols, 2010, p.129）。治療師的角色就類似教練或顧問，這樣的立場是為了避免涉入三角關係裡；而治療師採取「我立場」，有示範的功能，同時也協助家庭成員這麼做，學習如何定義自己、為自己發聲，朝向自我分化的目標。當然治療師若看見配偶之間的互動模式，也可詢問彼此之原生家庭，是不是這樣的模式也存在（Nichols, 2010, pp.129-131）？

Bowen 學派治療讓我們看見情緒在家人互動與關係中的力道，情緒是雙向道路，自我分化不會造成家人之間的關係糾結，而焦慮則是底下運作的動力，讓人們的反應過度情緒化、依賴或疏離（Nichols, 2010, p.134）。Bowen 學派聚焦在家庭中的個人及其延伸家人之間的關係，鼓勵治療師與家庭中的個別成員對話，卻不直接針對整個家庭來工作，忽略了可能帶來的影響，此外，此學派也缺乏實證研究支持其治療效果（Nichols, 2010, pp.134-135）。

多世代家庭的觀察，讓「被認定病人」（IP）成為探索家庭關係的關鍵嚮導，其治療方式首要是讓 IP 的徵狀能夠舒緩或逐漸消失，但最重要的是能夠觀察到家庭成員之間情感和關係的轉變（Andolfi, 2016/2020, p.17）。

Bowen 的代間／多世代家庭治療是成長導向的治療模式，聚焦在協助家庭成員於「糾結」與「疏離」之間維持家庭健康平衡的狀態，也就是有個人之自我認同及家之認同，且兩者是可以分開的（Henderson & Thompson, 2011/2015, p.15-5），因此治療時間比較長，而這些模式似乎是聚焦在想法的改變上，也就是說，參與的當事人對於世代模式的頓悟是非常重要的，他們可以了解到家庭的模式，而接下來也會積極地去重新平衡這些模式，這就是治療的重點（Rambo et al., 2013d, p.79）。

小博士解說

家庭系統治療的目標通常有二：減少焦慮、消除徵狀，增進個體分化程度、以促進適應情況（Goldenberg & Goldenberg, 2000, p.184）。

生態系統家庭治療
（ecosystemic family therapy）（Lindblad-Goldberg, 2013, p.86）

 是以生物／發展／系統及優勢為基礎的臨床模式。

 檢視生物與發展對於家庭的影響。

 檢視生物及發展對於目前與家庭歷史、文化、生態的影響。

 基本假設是：孩子、家長與婚姻功能與他們所處的關係環境連結。

 了解臨床問題的五個相關建構：家庭結構、家庭與個人情緒管理、個別（歷史、生物、文化、發展等）差異、情感接近程度（親子之間的依附關係、家長之間的依附關係）及家庭發展。

 生態系統家庭治療步驟（Lindblad-Goldberg, 2013, p.86）

建構治療系統　　建立有意義的治療焦點　　創造關鍵的成長——提升人際經驗　　鞏固改變並發展計畫

 精神分析學派與體驗學派之比較（Rambo et al., 2013a, pp.60-61）

　V.S　
精神分析　　　　　　　　體驗學派

相同
情緒是重要的資訊（情緒聚焦）　　將家庭視為一個完整系統　　打斷負面關係模式

提供頓悟　　其模式展現了依附理論與一般系統論的影響

相異
Whitaker 的象徵體驗理論較接近精神分析，但是注重當下。

精神分析學派企圖平衡過去歷史與現代，體驗家族治療則聚焦在當下，較少提及過往。

＋ 知識補充站

MRI（Mental Research Institute）的治療師將治療過程簡化，也會採用當事人對問題的定義，治療師則做評估，設計一些指示、中斷讓問題持續的行為（Minuchin et al., 1996/2003, p.85）。

單元 **25** 體驗家庭治療

「體驗家族治療」源自於存在與人本心理學及哲學（Huntley & Hale-Haniff, 2013, p.58）。精神分析家庭治療、象徵一體驗家庭治療及 Satir 的人本確認歷程（human validation process）被歸為一類，也就是都聚焦在「情緒」。

體驗家庭治療奠基於人本取向的立論，相信人有選擇的自由、是自我決定的，治療師聚焦在當下（此時此刻），留意家中個別成員的主觀需求與情感經驗，同時也催化家庭過程（Hana & Brown, 1999, p.18），其屬於「存在一人本」取向（Nichols, 2010），積極提供當事人自發與表達的機會，提升當事人對當下經驗的自我覺察能力，願意做選擇，並承擔責任，讓當事人實際在體驗人際經驗（interpersonal experience）時，可以進一步做改變（Goldenberg & Goldenberg, 1998, p.78; Snow, 2002）；換句話說，就是聚焦在家庭中個體的個別性，同時讓家人可以更有效溝通。體驗家族治療可以 Viginia Satir（1916-1988）與 Carl Whitaker（1912-1995）為代表，此學派在家庭治療初期相當受歡迎（Nichols, 2010）。

Viginia Satir（1916-1988）所創立的「人本確認歷程模式」（human validity process model）與 Carl Whitaker 所創的「象徵體驗模式」（symbolic-experiential model or experiential family therapy），都是體驗家族治療的代表，他們不重視理論，而關注於治療過程，由於此派認為家庭問題的產生是因為壓抑的情緒，許多父母親錯將情緒的「工具性」與「表達性」功能混為一談，甚至用控制情緒的方式來控制孩子的行動（Nichols, 2010）（即所謂的「情感綁架」），因此治療目標都是解除阻礙人們成長與自我實現的壓抑感受及衝動；而在引出家庭優勢之前，必須先要讓每位成員都可以接觸到自己真實的感受（不管是期待、渴望、害怕或焦慮），然後才可能營造出真誠的家庭連結（Goldenberg & Goldenberg, 1998, p.78; Nichols, 2010），體驗家族治療重視的是當下的情緒經驗、成長導向、人際間的交會與表達，以及治療師與當事人間的真誠與真實互動關係（Snow, 2002）。

雖然同樣是注重情緒經驗的取向，Satir 與 Whitaker 之治療型態的個別性非常不同，也可以說是治療師運用自己的方式不同。Satir 是溫暖、有創意、著重與人的連結，Whitaker 很即興、具原創力，也願意面質當事人、揭穿假面或偽裝（他甚至介紹了共同治療師進來，彼此互補）。當系統取向的家族治療師認為個人呈現的徵狀其根源在於家庭互動時，體驗家族治療師則是將互動視為家庭成員投射彼此防衛的結果，從這個觀點讓家庭成員可以接觸到自己真實的感受、然後將正向改變帶入家庭是較容易成功的（Nichols, 2010, p.195）。秉持著這樣的信念，Satir 與 Whitaker 的治療就充滿許多情緒、真誠互動，也讓家庭成員有更深的諒解與連結。

小博士解說

Satir 認為治療師要掌控整個治療過程，迅速與每位當事人連結、接觸，及確認每個人的人性（Satir, Banmen, Gerber, & Gomore, 1991, p.102）。

系統家庭治療師共有的信念（Goldenberg & Goldenberg, 2008, cited in Henderson & Thompson, 2011/2015, p.15-5）

人是互動的、也是家庭關係的產物。

個人的問題行為來自關係脈絡，最有效可協助個人的處遇方式，則是改變錯誤的互動方式。

現階段家庭的互動型態維持了個體的徵狀。

聯合家庭會談將家庭視為治療單位，著重在家庭互動，也比個別諮商發現個人內在問題要有效。

評估家庭內、家人間與外界的次系統和界限，能提供關於家庭組織樣貌與改變程度的線索。

依據個人病理學的傳統診斷並未能提供對失功能家庭的了解，而是將人病理化。

家族治療目標是改變不適應或失功能的家庭模式，協助家人建立對自己的新觀點及發現未來之可能性。

 Satir的家庭治療
（Henderson & Thompson, 2011/2015, p.15-21, p.15-22）

影響其理論發展為：人際關係理論、心理劇與 Bateson 及 Bowen 對思覺失調患者的治療、MRI 與國家心理健康機構（National Institute of Mental Health）。

對人持有正面看法。

人基本上是自由的，人類擁有的知識是限制其自由的最大因素。

自尊是與人有效溝通的橋梁。

人可學習自己原本不知道的事，並改變與他人互動的方式，同時從過去釋放自己、讓自己更健康。

生病或不好的行為，只是企圖獲得協助的表徵。

家庭為一平衡、受規則管理的系統。此系統具有成長與發展性。

失功能家庭來自低自尊、不一致溝通、不良系統運作及錯誤的家庭規則。

治療目標在於協助家庭成員增加自我了解與一致的溝通能力，建立尊嚴並將差異視為成長的機會。

＋ 知識補充站

自我分化是 Bowen 家族治療之主要目標，而自我分化的成長需出自於自我動機，而非經由治療師的指導，因此治療師會鼓勵當事人或家庭成員理智思考伴侶或自己的家庭系統（Henderson & Thompson, 2011/2015, p.15-5）。

單元 26 Viginia Satir 的 「人本確認歷程模式」（一）

Satir 的治療模式特別強調家庭裡的溝通與後設溝通（metacommunication），以及治療師在改變過程中的「確認」動作（validation）（Corey, 2009, p.415）。Satir 對溝通很有興趣，但是在她的治療中加入了「感受」的面向。她發現困擾的家庭成員被困在狹隘的角色裡（如受害者、和事佬、違抗者或拯救者），因此聚焦在釐清溝通管道、表達感受與醞釀彼此接納及溫暖的氣氛，讓家人之間可以進行真誠而有效的溝通，因此治療過程中會留意該家庭的溝通型態，協助去除間接、扭曲或不適當的互動方式（這些都有礙個人成長），代之以促進成長與更能滿足彼此需求的溝通模式；而 Whitaker 則是協助家庭成員說出自己潛藏的衝動，他自己同時也去搜尋自我幻想中類似的衝動與象徵（這些象徵都代表家人內在的世界、也決定了如何解讀外界的現實），其治療目的是讓家族成員都可以參與，讓成員有歸屬感的同時、也能有自主獨立的能力（Goldenberg & Goldenberg, 1998; Nichols, 2010）。

Satir 對於人際關係的理論植基於一般系統理論、精神分析、溝通理論與 Martin Buber 的「我—你」觀念，其治療取向受到系統觀、溝通理論、人本、原生家庭理論的影響，基本上是行動導向

的；她所發展的治療模式是與當事人的內在做接觸（這自然就能提升當事人的自尊，而有了自尊要改變就很容易了），然後去確認個體獨特性與人類共通性。她認為她在治療中擔任的角色是一位「接生婆」（midwife），協助當事人的「第三次出生」（third birth），讓當事人願意自己承擔責任與連帶的冒險（McLendon & Davis, 2002, p.170）。Satir 理論的主要概念有：（一）自尊——自尊主要決定一個人的表現、健康與關係，因此直接處理自尊議題可以彰顯在其與人溝通與外在表現上；（二）溝通——宇宙分為自我、他人與脈絡三部分，而溝通多多少少主宰了這三部分與自尊的關係，「一致的溝通」也表示了個人外內在的平衡與和諧；（三）重要三角（primary triad，指父母親與孩子的三角關係）——通常是孩子發展其與人互動關係、對自我認同的關鍵；（四）改變——覺察並不等於行動，因此健康的選擇也需要不斷地練習與支持，Satir 的治療會教導當事人如何有效因應不斷改變的人生過程；（五）治療關係——Satir 認為治療的直接效果會反映在關係品質上，而家庭系統中的治療是互動的過程，治療師只是像晤談中的主持人而非專家（McLendon & Davis, 2002）。

小博士解說

Satir 認為成熟的人是：能接觸自己的感受，溝通明確有效率，能接受他人不同的意見、並視其為學習成長的機會（Henderson & Thompson, 2011/2015, p.15-21, p.15-23）。

人本確認歷程模式的假設（Satir & Baldwin, 2001/2000, pp.215-217）

假設 人類傾向成長、改變，且有能力適應各種變化。

假設 人類本身擁有一切使他們茁壯成長的資源。

假設 家庭是一個系統，在其中每個人和每件事都被影響，也影響其他每個人和每件事。

假設 治療者個人及其信念是治療最重要的工具。

🏠 封閉與開放的家庭系統（Satir & Baldwin, 2001/2000, pp.200-201）

封閉系統

開放系統

特色 被權力、神經質的依賴、服從、剝奪、從眾與罪惡感所支配，因為不允許任何改變。

結果 系統下的成員一直處在被忽略的受限制狀態，被害怕、懲罰、罪惡感與命令所拘束，當他們對自我價值的疑慮升高時，就需要外界不斷的獎勵和認可來覺得自己不錯。

特色 具有選擇性與彈性，甚至有暫時封閉的自由；健康的開放系統有能力隨著變化的環境而改變，並清楚自覺這個事實，同時允許完全表達及接受希望、害怕、愛、生氣、挫折與錯誤。

結果 個人有自主、安全感，家庭有接受新進資訊及做改變的能力。

 人本確認歷程治療師特質（Satir & Baldwin, 2001/2000, pp.231-234）

 欣賞各種生活風貌，並相信在適當條件下，每一種生活形式都朝向成長。

相信當事人本身擁有自我成長的因子，治療師就像園丁一樣提供成長需要的肥料及灌溉。

欣賞家庭歷程。欣賞並不意味著喜愛，而是抱持著非批判性的態度。

開放的態度。

願意運用人性化做為治療的工具。

願意與動力系統中的模糊不明共處。

謙虛並站在「不知」的立場，也接受內在知覺是有限的。

信守對生命力的尊重，並願意努力彰顯生命力的光明。

+ 知識補充站

Satir 認為家庭中成員試圖改變或調適的有：自我價值感、溝通能力、家庭系統與規則（Henderson & Thompson, 2011/2015, p.15-21, p.15-23）。

單元 26　Viginia Satir 的 「人本確認歷程模式」（二）

Satir 認為人類是處於「自我―他人―脈絡」（self-other-context）的情境中，自尊心決定一個人的表現、健康與人際關係，因此外在的溝通就是個人內在的表現，她將不一致（或「低自尊」）的溝通分為和事佬（placating）、責怪者（blaming）、超理智者（superreasonable）與不相干者（irrelevant）四種，低自尊會影響一個人對自己、他人與周遭脈絡的看法，當然也影響了他／她對過去、現在與未來的看法，而每個人的自尊與自我認同源自於最初與父母親的「重要三角」關係經驗（McLendon & Davis, 2002, pp.171-172）。因為人生歷程是一直在改變的，因此 Satir 的治療是要讓當事人知道如何去掌控持續不斷變化的歷程，而不是協助當事人解決當下的問題而已！Satir 認為完全的自我實現（full-fulfillment）是需要仰賴家庭凝聚力，因此她強調家人溝通的重要性，而參與家庭治療的人都需要有基本的承諾，那就是「個人的自我表達（individual self-expression）」，而家庭就是可以分享經驗之所在，健康的家庭會容許其成員有「成為自己」的自由（Nichols, 2010, pp.195-197）。我們華人的家庭中，因為是以家族與宗族的集體主義為重，所以較注重「歸屬」的需求，卻也常常因為歸屬與顏面問題，犧牲了個人的自主與個別性，而西方家庭適得其反，較偏重個人自主獨立，而家庭需要滿足歸屬與個別性的需求（或平衡），太過傾向一方就可能讓兩邊失衡。

Satir 的治療目標在「成長」，她藉由提高個人自尊及增加家庭凝聚力的方式來評估家庭的成長（Minuchin et al., 1996/2003, p.74）。Satir 對人性的尊重與信任，充分展現了經驗學派的工作氛圍，因此「提高自我價值感」也成為 Satir 工作中最重要的治療目標（王行序，2000/2014, p.12）。Satir 曾說過：「當我能完全與病人及家屬同步存在時，我就很容易地推動治療。」（引自林亮吟序，2000/2014, p.19），Satir 強調治療師要創造一個滋養的環境，讓個人與家庭都能夠從中獲得成長（林亮吟序，2000/2014, p.22）。Satir 認為小心傾聽每一個人的話，就有助於發展他們的正向自我價值，而她在使用問句上，經常強調正面取向的問句，如「你想要什麼？」「你希望什麼？」「你希望看到什麼事情發生？」此外，在治療的過程中，Satir 會嘗試去除責備的部分，而引導家庭成員進入行為的觀察。

Satir 認為生氣是最常被用來維持自我評價的方式（Satir & Baldwin, 2001/2000, p.13），如果一個人希望去建立某種有意義的關係，能夠將「不」視為一件事，而非一種拒絕的能力，就變得很重要（Satir & Baldwin, 2001/2000, p.121）。然而又有多少人可以做得到？況且在親密家人之間，我們往往期待對方是可以接納自己的一切，也視為理所當然，因此不會輕易接受拒絕，甚至認為「不」就是拒絕「我這個人」，因此 Satir 強調即便是因為能力、時間或意願上的「拒絕」，都只是針對事件而言。

人本確認歷程的治療過程
（整理自Satir & Baldwin, 2001/2000, pp.217-229）

 Step 1 建立關係
治療師與家庭會面時就開始。治療師讓參與的家庭成員放心，產生希望及信任感，也能夠讓他們願意為改變而冒險。治療師採取主動角色、創造安全自在的環境並引導治療。

 Step 2 混亂
混亂與失序是特色，感覺窒礙難行、沒有希望。治療師協助一位或更多家庭成員超越被保護與防衛的防線，抵達會害怕自己或他人揭露的區域。治療師讓成員將焦點放在當下，協助他們用感覺去注意什麼是真實的？什麼是想像的？

 Step 3 整合
充滿希望、參與成員願意採用新的方式與行動。此階段是情緒休息的時間，必要時，可以與家庭成員針對某一議題討論並解決，接著就可以結束治療。

不一致、功能不良的溝通型態
（Satir & Baldwin, 2001/2000, pp.207-208 & p.253）

討好	責備	超理智	打岔
姿勢 單膝跪下，在一種笨拙失衡的姿勢中，臉向上仰望、肩膀下垂，彷彿乞求他人原諒。	**姿勢** 昂然站在指控他人、高高在上的立場，手指誇張向前伸出、用力指向他人。	**姿勢** 直挺挺地站著，如背後有芒刺般。	**姿勢** 顯得完全不搭軋，身體不斷地亂旋轉，四肢無所定向、甚至伸向不一致的方向，完全不知自己在做什麼。
目的 藉由取悅他人來隱藏自己的脆弱。	**目的** 藉由控制他人及為反對而反對的態度，來隱藏自己的脆弱。	**目的** 生活的每個層面都是智力的展現，忽略內在自我，對感受麻木，其內在感覺是脆弱的。	**目的** 藉著假裝壓力不存在來處理壓力，內心覺得不被關心與疏離。

＋ 知識補充站

Satir 不相信「三角關係」這個概念，她認為只有兩人關係的不斷轉移，而所謂的第三者通常是觀察者（Henderson & Thompson, 2011/2015, p.15-21, p.15-23）。

單元 26 Viginia Satir 的 「人本確認歷程模式」（三）

　　每個人並不會一直與他的生命力量保持接觸，許多人並未注意到他們的寶藏是需要透過協助去發掘的（Satir & Baldwin, 2001/2000, p.169），明白了成長與轉變是生命的本質，但並不一定朝正向方向發展，重要的是，要決定在哪些條件下會朝向正向成長（Satir & Baldwin, 2001/2000, p.170）。在「種子模式」（seed model）下，與「威脅獎賞模式」做對比，個人特質決定他的認同感，而每個人天生都擁有一些潛能（Satir & Baldwin, 2001/2000, pp.171-172），不需要藉由外在的讚美或處罰來建立自我認同，這也呼應了 Rogers 的「內在參考架構」（自我評價）。

　　Satir 的治療模式希望可以平衡個人之「自主性」與對家庭的「歸屬感」，然而一般人似乎很容易偏向一方多一些（如為了歸屬感而犧牲自我，或為了爭取自主權而選擇不要歸屬感），為了在家庭中有歸屬感，或許會掩飾自己的需求、希望為家人最大利益著想。嘗試做自己，這樣的人能夠實踐 Satir 所表述的「五大自由」（Five Freedoms）：去看去聽現在是什麼，而非應該是什麼；過去為何和以後會是什麼；說出個人的感覺和想法是什麼，而非應該是什麼；去感受另外一個人的感覺是什麼，而非其應該如何；去追求個人想要的，而非總是等待別人允許；為個人的福祉去冒險，而非只選擇安全、不敢讓家庭這條船觸礁（Satir & Baldwin, 2001/2000, pp.177-178）。

　　Satir 認為第一個三角關係（Primary triangle）──父母親和小孩──的經驗，是自我認同的基本來源，基本的三角關係教導孩子關於溝通的矛盾，這也是孩子需要去做的判斷；三角關係的另外一個特質是個人在某些情境下可能覺得被排除在外（因為基本上三角關係中多數有意義的溝通，一次只發生在兩個人之間），因此倘若小孩覺得被排除在外，會將排除視為一種拒絕與排斥，結果發展出較低的自我評價（Satir & Baldwin, 2001/2000, pp.179-181）。第一個三角關係是孩子學習歸納與推論世界的第一個場所，除非後續有不同的學習經驗而做修改，否則這些學習將形成他們的人格（Satir & Baldwin, 2001/2000, p.181）。第一個三角關係是很有力量的，常受制於在自我生存與自尊之間掙扎的人，而三角關係的情境也是有力的支持資源，也就是當這三個人同意將資源做結合、能夠各取所需時。來做治療的個人或家庭，他（們）的三角關係功能比較未能彰顯，因此治療的目的之一就是重建個人在三角關係下有效的生活能力，父母不一定意見全然一致，因此需要找出有效處理他們之間差異的方法（Satir & Baldwin, 2001/2000, pp.183-184）。

小博士解說

　　Satir 認為孩子是三角關係的第三角，常常被拉扯於雙親的衝突上，不管採取任何行動，都會被認為是支持或抗拒某一方（Henderson & Thompson, 2011/2015, p.15-21, p.15-23）。

家庭雕塑（family sculpture）（整理自Andolfi, 2016/2020, pp.82-90）

- 由 Satir 所引進。
- 以非語言、視覺、空間狀態的方式呈現。
- 是藝術治療的一種。
- 依據家庭成員間的關係來雕塑。
- 每位成員以特定身體位置、姿態動作等來代表不同之情緒狀態與連結。
- 缺席或逝去的家人也可加入。
- 偏重類比模式，透過肢體語言來探索更隱微、深層的情緒，避開口語表達的防衛屏障。
- 使用前要先與家庭成員建立穩固關係。
- 可以拓展對此家庭成員與關係之理解。
- 可提供正向的退化經驗，象徵性地回到過去。
- 口語資料是從智性與頭腦層次說話，但家庭雕塑卻可讓治療師從頭腦移動到本能與對當事人家庭的直覺。
- 也可用來檢視治療師本身的未竟事宜或自我議題。

 進行家庭雕塑（Andolfi, 2016/2020, p.83）

 第一階段　每個人在其位置中站好，安靜地維持固定姿態幾秒鐘。

 第二階段　每個人要針對自己在特定角色所經歷的情緒進行回饋，真實分享其內心真正感受與關係。

＋ 知識補充站

　　使用家庭雕塑是因為若將治療局限在以談話方式來對家庭進行了解，會減少許多對個人及關係層次上的理解（Andolfi, 2016/2020, p.84）。

單元 26　Viginia Satir 的 「人本確認歷程模式」（四）

　　早期三角關係中是孩子對生存的學習，倘若最初三角關係中的生活壓力極大，除非有新的學習經驗替代，要不然那些在兒童時期學習到的壓力模式，會影響人的一生（Satir & Baldwin, 2001/2000, p.190）。當人們覺得自己被支持時，其學習過程就會增強、擴大。Satir 尊重個別差異，她相信學習基本上是一種發現的歷程。Satir 的治療目標是增進個人的潛能，成為更完整進化的人類；而在家庭治療中，她的目標是去整合每一位家庭成員的需要，在統整的家庭系統中，獨立自主地成長；第二個治療目標是藉由教導家庭成員新的觀點與處理方式、增進家庭的適應能力，而非解決問題，在她的觀念裡，問題只在於了解有沒有能力去適應，只要每位家庭成員能夠學會適應技巧，就能自行選擇有效的處理方式，也就是治療師主要是幫助人們去發現不同型態的適應過程，也讓人們知道他們有能力去做選擇；一個徵狀可視為那些覺得自己生活在疏離、有敵意及有害系統下的人，掙扎適應與求生的努力，也可視為他們正在渴求一些東西（Satir & Baldwin, 2001/2000, pp.191-195）。Satir 認為其在治療過程中處理的是家庭成員的自我評價、溝通以及自我的八個層面（Satir & Baldwin, 2001/2000, p.196）。每個人的核心自我是「自我環」（mandala）的中心，而自我環圖像有八個不同元素或層次組合（如右頁圖）。

人本確認歷程的治療策略

　　Satir 強調治療師與自我內在的連結，她的治療策略主要包含有幾個因素：資源（resourcefulness）、賦能（empowerment）、一致（congruence）、內在系統〔inner system，包括「內在小孩」（inner child）、模式（patterns）與外化（externalization）〕（McLendon , 2000, cited in McLendon & Davis, 2002, pp.171-172）。在治療過程中，Satir 不只聚焦在個人的優勢和健康，她認為每個人的獨特性都要被看見與認可，「不同」或「獨特性」是成長的驅力（Nichols, 2010, p.198），也協助家庭成員去發現感受背後的意義，把治療目標放在「因應」（coping）上，而非問題本身（McLendon & Davis, 2002, pp.181-182）。治療師要示範良好的溝通，也教導家庭成員忍受誠實的情緒表達，去了解每人感受背後的意義（Hanna & Brown, 1999, p.20; Nichols, 2010）。

　　Satir 在治療過程中會觀察與了解家庭的規則（管理家庭成員的規則），像是這些規則是否符合人性？符合時代、與時俱進嗎？家人分享訊息有哪些規則？有哪些祕密不為人知？成員表達情緒的規則呢？歡迎或欣賞個別差異嗎（Satir & Baldwin, 2001/2000, pp.210-212）？家庭規則通常是約定俗成的潛規則，像是家人要一起吃晚餐、男主人先動筷子，其他人才能跟進，或是孩子要負責洗碗、收拾碗筷，餐桌上可以談論一天發生的事，孩子有重要事情要先跟媽媽談、媽媽再轉達給爸爸等，但是有些規則是踩到地雷才會知道，如晚歸進門、看見爸爸在等門，才知道家裡有宵禁。家庭治療師的功能在於協助家庭認識與重新建立適合家庭生活及發展的新規則。

「自我環」（Satir & Baldwin, 2001/2000, p.185）

生活的意義、靈魂、 | **精神上的**　　**生理的** | 身體
精神和生命力量

環境背景的　　　　　　　　　　　　　**智力的** | 左腦、思想、事實
顏色、聲音、光、
空氣、溫度、形態、
行動、空間和時間

固體與液體的攝取 | **營養的**　　　　　　**情緒的** | 右腦、感覺、直覺

我一你、自己和他人的溝通 | **互動的**　　**感官的** | 耳朵（聲音）、眼睛（視覺）、鼻
及自己與自己的溝通　　　　　　　　　　　　子（嗅覺）、口腔（味覺）和皮膚
　　　　　　　　　　　　　　　　　　　　　（觸覺—感覺—碰觸—行動）

 人本確認歷程治療師信守的7C承諾
（Satir & Baldwin, 2001/2000, p.240）

C1 一致性（congruence）
秉持誠信原則、內外一致。

C2 相容性（compatibility）
與遇到的任何個體維持某種
人際關係。

C3 能力（competence）
使用不同管道學習新資訊，
持續建立完全自我，並增強
對人性的技巧與認識。

C4 合作（cooperation）
與他人建立合作關係。

C5 同情（compassion）
體諒他人感受，能站在他／
她的角度思考。

C6 意識（consciousness）
覺察到我們與宇宙生命力的關係。

C7 社區（community）
清楚我們是人類及環境的重
要部分。

+ 知識補充站
互惠是管理每一種關係的原則（Nichols, 1992, p.172）。

單元 26 Viginia Satir 的
「人本確認歷程模式」（五）

Satir 最著名的是家庭雕塑與溝通型態。溝通型態是讓家人呈現其習慣的互動模式（如責備型、打岔型、超理智與一致型），藉此反映家庭成員的自我價值，可提供家庭系統不和諧或功能不良的資訊（Satir & Baldwin, 2001/2000, p.207）。也可以說，Satir 的治療目標是恢復個人內在以及人際之間的互動，在當事人看見自己不想要的行為是無效時，他們就可以重新取得能力、聚焦在自己身上，而不需要去經驗痛苦的感受（如愧疚感或自我批判）；換句話說，沒有功能的溝通模式源自於自我的批判與無力，並將早期所習得的規則運用到目前的情境中（Hale-Haniff, 2013, pp.55-56）。Satir 認為人類之所以無法讓自己內在、人際與世界保持和平，主要的障礙是──我們不知如何覺知與接受每個人的價值都是一樣的（Satir et al., 1991, p.8）。而我們之所以不能夠有一致的溝通，主要是受到自己的過去所箝制，因此在治療過程中能夠改變因應方式，學習一致性的溝通，增進自我價值感，讓規則與時俱進，同時減少自我防衛，就可以讓溝通更一致與真誠（Satir et al., 1991, p.123）。

Satir 的治療方式重在情緒照顧（Minuchin et al., 1996/2003, p.77）的部分，她很清楚地比 Whitaker 的治療方式更具教育性以及指導性，而這兩者都是體驗性質很高的，且聚焦在當下，而他們兩位與精神分析學派的家族治療師都很關切治療過程、刺激真實的情緒表達，以及成長（Rambo et al, 2013b, p.44）。

Satir 提到在家庭改變階段會經歷到：停留在原本的情況、要改變的需求會浮現，加入系統外的新元素（治療師），混亂階段（家庭或系統移向未知、產生不平衡狀態）、整合（整合新的學習、產生新的狀態）、練習（要讓新的學習產生效果就需要用練習來增強），最後是新的狀況建立（更具功能性）（Satir et al., 1991, pp.98-99）。在進行治療時，Satir 充分發揮了自己的特質，不僅可以與家庭成員打成一片，她也重視孩子的權益。Satir 在治療過程中會主動去碰觸家庭成員，甚至移動自己的位置去靠近某位成員，且與他／她對談。她善用隱喻，認為隱喻是促成改變的重要工具，她認為語言的功能有限，尤其是在面對不同文化的家庭時，隱喻就成為一個很有用的工具，可以用來減少威脅，讓不熟悉的東西變得熟悉，或是介紹另一種思考方式（Satir et al., 1991, pp.259-263）。在整個治療過程中，Satir 會注意家庭成員的知覺、感受與期待，而不光是行為而已，因為行為不一定與個人內在的情況或過程一致；她認為一旦我們可以了解並依循內在的過程，就可以解除防衛或改變溝通的規則（Satir et al., 1991, pp.122-123）。

小博士解說

Satir 特別重視平等，她認為位階模式就是將定義自己的權力放在遵守他人的規則上。

人本確認歷程模式的治療技術
（整理自Satir & Baldwin, 2001/2000, pp.247-260）

家庭雕塑
要求家庭成員藉由姿勢與身體肢體，刻畫、表現出彼此的關係遠近、溝通和關係的型態。

 暗喻
藉由連結某兩個事件、意念、特質或意義，發展出新的自我覺察，並將一種形式的經驗轉化成另外一種形式的經驗。

戲劇
要求以參與者或其他人的生活演出一段戲劇，讓家庭成員有機會重回過去現場，也有機會透過角色扮演，了解他人內心的心路演變。

 重新建構
在困擾和有問題之行為反應下的正向意圖和正向副產品。

幽默感
具有潤滑作用以及令人耳目一新的人生觀，可以讓現場氣氛為之放鬆。

 碰觸
Satir深知身體接觸的威力，她通常自然地輕拍或握一握每位成員的手，她的接觸帶有邀請的意味，而對方擁有充分的自主權。

溝通姿勢
將溝通型態分為五個類別（包括一致性），讓成員透過溝通模式雕塑他們的地位跟姿勢，可以洩漏或顯露家庭系統中的溝通型態。

家庭重建
選一位成員擔任明星，先準備好家族史、家庭圖，然後以明星為中心，在其周遭擺放對其有意義的他人（輻射狀似地站在適當位置上），藉此揭露個人過去之學習資源、成長過程中背負的不當期待或壓力，最後釋放個人被忽略的壓力或扭曲的情緒，使其可重新正確詮釋生命與自我意義。

＋ 知識補充站
治療師擔任家庭治療專業，也期待自己的立即家庭因此受惠，但是在面對親人諮詢時，要特別注意「界限」的拿捏。

單元 27 Carl Whitaker 的 「象徵體驗模式」

Satir 與 Whitaker 的共同目標是：跨越人際藩籬，直至內心深層的經驗（Minuchin et al., 1996/2003, p.77）。Carl Whitaker 所創的學派，稱之為「體驗治療」（experiential therapy）學派（或是「象徵治療」，symbolic therapy），其治療兼顧個人在家庭中的情況，也最先使用「共同治療」（co-therapy）的模式，也強調與全家人一起工作。Whitaker 認為結褵的兩造都是自己原生家庭的「代罪羔羊」，因此將原生家庭傳承的衝突解決，才有可能擺脫其負面影響（Nichols, 2010, pp.195-197）。Whitaker 讓治療師成為「象徵性的父母」（symbolic parent），讓當事人可以退回到嬰兒狀態，感受到需求被滿足的情況，「共同治療」就可以達到這樣的功能；此外，「共同治療」團隊不僅可以讓治療有更多自由與創新，治療師也可以彼此注意，不要讓任何一位治療師過度投入或是受到反移情的影響。治療目標是讓家庭成員對家庭有歸屬感，同時家庭也可以提供每個成員發展自我的自由，也就是在加強家庭優勢的同時，提升個人在家庭裡的成長，可以化解家人的防衛、解放個人內在的生命力。治療過程中，治療師聚焦在拓展家族成員的體驗與覺察上，只要家庭成員能夠獲得新的與更深入的頓悟、覺察與成長，改變就產生了（Snow, 2002; Nichols, 2010）。

Whitaker 的治療模式有其個人的風格與獨特性，不僅利用創意、自發性，偶爾還帶有一些「瘋狂」（Snow, 2002, p.303），Whitaker 的「瘋狂」甚至提倡所謂「瘋狂」的概念，要家庭放棄理性，用創意去體驗生活及行使功能，就可有更多自發性與豐富的情感（Minuchin et al., 1996/2003, p.40）。他曾經在治療一對經常爭吵的配偶一段時間之後，絕望地預測他們會分手，結果不久那對夫婦攜手前來向他示威說，夫婦彼此的關係更好了！一般治療師不會有這樣的舉動，但出現在 Whitaker 身上似乎是很平常的，他不是採用加入的方式，而是挑戰家庭成員，讓家庭成員加入他（Minuchin et al., 1996/2003, p.77）。體驗象徵治療師會加入家庭，像是跳舞一樣，可以與家庭成員合作接近，也會去面質或保持距離，因此治療師是很主動、指導性強的，也充分利用自己（self）投入在治療裡，而治療師本身在原生家庭的個人經驗也很重要（Snow, 2002, pp.308-309）。體驗象徵治療師不相信家庭作業，很特別的是，他們會讓家庭成員去想像一旦發生真實情況後的模樣，稱之為「真實家庭壓力的替代幻想模式」（modeling fantasy alternatives to real-family stress），像是有成員想自殺，治療師就讓全家人想像自殺者的葬禮，將其感受說出來（Snow, 2002, p.310），以這樣的擬似情景抒發壓抑甚久的情緒，並真實地將自己的想法傳達出來，或許在家庭成員都得到宣洩之後，可以達成更完整的溝通，一起為問題解決而努力。

出現問題的家庭通常會因為遭遇的困難而將自己孤立起來，而 Whitaker 的治療取向則強調開放，且將家庭系統延伸到治療過程中，藉由問題撬開家庭的孤立狀態（Wulff, 2013, p.51）。

Whitaker的象徵治療特色（整理自Snow, 2002, p.297）

 基本上其治療是成長導向，而且是表達性的人際交會。

 聚焦在立即的情緒經驗（也就是在治療現場所有成員當下所發生的立即經驗）。

 他認為只有頓悟本身是不夠的，當事人必須在治療中有情緒上的意義經驗（emotionally meaningful experience），才可能接觸到他自己本身最深的層次，也才能夠有真正的成長與改變。

 治療師與當事人都努力要呈現真實與真誠。

 強調治療師的真實，以及治療師與家庭成員之間的關係。

 提供更多個人內在（intrapersonal）的觀點來看這個家庭。

 較聚焦在個人家庭中的個人。

 Whitaker的象徵治療模式與其他學派的相似處
（整理自Snow, 2002, pp.299-300）

人本
強調人類自然朝向成長的驅力、自我實現、自由、選擇以及自決。

現象學
強調治療師身為人的重要性，要從當事人角度來思考。

存在
強調治療師與當事人之間的關係，強調治療師的能力勝過技術與專業訓練。治療師需要真誠、自我覺察，而且充分運用治療師本身來做治療。

 過程交會團體
將治療同盟視為決定影響治療過程、進步以及治療結果的重要因素。強調同理、互動、加入、重建以及實驗。

＋ 知識補充站

Whitaker也將有趣、好玩的互動加入治療中，他會先建立治療的基本規則，然後讓家庭成員採取改變行動。

單元 **28** 體驗家族治療過程與技巧

體驗家族治療目的，就是讓家庭成員可以自由表達自己真正的感受、不再壓抑，讓家人之間可以更真誠連結。其治療過程通常是了解家庭呈現的問題、每個人對此問題的看法，然後讓每位成員都有機會表達自己的真實感受與想法，接著示範且指導有效的溝通方式。也因為此派治療師強調自發與創意、彈性與自由，因此其介入方式也較無系統可循，同時也會使用其他學派的技巧，早期多運用不同學派的個別與團體諮商技術，像是完形學派、會心團體、情緒表達技巧與心理劇的家庭雕塑（family sculpting）、玩偶訪問（family puppet interviews）、藝術治療、共同家庭繪畫（cojoint family drawings），以及完形的技術（Hanna & Brown, 1999, p.20; Nichols, 2010）。

Satir 的治療風格非常具個人特色，善用直覺、自發、創意、幽默與自我揭露，也很願意冒險；而 Whitaker 強調選擇、自由、自決、成長與自我實現，他的治療風格就更「真實」、面質性極高（Corey, 2009, pp.415-416）；兩個人做治療時，都是主動且積極參與，也認為治療需要有力的介入，而那股力量就是來自於情緒體驗（Nichols, 2010, p.198）。Satir 與 Whitaker 在治療過程中雖然都極具主導性、對家庭功能（非問題解決）較感興趣，但是風格迥異，主要是與個性有關。Satir 很溫暖、接納，將當事人的抗拒視

為擔心進入未知領域的恐懼；Whitaker 則是較強勢、個人化的，甚至出其不意，他也是最早運用「自我」為改變的催化者（catalyst for change）（Nichols, 2010, p.204）。

體驗家族治療也呼應了家庭是一個情緒系統的觀念，家人因為血緣與共同歷史之故，常常受到許多牽制，不能夠表達自己真實的感受，而治療師藉由治療場域，提供安全的氛圍，讓家庭成員看見彼此之間的考慮與感受，然後在治療師的引導下改變舊有、無效的互動與溝通模式，讓身在其中的每位成員在滿足隸屬需求的同時，仍能保持適當的自主獨立性，因此不僅是理論研發者善用自己的創意，所使用的技巧也多元。體驗家族治療在家庭治療的極盛時期很受歡迎，雖然不像一般家族治療那樣，以系統觀的角度來看家庭，但是此派治療師將情緒表達注入治療當中，也補足了家族治療著重行為與認知層面的部分，然而只是情緒的表達，卻缺乏智性的理解，效果無法持久。沿襲此學派的還有 Greenberg 與 Johnson（1985）創始的「情緒焦點配偶治療」（emotionally focused couples therapy）與 Schwartz（1995）的「內在家庭系統模式」（internal family system model）（cited in Nichols, 2010, pp.208-210），讀者可以參考相關書籍與論文。

小博士解說

健康的人是持續成熟與改變的，不是固著或維持不動，而每個人在家庭中都有屬於自己的位置，同時也有想要成為自己的自由。

Whitaker的介入方式（整理自Gladding, 1998, pp.156-157）

介入方式	說明
重新定義徵狀為「努力成長」	協助家庭看見之前無效的行為是有意義的
針對真實生活中的壓力，示範想像的解決之道	超乎預期或傳統的領域，或可有其他解決之方
將人際與內在的壓力分開	因為兩者的解決方式不同
加入一點實際的介入方式	實際的資訊可以協助改變
擴大一位成員的沮喪或失望	加重或誇大其感受，讓其他家庭成員可以更了解
情緒的面質	在探討行為之前，先讓家庭成員檢視自己的感受
對待孩子如孩子、而非同儕	與孩子同樂並依他們的年紀做適當對待

 Satir的家庭重建（family reconstruction）技巧
（整理自Gladding, 1998, p.161）

目的是協助家庭成員發現從原生家庭帶來的失功能模式。

聚焦在發現舊的學習從何而來，讓家庭成員知道父母親也是人（也會犯錯），對雙親的期待更實際，讓家庭成員可以發現自己的人性。

從一位「明星」（家庭成員）開始，讓其以具象的視覺方式呈現原生家庭之樣貌。

一位引導者（治療師）協助明星畫出（雙親）家庭重要事件與歷史。

試圖找出原生家庭裡的扭曲學習部分（雙親是一般人、自己也是獨立個體）。

繪出家庭地圖、生活事件與影響。

＋ 知識補充站

　　一般使用家族譜會以紙筆繪製的方式，但是 Satir 學派治療師會以具體的方式呈現，像是在舞臺上擺出階梯式臺階，然後依據「明星」所提供的原生家庭資訊，請觀眾站在代表人物的位置，這樣的視覺呈現，可以讓家庭成員看得更清楚。

單元 29 結構家族治療（一）

一、結構家族治療的理念與代表人物

結構家族治療（structural family therapy）是最具影響力、也是研究最多的一個取向，其理論對家庭的穩定與改變、開放與封閉之間平衡的描述特別著力（Becvar & Becvar, 2009）。它是從七〇年代創始，由於家人互動行為模式是一致的，因此不免讓人去思考其背後是否有功能性結構的存在（Nichols, 2010, p.167）；家庭是由界限所規範的次系統所組成，此學派的理念在於家庭是一系統，其下有不同的「次系統」（subsystems，如配偶、親子、手足等），這些次系統間有其權力位階，也運用「家庭圖」（geometric map）來看每個人的行為與其全家族結構的關係，每位家庭成員的行為，也影響家庭中其他人的行為（Minuchin & Nichols, 1993, p.42），而個人的問題植基於家庭互動模式（Goldenberg & Goldenberg, 1998, p.80）。

結構派大師 Salvador Minuchin （1921-2017）是出生於西班牙的猶太人，本來學醫想擔任小兒科醫師，後來到美國學習精神醫學，也是經過精神分析的訓練開始，因為與來自世界各國的戰後孤兒工作，恍然了悟文化與環境脈絡的重要性，也在六〇年代末開始去探索家庭所處的社會脈絡，這些對他影響深遠；他後來喜歡 Harry Stack Sullivan 的人際心理分析（interpersonal psychoanalysis），將治療師視為「參與觀察者」（participant observer），他也喜歡 Erich Fromm 對人類根植於文化的看法，還受到 Karen Horney、Abraham Kardiner 與 Erik Erickson 等人的影響。Minuchin 認為自己是一個主動性極強的人，因此沉默對他而言是較難忍受的，但是他所受的訓練，卻要他按照這樣的程序走，因此在他與非行青少年一起工作之後，發現需要以非常主動的方式進行治療才行，因此他也開始做家族治療（Minuchin & Nichols, 1993）。Minuchin 早年也注意到所謂病態的家庭，可以從更廣的社會脈絡病態觀點來看，而不是只是從家庭或個人的觀點。Minuchin 看到家人行為有其固定的模式，即使是配偶的行為也不是獨立的，而是「共同決定的」（co-determined），他也注意到家庭結構的觀念其實指出了功能的限制，也就是說，「結構」一詞不免讓人聯想到「固定的狀態」（fixed state），因此家族治療的目標應該是要增加這些潛在結構的彈性，也就是協助家庭持續發展（Minuchin & Nichols, 1993, p.40）。

結構家族治療所謂的「結構」，主要是指家人互動的模式。Minuchin 認為，家庭生活史是一系列生活的試驗，一個家庭需要在穩定與改變、開放與閉鎖之間取得平衡。所謂的穩定，也就是需要做適當的轉變或改變結構，讓成員能夠發揮功能與發展（Becvar & Becvar, 2009, p.170）。

小博士解說

結構家庭治療也是研究最多的取向（Becvar & Becvar, 2009, p.169），然而因為其只針對核心家庭立論，對於目前多元家庭形式是否適合，有待更多研究證實。

結構家族治療的重要觀點（Gladding, 1998, p.216）

結構
（structure）

只有在家人互動時才揭露出來，是有關係的家人之間、無形的一系列功能要求。

同盟
（coalition）

是某些家庭成員結合，共同反對另一位成員。

次系統
（subsystem）

執行不同的家庭任務，以界限及規則來規範。

界限
（boundaries）

是身體以及心理上，讓彼此可以分離以及組織的因素。

結盟
（alignments）

是家庭成員在執行家庭活動時一起合作或是彼此對立。

 結構家族治療理論者強調
（Goldenberg & Goldenberg, 1998, pp.194-3）

次系統互相依賴的功能，是決定家裡個人福祉的重要因素。

家庭位階組織的影響。

家庭系統乃一整體。

＋ 知識補充站

家庭中有不同角色與規則，功能較佳的家庭通常有較多明確的家規（Gladding, 1998, p.215）。

單元 **29** 結構家族治療（二）

二、結構與界限

結構家族治療聚焦在家庭中的互動模式，從這些互動模式中，可以看出家庭結構與組織的端倪（Becvar & Becvar, 2009, p.170）。對 Minuchin 來說，結構是看不見的一套功能，是家庭經過長時間的發展而成，其目的是要求與組織家庭成員互動的方式，或是家人一致、重複、有組織、可預測的行為模式，就功能性的角度來說，可以讓我們了解家庭有其結構（Becvar & Becvar, 2009; Mitrani & Perez, 2003）。也就是「結構」是指一個組織單位（如家庭）內所發生的互動情況，最初是由互動來規範結構，後來結構就會塑造互動的模式。「家庭結構」指的是家庭次系統的組成方式、以及受到界限規範的次系統間的互動如何（Nichols, 2010, p.102 & p.169），通常有「權力」的意涵（也就是一般是以較年長一代權力較大，但也可能因為權力聚集在某人身上而無執行功能）（Lebow, 2008）。家庭結構又由兩部分系統所規範，其一是「一般的系統」（generic），也就是權力位階系統，基本上彼此功能是互惠且互補的，另一個是「個殊的系統」（idiosyncratic），是每個家庭所特有的（Becvar & Becvar, 2009）；舉例來說，一對新婚夫婦帶著原生家庭的經驗組織了自己的立即家庭（immediate family），彼此的互動慢慢磨合，最後似乎成為一種習慣或是「規則」，後來新的家庭成員也就沿襲著這些規範彼此互動。

Lyman Wynne 所提出的「橡膠圍牆」，指的就是如果家庭是一個系統，那麼就是由許多的「次系統」（subsystems）所組成（如夫妻、親子、手足等），而這些次系統會因為世代、性別或功能的不同來決定，彼此之間也有看不見的「界限」來做區分（Nichols, 2010, p.102）。次系統內與次系統彼此之間的關係，形塑了家庭結構，而「夫妻」次系統主要是彼此互補的功能，因此需要妥協、調適與彼此支持；「親子」次系統主要是「執行」教養的單位，而「手足」次系統可以讓孩童實驗及練習與同儕相處（Becvar & Becvar, 2009）。

「界限」是看不見、摸不著的，除了定義個人與次系統，也決定了家人彼此之間的接觸範圍（Becvar & Becvar, 2009）。次系統間是由「半穿透的界限」（semipermeable boundaries）所區隔，其目的在於區分彼此的功能（Nichols, 1992, pp.280-281），也就是可以維持各次系統的獨立之外，同時也可以彼此互相支持，像是我們每個人都可以有獨立自主的能力、也需要與他人互相合作與依賴，在家庭中當然也是如此。Minuchin（1974）認為，家庭成員的界限必須要清楚界定，這樣不僅可以容許次系統的成員執行自我功能、不受到過多干擾，同時也可以讓個別成員與次系統間有適當連結，當然每位成員間的界限彈性與開放程度不一，主要是依彼此關係親疏程度來決定（cited in Goldenberg & Goldenberg, 1998, pp.32-33）。

小博士解說

結構家族治療以位階、權力、角色與規則為基礎，所謂權力是指讓事情完成的能力，與威權及責任有關（Gladding, 1998, p.215）。

結構家庭治療修正界限的目標
（Goldenberg & Goldenberg, 1998, p.197）

 對於界限僵化之家庭 ⚡ 先解構家庭僵化的互動模式，然後修正互動模式，使其更具彈性。

 對於界限糾結的家庭 ⚡ 協助設立清楚界限，家人學習妥協、做適當改變，更直接處理隱藏的衝突。

 家庭次系統基本款

配偶	手足	親子
雙親次系統	不同手足之間或因年紀、性別或關係而結合	雙親之一與孩子的系統

 家庭內不同次系統的產生（不限於此）

持續時間長短	可能持久或暫時
性別	如姊妹或兄弟
親子	如父子或母女
家長	如父母
功能	如在外工作或照顧家人
興趣	如都喜歡音樂或玩桌遊
受喜愛程度	如都是成就較低者
個性相近者	如較安靜

＋ 知識補充站

一對伴侶成家之後，通常會帶著各自原生家庭的習慣與價值觀過來，在組成自己的新家庭之後（特別是孩子出生之後），就會慢慢發展出新家庭的家規。許多家規是潛隱、不明說的，除非觸犯到，否則不知道有這一條家規存在。

單元 **29** 結構家族治療（三）

家庭次系統若無適當界限的保護，就會限制成員關係技巧的發展，然而過（僵固）與不及（糾結）都會產生問題；配偶之間的關係是互補的，視彼此的關係而做相對調整，互補太過就會妨礙個人成長。清楚的界限可以在配偶系統之外讓親子互動，清楚的界限也支持了位階（權力）結構，讓父母親居於領導的地位，而父母親也要依照孩子不同的發展階段與需求，調整不同的界限與親職型態；界限也讓家庭與外界有所區隔，不會讓外面環境直接侵擾家庭（Nichols, 2010, pp170-173）。

Minuchin （Minuchin & Nichols, 1993, p.40）認為，家庭結構是指功能性的限制（functional constraints），家庭治療目標就是增加這些結構的彈性。由於家庭是由不同「次系統」所構成，結構治療師著重次系統間的「界限」與功能，也注意到家庭裡的「權力位階」是否適當。「界限」是維持每個個體與外界接觸的邊界，包括人際界限，「界限」不是具象的、較屬於心理層面的抽象意義，雖然我們每個人都有實質的「界限」（如自己的房間、所有物、身體），但是家族治療裡的「界限」屬於較抽象的意義，是用來區隔家庭內與家庭外的環境，也是人際之間無形的分隔線（Goldenberg & Goldenberg, 1998, p.32）。健康的家人之間的「界限」是「半滲透」性的，也就是容許界限之間有適當的彈性，按照彼此的親疏遠近而規範，其作用是區分彼此的功能，家庭每個次系統間的清楚界限，不僅可以彼此維持適當距離、容許個體去發展自己的能力，也可以適度介入讓關係更親密。家族代間（如父子、母女）若無明確清楚的界限（像是手足吵架、家長介入，子女就學不會處理紛爭或衝突，或是父母親在情緒不佳時會找子女安慰、讓子女承受不是自己的負擔），家長的親職執行功能就會受損，但是過與不及都不是好事。彼此間的界限「糾結」（enmeshed），表示界限不明、彼此之間可以互相穿透，呈現的就是混亂與緊密連結，也就是說，彼此關係親密，但是若沒有限制、個人則會覺得沒有自己的空間（甚至沒有自我的獨立性），若親子之間是「糾結」的界限，家長企圖控制子女的生活，也會控制其交友關係，就是「撈過了界」；另一個極端是「界限僵固」（disengaged），彼此之間界限明顯、不可跨越，造成彼此不親密、孤立，似乎毫無關聯，父母就無法給孩子提供有效的支持（Nichols, 1992, pp.280-281; Nichols, 2010, pp.33-34）。界限過於僵化或是糾結，都不是健康、適當的，家人間僵化的界限，無法讓成員培育出與人之間的親密關係，而糾結的界限則會讓想要獨立的成員被視為「背叛者」。有徵狀的成員出現在界限糾結的家庭，主要是因為家人對壓力源「過度反應」，反之，若界限僵固的家庭出現 IP，則是因為家人不知道有問題存在（Mitrani & Perez, 2003）。

結構家族定義的失功能家庭
（Goldenberg & Goldenberg, 1998, p.205）

過度糾結

過度僵化

家中有一位邊緣人（彷彿與此家庭無關者）

一位未發揮功能的家長

未成年家長

 結構家庭治療師治療步驟
（整理自Goldenberg & Goldenberg, 1998, pp.206-214）

① 加入與調適
尊重每位成員，但會依照位階、從父母親的觀察開始詢問。
同時學習模仿家人說話與互動的方式，了解家人互動模式與結構。

② 評估家庭互動情況
注意社會脈絡下失功能的行為、家庭之位階組織
（如不同次系統的結盟或糾紛如何解決）。

③ 監控家庭失功能的模式
監控並協助修正有問題的互動方式、建立適當界限。

④ 重新建構互動方式
包括改變家庭規則、改變讓不可欲行為持續存在的模式、
改變互動的次序等。

✚ 知識補充站

「互惠性增強」（reciprocal reinforcement）是指彼此的反應讓偏差、不可欲行為繼續維持或惡化（Nichols, 1992, p.282）。像是家長要求孩子服從，卻更引發孩子耍脾氣，而孩子耍脾氣又讓家長使出更大力道，要孩子不要亂發脾氣。這也是後現代觀點的「無效行為卻繼續使用」的案例。

單元 **29** 結構家族治療（四）

家庭有生命週期（life cycle，指家庭成形、小孩幼年時、學齡孩子、青少年孩子、成年孩子、家人生病或是失業等生命事件發生時），所以要發展不同的新功能，來因應成員不同發展階段的變化（Mitrani & Perez, 2003），也因此界限的調整是常常要做的。像是孩子進入青春期，家長們也要了解青少年的自主獨立與連結、歸屬的需求，做適度的調適，讓彼此有空間去發展、享受自由，也可以靠近繼續經營彼此的關係；當家庭出現危機（如孩子進入青春期、或是家庭突遭變故），就是挑戰家庭先前的結構，為了要讓家庭維持其功能，因此結構必須要改變，但有時家庭出現這樣的危機時，也會尋求諮商協助，然而治療師要注意，不要將一般家庭發展的危機與病態混為一談（Becvar & Becvar, 2009）。

三、結構家族治療過程與目標

家庭並非靜態不動的，隨著家庭成員的發展與成長，家庭需要做一些調整，同時也必須對於外來的新挑戰做反應與改變（Nichols, 1992, p.223）。結構家族治療模式是很主動、以優勢為基礎，而且是結果導向的治療；治療師積極參與家庭，阻止舊有、病態的互動模式，改變的產生，是從新的問題解決經驗裡開始具體化（Aponte & Dicesare, 2002）。由於家庭是一個活生生的系統（a living system），因此也有權力位階的存在（Goldenberg & Goldenberg, 1998,

p.38），治療師需要讓夫妻擔任家庭領導的地位，同時容許孩子可以有發展與成熟的自由（Goldenberg & Goldenberg, 1998, p.85; Mitrani & Perez, 2003）。 結構家族治療目標在於藉由拓展家庭互動的方式，來促進家庭的成長（Mitrani & Perez, 2003），具體地說，就是讓家庭成員投入治療過程的同時，企圖協助家庭重組、強化父母次系統、設立適當的位階界限（Hanna & Brown, 1999, p.11），促成家庭系統的發展、有能力解決出現的徵狀，也鼓勵家庭成員個人的成長、彼此支持（Mitrani & Perez, 2003）。結構家族治療的一般目標有：（一）必須要有一個有效的權力位階結構（父母必須要主導）；（二）必須要有父母親／執行單位的同盟；（三）父母／執行同盟形成，手足次系統成為同儕系統；（四）如果家庭是界限僵固的，目標就是增加家人互動頻率、朝向建立清楚的界限前進；（五）如果家庭是糾結界限，目標就在於鼓勵個人及次系統的區分；（六）配偶次系統的建立與親子次系統有清楚劃分（Becvar & Becvar, 2009, pp.181-182）。簡言之，結構家族治療目的在於：（一）減輕失功能的徵狀，（二）藉由修正家庭互動規則與發展更適當的界限，造成家庭結構的改變（Aponte & Dicesare, 2002; Corey, 2009, p.416），到目前為止，結構家族治療依然深深影響著其他家庭治療學派的臨床工作者（Lebow, 2008）。

重新建構方式（Goldenberg & Goldenberg, 1998, p.213）

改變家庭規則
與結盟方式

改變互動模式，尤
其是那些支持不可
欲行為的模式

改變互動的
序列或次序

 結構家族治療因應時代可能面臨的挑戰

聚焦在核心家庭的概念	多元家庭模式
伴侶互補關係的立論	民主社會的對等關係
傳統性別角色與分工／性別歧視	性別平權與多元性別
著重在表面議題、缺乏深入	探究更深層的議題或感受
被認定病人（IP）是否真的協助家庭轉移了問題	家庭以此病人為連結點、執行其功能？
治療師掌控全場	是否低估了當事人家庭的能力？

 病態家庭的產生（Goldenberg & Goldenberg, 1998, p.213）

發展出一套失功能的方式 ▨ 失功能方式的特色是在家庭衝突時持續重複、沒有做修正

失功能方式是指家庭的反應方式——通常是在面對壓力時發展而來

＋ 知識補充站

「結構」（structure）是由明顯的規則所建立，主要是規範家庭中互動（transactions）的情況（Nichols, 1992, p.189）。界限可以調整與他人的接觸（維持彈性），也就是可以維護個體之自主性的同時，也讓彼此之間有聯繫。整個家庭單位也有界限，對外是用來維護家庭的分離獨立與自主性。

單元 **29** 結構家族治療（五）

結構家族治療過程有：（一）治療師加入家庭、確定其領導地位；（二）治療師確定家庭的結構狀態；（三）治療師轉換家庭結構（Minuchin, 1974, cited in Becvar & Becvar, 2009, p.182）。治療步驟依序為：加入與適應、重建、結構地圖、標示與修正互動情況、設立界限、造成不平衡，及挑戰無建設性的假設（Nichols, 2010, p.180）。其治療步驟與技巧重疊，請參見稍後篇幅的「治療技巧」部分。

結構家族治療師聚焦在家庭成員的互動與活動上，做為決定家庭組織或結構的依據，「徵狀」（symptom）被視為組織遭遇困難的結果（Hanna & Brown, 1999, p.8）。雖然家庭中成員（IP）出現的徵狀有其目的性，但是現在這個看法已經漸漸失去其重要性，許多的家庭治療學派也著重在與當事人的「合作」關係，而不將他／她當做「病人」，甚至將徵狀當成是家庭功能的保護因子（Nichols, 2010, p.103），而當 IP 出現，其與家人的關係也反映了家庭的其他關係（Becvar & Becvar, 2009）。結構家族治療師將每位家庭成員都當成「有徵狀的」（symptomatic），而這些徵狀是植基於目前家庭互動的脈絡裡，因此治療師將注意力放在家庭的位階結構上，看配偶是怎麼執行其角色的？在失功能的家庭中，「重新建構」（restructure）是必要的，不僅需要改變家人互動的規則，建立更適當的界限，測試新的互動模式，以及其他可行的解決問題之道；進一步還需要鬆動成員的刻板角色，協助家庭可以運用其本身的資源，增加在面對不可避免的改變時之彈性（Goldenberg & Goldenberg, 1998, p.84），同時增加家人互動的選項（Mitrani & Perez, 2003）。

結構家族治療師在治療過程中是擔任「領導」的角色、直接參與家庭系統並營造改變（Mitrani & Perez, 2003），他／她會觀察家人關係的情況（親近、疏離、混亂或僵化），尋找家庭系統的互動模式與優勢（Hanna & Brown, 1999, pp.8-10），也會積極參與（join）在治療過程中（成為那個家庭系統的一部分），甚至會加入家族成員中、贏得其信賴，然後展現治療師的功能（Goldenberg & Goldenberg, 1998, p.85; Minuchin & Nichols, 1993, p.29; Mitrani & Perez, 2003）；治療師不僅成為家庭的一員、與他們建立和諧關係，保持好奇態度，也對家庭成員做個別化的反應，同時積極介入以造成行為改變的濫觴（Hanna & Brown, 1999, pp.10-11），只要家庭結構做了適當的調整，問題解決就出現曙光（Becvar & Becvar, 2009）。

結構家族治療（整理自Gladding, 1998, pp.210-214）

成功的治療是解除徵狀及改變結構。

治療師擔任細膩的觀察者與積極介入之專家。

認為要了解徵狀必須去檢視家庭互動的脈絡。

需要先改變結構，徵狀才得以解除。

檢視次系統的互動模式與界限，並調整成清楚而彈性的界限。

 結構家族治療的特色與批判（整理自Gladding, 1998, pp.222-223）

結構家族治療特色	成功的治療是解除徵狀及改變結構。
	專有名詞與簡易的運用
	讓家庭治療被醫界接受
	徵狀之移除
	家庭重新組織
	實務、問題解決導向

結構家族治療受批判之處	缺乏扎實之理論基礎
	此理論可能更加深性別刻板角色
	聚焦在當下，不強調過去與歷史
	有時很難與策略取向做區分
	治療師太積極活躍，不一定對家庭是賦能

＋ 知識補充站

　結構家族治療師的角色在不同治療過程會持續轉變，治療師同時是觀察者與專家，觀察家人互動情況與彼此界限，以及積極介入，修正或改變家庭之下的結構。家庭中若干人擁有較大權力或決定權，較無權力者就會與家庭疏離或採取與有權力者結盟／界限糾結，或持續抗爭爭取權力（Gladding, 1998, p.216）。

單元 **29** 結構家族治療（六）

Minuchin 會先肯定家族成員觀察自己與其他家人的行為，藉此參與家庭，Minuchin 也擅長使用隱喻，像是以「空間」（space）來比擬、說明情緒的接近與距離（Minuchin & Nichols, 1993, p.30）。治療師會先「重建」（enactment）問題，然後積極介入家庭中，阻擋有害的互動模式、創造新的適當界限，也運用個人經驗與家庭成員做更深入的交流（Aponte & Dicesare, 2002）。家庭都會改變，只是改變過程通常牽涉到家庭裡某種程度的危機（Minuchin & Nichols, 1993, p.46），因此 Minuchin 協助家庭找出其他可行之道，鼓勵家人容忍彼此的不同、也接受彼此的限制，他不強調權力或弱點（加害或受害者），而是聚焦在互補與夥伴關係。Minuchin 認為家族治療最重要的就是同時注意「個人」與「連結」（connectedness）的層面，從家族的觀點去拓展每個人的故事（Minuchin & Nichols, 1993, p.285）。Minuchin 認為，只是系統內的改變（第一層次的改變，first-order change）是沒有多大效果的，最需要的是改變系統本身（第二層次的改變，second-order change）（Nichols, 2010, p.34），因此治療師會積極介入家族、企圖造成改變。

四、結構家族治療技巧

結構家庭治療師認為徵狀也有其功能。Minuchin 認為徵狀的力量仰賴於重複敘述一成不變的故事，倘若治療師在探索的過程中、拓展了故事的範圍，納入其他人或引進新的內容，徵狀的自發性就受到挑戰（Minuchin et al., 1996/2003, pp.109-110）。結構治療師會先與每位家庭成員寒暄、建立關係，接著詢問每個人對問題的看法，同理成員的想法與感受，然後加入家庭、積極促成改變。因為問題出在家庭結構，因此治療師在做評估時，最好全家人都可以出席，然後隨著治療進展與需要，治療師會與家庭中不同成員晤談，甚至必要時要與其他相關的人（如學校或延伸家庭成員）晤談。基本上結構家庭治療步驟依序為：加入與適應（joining and accommodating）⇒重建（enactment）⇒結構地圖（structural mapping）⇒標示與修正互動情況（highlighting and modifying interactions）⇒設立界限（boundary mak-ing）⇒造成不平衡（unbalancing）⇒挑戰無建設性的假設（challenging unproductive assumptions）（Nichols, 2010, p.180），這些步驟也可以說明此學派所運用的技巧。

為了避免家庭的抗拒與防衛，治療師先加入家庭、與家庭成員結成同盟，然後觀察與了解此家人互動的模式、必要時還要加以指導與挑戰，接著將問題拓展到個人之外（也就是檢視從過去不相關的事件，到目前持續進行的互動情況），然後強力介入（intensity）讓一些改變發生（以及重新架構正向的意圖），修正界限（太僵化的予以放鬆、太糾結的予以區隔強化），最常用的就是治療師加入其中一個次系統、偏袒某方，造成不平衡的狀態來做重整，最後則是提供不同的觀點讓家庭成員改變互動方式。治療師就是協助家族找到卡住的地方、評估改變可能的特殊脈絡，促動成員正向的力量、做有利的選擇（Aponte & Dicesare, 2002）。

治療師加入的方式（Gladding, 1998, p.217）

追蹤（tracking） 隨著家庭成員所說的內容，做進一步詢問。

模仿（mimesis） 模仿家庭成員說話或溝通的方式。

確認（confirmation） 以不批判的方式，將家庭成員表達出來或未表達的感受及行為說出來。

調適（accommodation） 為了達成治療同盟而做的個人調適（如與家庭成員一樣脫掉外套）。

 治療師在不同階段的角色與功能（Gladding, 1998, p.221）

Step 1 加入家庭、擔任領導角色

Step 2 在心理上繪製家庭結構之地圖

Step 3 協助改變家庭結構

 家族治療的演進（Goldenberg & Goldenberg, 1998, pp.217-218）

從聚焦過去到當下 → 從分析每位成員的內在動力，到研究所有成員互動與溝通時的重複模式

從一、兩位家庭成員病態的觀點，到了解一個失功能關係模式如何建立起來（藉由重複、個人特殊連結方式）

＋ 知識補充站

家人之間的競爭通常與捍衛自己的「受傷自我」（injured selfhood）有關。

單元 **29** 結構家族治療（七）

由於家庭結構是在家人互動中展現，因此治療師為了明瞭家庭結構，通常就利用「重建」的技術，而「重建」是在晤談進行中，治療師觀察與修正家庭互動的架構，甚至刺激家庭成員展現出他們處理特殊問題的情況（Nichols, 2010, p.177 & p.181），不僅是觀察其可能的病態模式、同時也注意到建設性改變的潛能（Aponte & Dicesare, 2002）。「重建」有三個步驟，治療師會：（一）認出問題的程序，（二）指導家庭做重建，（三）引導家庭將重建做修正（Mitrani & Perez, 2003, p.191）。重建通常是讓家庭重新演出互動的方式，治療師可藉此了解家庭互動過程中的一系列行為，做為之後重新建構（改變互動方式與模式）的參考。

結構家族治療師使用「家庭地圖」（family map）（類似「家族圖」geno-gram，將家族幾代的互動關係繪製成一張圖表，可協助治療師了解家庭系統的組成以及彼此關係的緊密度）、加入家庭、重新架構等方式來重整家庭結構（Goldenberg & Goldenberg, 1998, p.81; Mitrani & Perez, 2003）。治療師相信家庭都有潛在的適應能力，只要將它激發出來便可（Nichols, 2010, p.176），而「重新架構」就是從正向的角度來看病徵或是問題，像是藉故不去上學的孩子，是為了要在家陪伴母親。另外，治療師還可以運用「撫慰與刺激」（stroke and kick）的技巧去操控家庭、產生不平衡（unbalancing），就是「靠邊站」（taking sides）、與家庭中一個成員暫時聯盟，藉此撼動其互動習慣與界限（Mitrani & Perez, 2003）；像是面對掌控全局的父親，治療師可以與孩子站在一起、並說明孩子反對的理由（如「身為家裡的一分子，當然有表達自己想法的權利，而且我也是希望我們家更好！」）。此外，治療師也可以隨機選擇與任何一位家庭成員站在一起，達到其治療目的，像是對為孩子發聲的母親說：「妳真的在幫妳的孩子。」（撫慰），但是同時也對孩子說：「媽媽在幫你說話，你自己可以為自己說話嗎？」（刺激），而在使用這項技巧時，要以「很有趣」做開頭，這樣比較是出於好奇心，而不是要故意挑戰當事人，引起不必要的防衛（Nichols, 2010, p.188）。

結構家族治療師也會注意到家人之間界限的問題，家人之間的界限有些流於僵化、有些可能太過糾結，因此他們要讓家庭重歸其位、發揮功能。像是過度涉入孩子事務、疏離丈夫的母親，治療師會讓其回到原先的母親位置上設立規則、提供滋養照顧的功能，甚至暫時忽視孩子的哀求或鬧脾氣，當孩子發現自己原來的一套做法不能夠得到他／她想要的，就需要做適當調適與改變，當然在真正改變之前會有極大的抗拒；對於維持父親威嚴、與孩子們界限太僵化的父親，治療師也可以藉由鬆動界限來達成其與妻子及孩子的親密需求，當然也都需要經過一番練習。

結構家族治療技巧（Gladding, 1998, pp.216-220）

加入 (joining)	治療師進入家庭的過程，也開始引導治療系統的發展。治療師開始跟每位家庭成員做連結，表現出對他們的興趣、願意與他們合作。加入是一個脈絡的過程，也是持續進行的，治療師需要不時地與家庭成員再度連結，而不是只做一次。
重新架構／框架 (reframing)	從新的角度解釋或看事情，甚至給予新的意義，來改變成員的知覺或感受。
造成不平衡 (unbalancing)	與次系統結盟，對抗其他家人，企圖改變其互動模式與位階。
重建 (enactment)	請家人在治療師面前重演一次關切的議題或行為，藉此了解問題發生的程序與過程。
即興互動 (working with spontaneous interaction)	注意到家庭成員的優勢，指出成員的動力與行為序列，著重在過程而非內容。
界限 (boundary)	家庭成員在不同發展階段會有不同的界限需求。
張力 (intensity)	採用強烈的情緒、重複介入或給予延長的壓力（像是告訴家庭成員「做不一樣的事」），藉此改變不適當的互動方式。
重新建構 (restructuring)	改變家庭目前既存的結構或位階，使其更能發揮功能。
形塑能力 (shaping competence)	點出成員的正向行為，協助家庭成員更有功能。
診斷 (diagnosing)	描述家庭成員互動的方式，讓他們看見需要修正或改變的地方。
加入認知建構 (adding cognitive construction)	給予建議、提供資訊、實際可用的故事或使用矛盾意象法（開立處方）。

＋ 知識補充站

結構家族治療創發者 Minuchin 對於弱勢族群（如貧民窟或非行青少年）的關切甚多，終其一生也持續為社會正義竭盡心力，而且切實履行。

單元 30 策略家族治療（一）

一、策略家族治療理念　與代表人物

策略家族治療（strategic family therapy）是從加州「心理研究機構」（MRI）早年所使用的溝通模式而來（此機構是 Don Jackson 所設立），此取向主要受到 Don Jackson 與 Milton Erickson 的影響，前者提到徵狀顯示了家庭的問題、家人行為受到「維持平衡」的影響、以及治療家庭就要改變其溝通模式，後者提供了問題有許多解決方式（Carlson, 2002），聚焦在「正向回饋圈」（positive feedback loop）。

策略家族治療在 1980 年代最盛行，結合了許多有創意的治療師努力而成，治療師研發不同策略減輕當事人的徵狀或是問題，聚焦在當下、認為當前的問題是家中成員持續重複的行為而產生的，「徵狀」就代表問題的一種解決方式（生病或出現問題的人並不是「非自願性的受害者」），因此其重心放在「問題解決」（與「焦點解決」治療一樣），強調每一個呈現的問題有特殊的解決方式或策略（Hanna & Brown, 1999; Mitrani & Perez, 2003）。此學派強調治療師的觀察非常重要（Carlson, 2002），同時注意每位成員是如何控制彼此的關係（權力議題），代表人物有 Jay Haley（1923-2007）與其前妻 Cole Madanes 及 Paul Watzlawick（Goldenberg & Goldenberg, 1998, p.86），Haley 與 Madanes 的治療稱之為「策略人本主義」（strategic humanism）（Nichols, 2010, p.158）。

Jay Haley 的治療方式師承於 Milton H. Erickson（強調徵狀的獨特性、以及行為指導的重要）（Hanna & Brown, 1999, p.11），同時也受到 Gregory Bateson 等家族治療師的影響，還特別強調徵狀的功能（許多學派的治療師都已經摒棄了這個觀點，但他仍保留，這也是 Haley 不同於其他家庭治療師之處），在治療過程中，他不是針對個人做處理，而是針對整個家族與其相關脈絡做整體思考，因為他相信每個年齡層的孩子在家庭面臨危機時，都會做一些動作來讓家庭系統平衡，而個人病徵的出現是為了協助另一位家人，或是表達了家庭規則的衝突樣貌（Mitrani & Perez, 2003, p.180）。Haley 將人際互動視為爭奪控制與權力的鬥爭，而所謂的權力，是指對關係界定的操控，而治療就是試圖創造一種情境、讓家庭成員發現——他們必須要有所改變，而且主動尋求解決之道（Minuchin et al., 1996/2003, p.81）。

Haley 認為家庭規則是圍繞著「位階結構」（hierarchical structure）而來，他也發現許多問題背後其實潛藏著父母親不適當的位階，因此有效位階的安排是要讓父母親主導，他也研發了所謂的「苦刑」（ordeal），做為治療的策略之一；同時家庭也必須要因應家人生活的改變，而做結構上的調整，因而其治療最終目標就是家庭結構的再重組，特別是重整家庭位階與世代間的界限。Madanes 也強調問題的功能性，尤其是孩子在家中出現問題時的「拯救」動作，通常就是孩子以問題行為或徵狀來協助解決父母親的問題，因此常常協助家庭裡的孩子，是以公開方式來協助父母親，而不是以徵狀來自我犧牲（Nichols, 2010）。

MRI互動治療（MRI interactional family therapy, Goldenberg & Goldenberg, 1998, pp.219-222）

所有的溝通都有兩個層次（表面內容與後設溝通）

對等關係會升為競爭關係

所有行為都是溝通

關係是由「要求」的訊息來定義

關係可以是互補或對等的

溝通同時在不同層次（姿態、動作、聲音等）上進行

每種溝通都有內容（報告，report）與關係（要求，command）兩個面向

互補溝通無疑地會牽涉到其中一人較為優勢或地位較高

問題的發展與延續是在重複互動模式與反覆的回饋圈脈絡進行

每個人看事件的重點不同，或以不同方式介入

 MRI互動治療的假設（整理自Goldenberg & Goldenberg, 1998, p.223）

假設　強調人們用來解決問題的方式，卻讓問題持續惡化。

假設　問題通常出現在一般日常生活的困難處，或許是與家中成員的發展轉換有關。

假設　大部分家庭在成員發展轉換時都可以輕鬆因應，極少部分家庭是因為處理不當或未處理而造成問題。

假設　問題持續是因為家庭成員不管之前失敗無效的方式，仍持續沿用同樣方式解決問題。

假設　治療就是將此重複的無效模式打破。

 MRI互動治療步驟（整理自Goldenberg & Goldenberg, 1998, p.224）

以清楚具體的詞句詳細描述問題

檢視家庭成員之前企圖解決問題的方式

定義與決定需要做什麼改變

執行改變策略或計畫

✛ 知識補充站

　　MRI 互動治療師會找尋方式來改變家庭過時的規則，揭露個人隱藏的議程或想法，修正或去除矛盾溝通模式（Goldenberg & Goldenberg, 1998, p.223）。

單元 **30** 策略家族治療（二）

　　Paul Watzlawick 也是策略家族治療相當重要的一員，其與同事的短期治療是相當具震撼力的，他們認為問題之所以產生，是因為人們使用了不適當的方式去解決生命中一般性的困擾問題，即便無效也持續使用（Goldenberg & Goldenberg, 1998, p.86），這樣的觀點後來也被焦點解決取向所採用。

　　策略家族治療的幾個假設是：（一）每個家庭都受到家庭規則所管理，因此只有在脈絡中才能了解最多；（二）目前出現的問題在家庭中有其功能或作用；（三）界限、同盟、位階、權力、隱喻、家庭生活發展週期與三角關係，都是「卡住」家庭發生問題的基本探討因素；因此其特色除了彈性、創新之外，也強調家庭發展週期（Carlson, 2002, p.82）。

　　Haley 與 Madanes 認為問題之所以產生，主要是某階段的家庭生活發展（stage-of-life）出現問題（Haley & Richeport-Haley, 2007），問題發展主要是：（一）不適當的解決方式形成「正向回饋圈」，讓困難變成慢性問題；（二）問題出在不一致、不相合的位階；（三）問題的出現是因為家人試圖在暗地裡保護或控制另一人，因此徵狀或問題是有其功能的（cited in Nochols, 2010, p.147），問題徵狀的產生其實是家裡成員企圖去平衡家庭系統的結果（Carlson, 2002），或是一種人際策略，或努力定義關係性質的表現（Haley, 1963, cited in Becvar & Becvar, 2009, p.206），而問題之所以繼續存在，主要是持續的互動過程使然，因此治療師要協助家庭成員去背叛或重新架構問題（Carlson, 2002）。

　　Haley（2007）身後出版的《指導性家族治療》（*Directive family therapy*）中說明了其與其他傳統治療的不同處在於：（一）是短期治療；（二）聚焦在目前而非過往；（三）著重在正向潛意識，而非負向的潛意識（潛意識被視為正向力量，而非傳統的可怕、壓抑的想法）；（四）將問題放在社會脈絡內，而不是放在個人身上；（五）聚焦在行動層面而非發展頓悟上；（六）治療是強制性的，而非自願的（有些當事人只能在入獄與治療之間做選擇，通常就會選擇後者）；（七）不強調診斷，而著重在改變問題所需的技巧上；（八）認為記憶可能有誤，不一定會帶來真相；（九）催眠是可以運用的珍貴技巧；（十）精神疾病與上癮行為是可以治療的；（十一）父母親可以被賦能，也是主要助力；（十二）指導可以造成改變，不像傳統治療是以談話為主；（十三）直接的指導包括給予忠告、教導、折磨或苦刑治療等，非指導性技巧是在治療師在當下欠缺權力時使用，用來限制當事人的改變或是運用矛盾意向法；（十四）認為運用「悖論」（或「矛盾意向法」）是合理的，而非用來操控；（十五）不將治療視為祕密或隱私，而是可以被觀察的；（十六）減少文化上的探索，因為有時候太多探索反而類似分析過往歷史（Haley & Richeport-Haley, 2007, pp.1-7）。Haley 相信改變行為就會改變感受，是屬於較行為學派的思考，而另一取向的 Milan 集團則採用了「重新架構」的技巧，讓家庭成員有不一樣的行為出現——從「行為」轉移到「意義」層面的思考，此觀點也為後現代家庭治療鋪路（Nichols, 2010, p.149）。

策略家族治療主要立論
（整理自Goldenberg & Goldenberg, 1998, pp.231-234）

 採用溝通理論與互動介入。

治療師設計策略來解決當事人現存之問題（主要是 IP 呈現的徵狀）。

其介入方式通常極具創意，主要目的是用來破壞製造與維持問題的互動序列。

改變之所以產生是治療師在整個過程中下指導棋、讓成員去執行。

將病人徵狀視為「人際事件」(interpersonal events)

 治療策略（Goldenberg & Goldenberg, 1998, pp.234-235）

求助家庭通常在不知情的情況下解決了問題。

治療師試圖改變家庭系統中維持問題或徵狀的面向。

量身打造每個特別問題的特殊策略。

治療師是主動、積極、掌控的角色。

治療師給予指導、設計任務，並成為家庭暫時的領導者。

強調正向（通常是重新標籤），將失功能行為定義為合理且可理解的。

 第一次晤談階段（Goldenberg & Goldenberg, 1998, p.236）

階段	說明
短暫社交階段	創造合作與輕鬆的氛圍
問題階段	了解家庭來晤談之原因
互動階段	家人互相談論問題
任務設定階段	設計或指導作業來改變現存問題

＋ 知識補充站

策略家族治療的主要任務是緩解或消除 IP 之徵狀，沒有去探討問題起源或可能肇因。

單元 **30** 策略家族治療（三）

二、策略家族治療過程與目標

策略家族治療師聚焦在目前的情況上，也努力改變家庭成員的行為，協助此家庭與個人朝向下一個階段前進（Carlson, 2002）。策略家族治療師是運用一步步有計畫的方式去消除徵狀，是實用取向的治療（Mitrani & Perez, 2003），這些技巧也可以視為治療步驟。其所使用的策略有兩類：首先就是「加入」家庭，Haley 認為只要有第三者的出現，就可以協助配偶解決問題；再者就是使用「重新架構」的技巧（重新定義家人所說的，聚焦在正向的意義上），加強鬆散的界限與舒緩僵固的界限，用來破壞家庭的失功能結構（Nichols, 2010, p.34）。Cloe Madanes 曾經說過治療目標為：「讓他們活著、讓他們可以繼續進來，並解決問題。」這依然是策略家族治療最重要的目的。策略家族治療聚焦在位階以及序列的結構，並引導改變、避免傷害，而對於人類問題的看法，他們認為如同 Don Jackson 所言：「愛走錯了方向」（love gone wrong），因此治療師會去打斷卡住的序列關係、鼓勵家庭成員放棄無效的方式，持續使用過去有效的方式，並嘗試一些新的解決方法（Keim, 2013, p.89）。

Haley 在治療過程中，通常是先一一訪問出席的家庭成員、協助他們放輕鬆，然後詢問每一位成員的觀點（在家庭事務中，母親通常是最中心的人物，因此 Haley 會先跟父親談、將父親納進來），同時也會觀察這個家庭的位階結構與可能的三角或同盟關係（coalition，一位成員結合另一位成員來對抗其他家人），但不做任何評論，接著他就會開始許多的指導動作、讓這個家庭的成員做一些事來改變目前的情況（Nichols, 2010, p.153），同時也讓代間有適當的界限、避免跨代間的同盟產生（Mitrani & Perez, 2003）。Haley 認為只是改變個人行為（第一層改變）是不夠的，還需要將家庭規則翻新（第二層改變），這樣的改變才會持久，因此其治療過程通常是：找出讓問題持續的正向回饋圈，然後找出支持這些互動的規則為何，最後則是想辦法改變規則、破壞維持問題的行為。

Haley 注意到問題發展與家庭生活發展階段（family life cycle）的關係，留意每個家庭權力的運用，也注意行為的「隱（譬）喻」與家庭情況的關係（像是孩子去商店順手牽羊，就是隱喻了母親的外遇——偷人）（Mitrani & Perez, 2003; Nichols, 2010）。家人出現徵狀，常常是家庭「卡」在某個特別的發展階段，家庭中出現的徵狀被解讀為一種隱喻，同時也可以描述家庭系統的若干面向，徵狀包含有明顯的涵意（如「我肚子疼」）、同時有隱含的意義（如「我需要關心」），因此徵狀也可以是溝通的一種方式，治療師會企圖釐清徵狀所隱含的訊息為何（Hanna & Brown, 1999, p.11）？這個觀念也是從溝通治療模式而來。

策略家族治療師對於改變過程的貢獻（Keim, 2013, pp.89-90）

鼓勵那些沮喪的	通常包括了一些創新、好玩、重新喚起愛的感受、連結支持以及訓練自我照顧。
鼓勵實驗	治療師鼓勵成員做一些讓系統更有彈性的實驗以及解決問題的方式。
鼓勵發揮能力	當事人可能會傾向去整合第二序列的改變，他們會因此感覺到自己是有能力、有付出，而且有愛的。

 短期策略家族治療（Brief strategic family therapy, BSFT）（Zarate et al., 2013, p.108）

BSFT 要回應兩個問題	家庭互動的模式以及維持問題行為的模式為何？
	如何讓家庭成員將不適應的互動模式改為較適應、也能夠保留彼此依賴的模式？
三個造成改變的原則	家庭系統──將家庭成員視為互相倚賴、彼此影響的一個系統。
	家庭的互動模式──是重複且可預測的，也因此會影響家庭成員的行為。
	小心計畫介入方式，並以互動模式為目標，而且能夠直接連結孩子的問題行為。
治療步驟	讓家庭成員都能夠參與治療。
	加入參與的家庭成員，並觀察他們的互動來做診斷。
	為整個家庭系統發展一個處置計畫。
	重建家人不良的互動方式。
	結束治療。

＋ 知識補充站

　　我們從家庭得到滋養、同時也可能受傷，一般人在成長之後，都可以克服慢慢走出傷痛，個別諮商或家庭治療也是可以選擇的療癒之道。

單元 30 策略家族治療（四）

Haley（1987）將治療分成幾個階段：（一）社交階段（The social stage）——和每位參與的成員打招呼、讓他們很自在，主要是企圖贏得大家的合作；（二）問題階段（The problem stage）——詢問出現的問題為何？每個人對於問題的看法如何？（三）互動階段（The interaction stage）——要求家庭成員彼此互動並談論（「重建」），也讓治療師可以去確定有問題的階層為何？（四）目標設定階段（The goal-setting stage）——詢問家庭成員，具體說明他們想在治療中看到的改變為何？（五）工作設定階段（The task-setting stage）——規定家庭成員一個簡單的家庭作業（cited in Mitrani & Perez, 2003, p.186）。

三、策略家族治療技巧

（一）加入（joining）與
重建（enactment）

聚焦在出現的問題上，也接受家人對此問題的看法，不去面質可能有的歧異（Mitrani & Perez, 2003）；治療師會先加入家庭、熟悉每位參與的家庭成員，然後再進行治療，可以說是先與當事人與其家庭建立良好的治療關係。接著就會邀請家庭成員針對所出現的問題（或IP）做解釋，治療師會注意每位成員對於問題的解讀，等於是「重建」問題現場，然後針對需要矯正的地方「指導」成員做出新的行為與反應。

（二）指導性技巧（directives）

治療師使用直接的指導，主要就是讓家庭成員直接有行為上的改變（Carlson, 2002）。策略家族中的治療關係是要有「說服力」與「權力」的（Mitrani & Perez, 2003），治療師運用許多指導性或直接的方式介入，也要能促動家庭成員的動機去完成指定的作業，其主要目的在於改變家庭中的互動順序（Mitrani & Perez, 2003），像是給建議、教導訓練（coaching），以及規定家庭作業，主要目的是激起家庭的反抗行為（Goldenberg & Goldenberg, 1998, p.86），倘若不是直接指導的（也稱之為「隱喻式指導」metaphorical directive），像是被收養的小男生怕狗，就讓小男生去收養一隻狗，那麼就可以同時處理所謂的「收養」與「怕狗」的問題（Mitrani & Perez, 2003）。也因為是「策略」取向，因此許多的治療技巧也要靠治療師的創意與經驗，其主要目的就是讓問題行為不再持續下去，策略治療師相信間接的方式可以引發家庭的改變（太直接的話，反而會讓家庭抗拒改變），所以必須要運用許多創新的點子與技巧。

策略治療師在晤談時間之外會規定一些家庭作業，讓家庭成員去執行，這就是治療師使用指導的一部分。使用指導的理由（Goldenberg & Goldenberg, 1998, p.236）有三：讓成員表現不同行為，那麼就會有不一樣的主觀體驗；在兩次晤談之間讓家庭成員藉由行動任務來增強治療關係；從家庭成員的反應來蒐集資訊，及了解家庭成員對於所提議的改變是如何做回應的。

矛盾意象法的介入方式（Weeks & L'Abate, 1982, Selizer, 1986, cited in Goldenberg & Goldenberg, 1998, p.239）

重新架構	你一直想要知道他的行蹤，是因為你很想念他。
重新標籤	你太太一再醒你家裡面沒做完的事，主要是想要為你打造一個完美的家。
針對徵狀開立處方	你們一覺醒來就要彼此爭吵。
限制	不要針對問題做任何解決動作，這樣我們才知道事情有多糟。
提供處方	每天早上把擔心的事列表，然後放在一邊，晚上把所有項目檢查一遍，這樣你就是一個適任的擔憂者。
提供描述	你們兩個要避免爭論彼此的差異，因為現在要改變很危險。
預測復發	你們現在相處得不錯，但不久之後可能會有嚴重爭吵。
宣稱無望感	你們可能是對的，因為你們不能做什麼，繼續治療可能無效。

 設計矛盾意象法步驟
（Papp, 1983, cited in Goldenberg&Goldenberg, 1998, p.240）

❶ 重新定義

改變家庭成員對徵狀的觀點（家人用意良善、用來平衡家庭的手段）。

❷ 開立處方

如「練習叛逆」或「表現沮喪」，要言簡意賅，且不被接受。

❸ 限制

主要目的是讓當事人準備好要做改變、注意到他們的抗拒，讓改變更堅固，因此要他們「慢慢來」。

✛ 知識補充站

矛盾意象法一般會有兩個形式：（一）開立處方的（prescriptive）——要求當事人做些事；（二）描述的（descriptive）——重新標籤已經做的事、給予正向意義（Goldenberg & Goldenberg, 1998, p.237）。

單元 **30** 策略家族治療（五）

四、矛盾意向法（paradoxical interventions）

當家庭處於穩定狀態時，通常會抗拒改變，因此治療師就運用這個抗拒來造成改變，而通常「矛盾意向法」包含了兩個相反的訊息，那就是「改變」與「不改變」（治療師告訴家庭成員他／她想要協助他們改變的同時，卻要求他們不要改變）：一種是邀請當事人去做更多他／她想要減少的問題行為，另一種是告訴那個家庭治療師不能確定他們是否準備好接受改變後的結果，還有一種就是誇大問題行為或徵狀，讓當事人與其家庭都覺得不可思議或荒謬（Mitrani & Perez, 2003, p.193）。「矛盾意向法」基本上分兩種類型：邀請當事人去做與其預期或是「正常」相反的行為，或是治療師做出與當事人預期相反的行為，其主要功能在於讓出現的徵狀「去脈絡」（de-contextualize）（Omer, 1981, cited in Mosak & Maniacci, 2006, p.51），讓原本出現的徵狀失去其意義與功能。

Haley 會指出管理家人關係的規則，他會建議家人表現出不同的行為、或是持續原來的行為（Nichols, 2010, p.51），或是「限制」（如告訴家庭成員不能做些什麼）與「開立處方」（在治療師面前做出失功能的行為）（Carlson, 2002），這些都是「矛盾意向法」的運用，也是 Milton Erickson 運用催眠治療將「抗拒」變成優勢的原則（Nichols, 2010, p.142），其目的是讓「被認定的病人」（IP）處於「雙盲」（double blind）的情境，讓改變發生，像是要求 IP 繼續憂鬱下去（既然當事人說自己憂鬱不是「自願性的」，但是現在卻要求他／她「自願性的」繼續憂鬱下去）。治療師可以將問題當做玩遊戲一樣的態度，然而也要特別注意使用「矛盾意向法」之後，該家庭產生的強烈情緒反應，或是「自發的改變」（spontaneous change），同時也要對這樣的改變抱持「困惑」的態度（Mitrani & Perez, 2003）。

Madanes 研發了「假裝技巧」（pretend techniques），是屬於「矛盾意向法」的一種，治療師會宣稱是「假裝的」，也就是不讓當事人回到「真正的」問題裡（Mitrani & Perez, 2003），例如治療師要求有徵狀的孩子「假裝」那些徵狀，然後讓父母親去協助這個孩子，藉由這樣的方式，孩子可能就沒有了那些徵狀，像是讓做惡夢的孩子去保護做惡夢的媽媽，讓孩子明白他不需要藉由自己的徵狀來保護母親（Nichols, 2010, pp.156-157）。

小博士解說

策略家族治療受到批判的是：太操控與威權，使用的許多矛盾意象法是過於簡單且透明的（Goldenberg & Goldenberg, 1998, p.241）。

MRI認為家庭之所以重複無效的問題解決是因為
（Goldenberg & Goldenberg, 1998, pp.228-229）

 有些行動是必要的、卻沒有做（如否認問題存在）。

 採取了不必要的行動（如新婚夫婦婚後就分開住，因為認為自己的婚姻不理想）。

 在錯誤層次採取行動（如伴侶爭吵後只強調下次會更努力，卻不解決根本差異問題）。

 策略家族治療師詢問的內容舉例（整理自Keim, 2013, p.91）

 當發現問題時，發生了什麼事？

 你對於問題產生的歷史有何看法？

 你做了什麼企圖解決問題？

 問題對你自己與家裡人有何影響？

 身為家長你是如何照顧自己、找樂趣的？

 誰會責備你或鼓勵你？

 何時問題沒有發生？

 Madanes認為家庭之所以出現特殊問題是與以下動機有關
（Becvar & Becvar, 2009, p.216）

偏差或行為問題	試圖控制
忽視、虐待、思考問題與自殺	想要去愛與保護

身心問題	想要被愛
亂倫與性虐待	懊悔與原諒

＋ 知識補充站

溝通出現問題主要是因個人將其早期學得的批判、讓人感覺無力的規則，無效地運用在目前的情況下（Hale-Haniff, 2013, p.56）。

單元 30 策略家族治療（六）

五、重新架構

策略家族治療師關切當事人的「觀念架構」（conceptual framework），他們認為每個人的行為與其觀念架構的邏輯一致，也就是一般人受限於自己意識與了解的事實，因此未能發展出其他可行的觀念架構（Becvar & Becvar, 2009），因此「重新架構」（或「重新標籤」）就是可以使用的策略，「重新架構」或是從當事人狀況來重新定義問題，從行為或是互動困難的角度出發，甚至將 IP 的動機以正向的方式描述，可以協助家庭成員由不同觀點看問題、產生不同的互動，也就是利用語言的改變來造成認知的改變（Carlson, 2002）。阻斷當下持續的問題行為就是改變的開始，當事人對晤談過程裡治療師的指導做反應、以及晤談之外的小作業是改變的契機，而小改變也可以引發更大的改變（Hanna & Brown, 1999, pp.13-14）。

六、苦刑與「採取立場」

Haley 最有名的就是「苦刑」治療，他要家庭成員一起來做，其目的是要讓出現的徵狀本身更麻煩、甚至不值得持續下去，也是建立起父母親應有的權力位階，像是讓父母親每天晚上按時叫起會尿床的兒子起床上廁所，或是父親協助亂丟玩具的孩子每天深夜起來，指導孩子去後院挖個洞、將當天亂扔的玩具埋起來，這樣的做法不僅解除了徵狀、也將家庭位階重新歸位（Carlson, 2002; Nichols, 2010, pp.157-158）。此外，還有所謂的「採取立場」（positioning）的做法，治療師會接受、也誇大徵狀，然後家庭成員就可以不受限於這個徵狀、可以自由去做其他事，像是有家庭提到自己家「有問題」，治療師則會說「不是有問題，是沒救了！」（Carlson, 2002）。

七、假裝技巧

Madanes 的治療方式更具創意與好玩，她所研發的假裝技巧（prentend technique）就是其一，也是矛盾意象法的一種。她認為當人們將實驗當做遊戲時，會比較願意嘗試不同行為，像是她會要求 IP 假裝自己病症發作，然後其他成員就要提供協助，徵狀發作與協助是在兩種不同脈絡中，卻可以讓 IP 感受到自己是「可以控制」徵狀的（Becvar & Becvar, 2009, p.216）。

策略家族治療與 MRI 模式的一些理念及技巧，也影響到後現代取向的一些治療模式，像是焦點解決諮商與敘事治療，Haley 出版的許多案例也非常有趣，有興趣的讀者不妨去找來閱讀。

小博士解說

Madanes 相信愛與暴力是所有問題的根源（Becvar & Becvar, 2009, p.216）。

Madanes的假裝技巧
（1981, 1984, cited in Goldenberg & Goldenberg, 1998, p.241）

認為呈現的問題或徵狀是一種隱喻。

是矛盾意象法的一種。

較少面質意味。

以好玩、幽默、奇妙為基礎。

讓IP假裝有徵狀，讓他／她可以控制自己的行為。

Madanes（1990）認為改變需要的條件（Becvar & Becvar, 2009, p.217）

▷ 在當事人可以控制自己行動時，讓他們看見自己可以改變行為。◁

▷ 協助當事人控制自己的想法，就可以改變問題植基的脈絡。◁

▷ 協助當事人將氣憤與暴力轉變為正向行動與耐心。◁

▷ 鼓勵當事人對其他人類的同理，可以因此而更有智慧、正義與尊重。◁

▷ 鼓勵希望與幽默，可以大笑並克服恐懼。◁

▷ 提升對他人的同情與忍受度，就可以鼓勵發展與成長。◁

▷ 鼓勵當事人原諒及善待自己與他人，就可以面對每天的挑戰。◁

▷ 提升和諧與平衡的生活。◁

策略家族治療步驟（Becvar & Becvar, 2009, pp.213-214）

在技巧、作業等方面都有彈性，唯獨第一次晤談沒有彈性。
第二位治療師負責在單面鏡外觀察、擔任諮詢角色。
建立力量的隱喻——只有一位治療師與家庭一起工作。
所有家庭成員都要參與治療。

✛ 知識補充站

Haley 用「控制」（control）與「力量」（power）來描述家庭的影響力（Becvar & Becvar, 2009, p.212）。

單元 **30** 策略家族治療（七）

八、結構與策略取向之異同

Haley 與 Minuchin 在治療理念上有許多相似性，他們也彼此稱許對方在其理論上的貢獻（Carlson, 2002），結構與策略家族治療都注重系統與架（結）構，都源自於「溝通理論」，也都是短期、實用性、指導性的治療，指出、也解決現存問題（或徵狀），將治療責任放在治療師身上；兩個取向的治療焦點都放在「家庭互動」上，也強調有效治療是要從與問題有關之家庭互動的正確評估與假設開始；兩者都認為問題源自於僵固與重複的互動，因而限制了可能反應的選擇，而「病態」則是家庭未能因外力介入、影響其完成發展階段的適應情況；兩個取向也都認為要了解人類行為，需要將行為置入脈絡中考量，而人類脈絡是有規則的系統、用來規範行為，而且是互惠的過程，其中最具影響力的脈絡就是家庭（Mitrani & Perez, 2003）。在 1970 年代後期，結構—策略治療幾乎是家族治療的主流，兩學派都企圖要重組家庭的失功能結構、設立界限、動搖家庭的平衡狀態、運用重新架構技巧、苦刑與重建；兩個取向都不重視過去經驗，會積極加入家庭、阻斷刻板的互動模式、重組家庭位階或次系統，也催化更具彈性或有效的互動；在治療上，Minuchin 與 Haley 兩人都是積極、指導取向，也期待治療師可以將相當的專業程度帶入家庭治療過程裡。

兩個取向的相異處在於：結構取向強調家庭是由次系統組成，也重視次系統間的界限；策略取向聚焦在順序重複的行為上，特別是那些破壞位階原則的跨代同盟關係（Mitrani & Perez, 2003）；再者，他們對問題的看法不同，Minuchin 將個人與家庭問題視為徵狀，而 Haley 則視之為「真正」的問題、需要真正的答案（Corey, 2009, pp.416-417）。此外，雖然兩個取向都強調家庭位階的重要性（特別是在徵狀出現時的代間同盟或聯盟），但是 Minuchin 聚焦在平行的位階（就是次系統間的關係，也清楚定義代間關係），而 Haley 則是較聚焦在垂直的位階，家庭問題的產生在於孩子介入代間、形成的同盟關係；Madaness 強調孩子的徵狀反映了位階結構的「不協調」（incongruous hierarchical organization），而「徵狀」則提供了保護雙親的功能（Mitrani & Perez, 2003, pp.182-184）。

結構與策略家族治療師都站在較為主動主導的立場，其治療也較屬於短期型的，前者重在改變家庭的互動模式與不適當位階，後者則重在緩解或消除 IP 的徵狀，讓家庭可以重新恢復功能、繼續運作。

小博士解說

策略家族治療以減緩或消除徵狀為首要，結構則以改變家庭互動模式為主，但是結構與策略治療常被相提並論，因為兩者有太多相似的地方。

策略家庭治療第一次晤談程序（整理自Becvar & Becvar, 2009, p.214）

社交階段 與家庭成員互動。 ➡ **定義問題** 詢問家庭每位成員對問題的看法。

➡ **互動階段** 讓家庭成員彼此討論問題。 ➡ **定義想要的改變** 以行為的具體方式決定目標。

➡ 以指導（家庭作業）結束晤談，並約定下次見面時間。

 策略家族治療技巧（Gladding, 1998, pp.216-220）

直接任務（straightforward tasks）	為獲取家庭成員之合作，治療師直接下指導棋。為了讓任務成功，治療師需要先了解家庭曾經嘗試過的解決方式、檢視問題為何沒有獲得解決？任務盡量簡單可達成，並做清楚解釋。
矛盾意向任務（paradoxical tasks）	倘若家庭成員意見分歧或是反對直接指導時，就可要求家庭成員持續那個問題行為，不管他們完成與否，都能夠達到正向改變的目標。

 策略家族治療使用家庭任務（tasks）目的
（Haley, 1976, cited in Sharf, 2012, p.496-496）

任務可改變人們在治療中的反應方式。

不管任務是否完成，都可以獲得有關此家庭的相關資訊。

因為是治療師設計任務，治療師的角色很重要，也較被聽見。

 結構與策略家族治療相同處（Rambo et al., 2013e, pp.117-118）

結構治療
策略家族

行動導向——強調做而不是感受。 較屬於短期治療。

治療師將家庭視為一個有系統的組織——有界限、次系統以及位階。

介入方式是直接打斷失功能的家庭模式。

加入所有的家庭成員或者是在社區中的重要他人來拓展治療系統。

+ 知識補充站

　　策略學派治療師認為徵狀本身對於家庭的社會脈絡很重要，家庭成員的互惠角色完成、維持徵狀（Becvar & Becvar, 2009, p.206）。

單元 31 後現代家族治療

後現代治療企圖造成第二序列（second-order）的改變，而非只是改善呈現的徵狀而已。後現代家庭治療受到社會建構主義的深刻影響（與社會建構主義重疊處甚多），注意脈絡與非線性的因果關係，以及個人主觀的覺知（所謂的現象學觀點）。社會建構主義者認為語言建構了社會現實，但社會學家傅柯（M. Foucuult）卻認為是日常生活中社會實踐的力道，讓語言的建構變成可能（Flaskas, 2002, p.44），可見「語言」是後現代治療極為關鍵的觀點。去知道或進行了解（事物）就是一個建構的過程（Flaskas, 2002, p.56）。例如女兒回到家，母親問起今天學校有什麼事發生，女兒就開始說明，母親會問進一步的細節，這樣的一問一答之中就是在建構知識。後現代家庭治療將治療當做一種對話（therapy-as-conversation），治療師站在「不知」（not-knowing）的立場，合作式的對話可以讓新的敘事與意義展開（Flaskas, 2002, p.43）。

後現代主義者認為知識是建構而成的，若要了解人類的行為或經驗，並不限於觀察而已，而經驗是藉由我們用來描述的語言所形成。與機械神經學（cybernetics）的隱喻不一樣的是：機械神經學聚焦在自我挫敗的「行為」，因此治療就是要阻擋不適應的互動，相反地，敘事的隱喻則聚焦在自我挫敗的「認知」上，因此在治療上就是拓展一個人的思考，讓人們可以去考慮到不同的選項，來重新看待自己的問題以及自己。故事本身並不純粹只是反映生活而已，它還可以塑造生活（Nichols, 2010, pp.347-348），後現代取向的治療是基於人類會對於自己是什麼樣的人、將成為怎麼樣的人，以及與他人關係中的自己是什麼模樣，而創造出意義（Madigan, 2013, p.152）；就如同我們通常很喜歡去講述有關自己的故事和經驗，而我們在講述當中也建構自我模樣，基本上所有的故事跟自我是一致的，我們也藉由故事組織、統整自己的生命（Madigan, 2013, p.151）。

後現代治療也可以說是強調優勢與希望的治療取向，如同焦點解決尋求成功例外，將當事人當成自己問題的專家，而敘事治療注意到人與問題分開（外化問題）、問題對人的影響（而非將當事人視為受害者）與特殊結局；治療師與當事人一起合作，共同為問題找出新的方向與出路。以敘事治療而言，不僅考慮到文化上對於保護個人與家庭榮譽、避免外來的干擾與威脅，以及個人之尊嚴或面子，同時顧慮到許多文化中人們並不習慣向家人親友之外求助的傳統，在高脈絡社會文化是極有其可用性的，特別是有創傷或悲劇事件發生時（Witty, 2013, p.161）。

小博士解說

第二序列的改變，是指系統重新建構其因應正向回饋的平衡方式，以及管理系統基本改變的原則。第一序列的改變則是讓系統回復到原先因應正向回饋的平衡狀態（Gehart, 2014, p.40）。

後現代的假設（Gehart, 2014, p.47）

| 假設 現實是建構出來的 | 假設 現實是藉由語言所建構出來 | 假設 現實是透過關係來調整 |
| 假設 共享的意義主導了社會行動 | 假設 傳統與文化建構我們生活的意義 | 假設 人類有反思能力，反思讓人有人性 |

 系統觀與後現代假設的比較（Gehart, 2014, pp.52-53）

 **VS.**

系統觀　後現代假設

系統觀	後現代假設
一個人不可能不溝通，所有的行為都是溝通。	人類的想法不能只因外在的現實而存在，因為是需要解讀的，客觀基本上是不可能的。
個人之行為與徵狀，在更廣的關係脈絡中都有其意義。	所有的知識與真實都受到文化、歷史與關係的影響，因此「互為主體」（intersubjective）就在人之間建構出來。
所有的行為（包含不想要的徵狀）在系統內都有其目的，讓系統得以完成或重現其平衡或感覺「正常」。	一個人所體驗的為「真」、相信的是「事實」，主要是藉由語言與關係所形塑出來的。
無人可單獨掌控系統中的行為，也因此無人因為伴侶或家庭關係的問題而受指責，問題行為是因系統內成員互動而產生。	語言與文字用來描述一個人的經驗是如何影響其身分的塑造與經歷。
治療的改變包含在系統內改變互動模式。	認同一個「問題」是社會的過程，也就是透過語言，在立即性的當地或社會層次中產生。
	治療是新現實的共同建構過程，與當事人的身分及與問題的關聯有關。

＋ 知識補充站

　　家庭要尊重個人自主獨立、同時滿足歸屬之需求，但家人之間卻常因為護衛受傷的自尊而企圖指控或傷害對方。

單元 32 後現代家族治療
——敘事家族治療（一）

敘事治療的創始者 Michael White（1949-2008）在 Bateson 與傅柯的影響下，了解到人們是如何建構自己的故事，而主流社會又如何影響生活在其中的人們，也從社會學者布魯納（Jerome Brunner）那裡了解故事是建構而成，當然可以「解構」（deconstructed）（Nichols, 2010, pp.350-351）。敘事治療中所謂的「主流故事」（dominant stories），是指受到家庭、人際、文化與社會關係所塑造的故事，而主流故事可能會限制我們去探索及了解我們自己與經驗（Flaskas, 2002, p.44）。像是一位男士若被視為是家暴加害者，不僅主流社會／大眾會這麼看他，連他自己也會內化這樣的印象，反而會忽略了他是一位盡責養家的父親或丈夫等角色，同時也局限了他去探索或了解自己其他不同角色的機會。因此治療就成為「解構」主流故事，並重建其他可造成改變與不同可能性的故事（Flaskas, 2002, p.45）。儘管敘事治療可協助家庭成員重塑一個故事，但並不表示為做錯事的人找藉口或理由。像是面對家暴家庭，治療師可能會以「盡責的丈夫」來替代之前的「施暴父親」的身分，但施暴者須承認錯誤、想改善與家人的關係及互動，要不然治療師無法對家庭進行治療或修復。

家庭是社會文化的傳承單位，因此一般家庭會將主流社會認為「應該」或「正確」的觀念或價值傳遞給下一代，有時候沒有經過進一步的思考與批判，就盲目地應和這些觀念，卻忽略了個體或非主流的思考，甚至箝制下一代的想法或行為，也成為加害共犯。敘事治療師將問題視為對家庭的壓迫（Gladding, 1998, p.269），這是具有文化意涵的。當然改變並不容易，敘事治療者認為改變是一直在發生的，而一切改變都可以從小小的改變開始，改變當然也會遭遇阻力，治療師也與家庭一起預防復發的產生及處理。另外很重要的是，可以藉由儀式、慶祝活動或獎狀紀錄等，表彰家庭的進步與成就。治療師與家庭一起重新建構新的故事，而這個故事不只重新定義了這個家庭的生活，也重新建構了家人彼此之間的關係（Gladding, 1998, p.269），因此治療關係是治療師與家庭成員積極參與的理解與成長之旅，共同創造一個對家庭事件與關係意義的新敘述（Andolfi, 2016/2020, p.28）。

我們所說的故事，形塑了我們是什麼樣的人、想要成為什麼樣的人、過什麼樣的生活。敘事家族治療師認為改變的關鍵就是協助家庭重述或重寫他們的故事，重視的也是當事人或其家庭成員如何看待他們周遭的世界與事件，治療師也很清楚家中每個人會有不同的觀點而產生衝突或問題，而故事就是人們的生活受到政治、文化、經濟、信仰與社會的影響（Sharf, 2012, p.419）。

小博士 解說

Minuchin 終生也一直在修正自己的治療理論與應用，他在 2014 年的共同著作中還展現了自己與後現代治療的相似處，包括強調多元身分與優勢。

敘事治療師認為家庭是：（Nichols, 2010, p.351）

問題不在於家庭。

深受周遭的論述（discourses）所影響。

家庭可以發展出其他、有力量的故事（也就是與內化的文化迷思分開）。

有良善意向的（家庭本身不需要或想要問題）。

 敘事治療師的立場（Freedman & Combs, 1996; Whiye, 1995, cited in Nichols, 2010, p.350）

對當事人的故事有興趣。

從當事人過去的故事中找尋成功經驗。

以尊重、非強迫的方式問問題，讓新的故事得以展現。

拒絕標籤，並將每個人視為有特殊故事的人。

協助人們從自己內化的主流文化敘事中脫離，才有空間容納不同的故事。

 系統與敘事治療的異同（Minuchin et al., 2014 pp.224-225）

VS.

系統 **敘事治療**

相同

反對將徵狀放在家中某位成員身上　關切社會正義，與弱勢族群及社區工作

朝向多元的取向，聚焦在成長與優勢　反對將焦點放在病態上　注意到多元身分

強調生存的可能多元選項　聚焦在脈絡與目擊證人的重要性

相異

對家庭功能的解釋　對改變過程的說明

對問題根源與解決方式不同　以不同的技巧達成治療目標

＋ 知識補充站

我們用故事來定義及展現自己，敘事治療讓家人說出與原先不同的、有希望與可改變的故事。

單元 32　後現代家族治療
──敘事家族治療（二）

外化問題──將問題與人分開

問題之所以產生，是因為我們自己不斷灌輸到狹隘、自我挫敗的自我觀點上，也就是我們怎麼看自己、也會持續用不同的證據來強化對自己的看法。敘事治療則鼓勵當事人將自己視為「對抗問題」（struggling against their problems）的人，也就是將問題與人分開、看見希望，而使用「外化問題」（將當事人與問題分開，讓當事人有改變的可能性）；治療師感興趣的不是人造成問題，而是問題如何影響人，因此在做家庭治療時，治療師會將注意力從家庭是問題的根源轉到文化信仰與實踐上（Nichols, 2010, p.350）。

每個人都有不同的角色與身分（如女兒、姊姊、妻子、老師、阿姨、慈濟人等），在不同的生命階段，可能會加入新的角色、舊的角色消失，另外就是不同角色的比重會有所不同（像是結婚後新的「妻子」角色出現，「女兒」的角色可能較不重要），但是我們的社會可能會較看重一些角色（如家長、醫師），甚至因為某人犯錯而對其加上標籤（如偷腥的丈夫、管教過當的媽媽），也就是不吻合社會角色者（帶有刻板印象或道德的意涵）。一旦這個角色被貼標籤了，這個人就很難掙脫，因為所有的指責或處罰都會陸續出現，讓這個標籤更根深柢固！

治療過程中會藉由外化的問題，進一步探索「特殊結局」（或是主流故事的例外），然後藉由鼓勵與支持來深化不同結局的故事（Flaskas, 2002, p.45）。外化是將「問題」與「人」分開（類似「不以人廢言」或「不以言廢人」），減少這種烙印或汙名，爭取改變的空間。像是「打老婆的人」是「容易在情緒衝動下犯錯的人」，「不聽話的孩子」是「有自己想法，不願意受到影響的人」；就犯錯者來說，也可以隔一段距離來看自己的問題，接下來更重要的是，詢問這個舉動或問題帶給自己或重要他人的影響為何？像是詢問家暴施暴者：「容易受到情緒影響這件事，對你的影響是什麼？」同時也要詢問其他出席會談的家人：「爸爸容易受情緒影響這件事對你們有什麼影響？」讓施暴者也聽到他的錯誤行為對家人的影響與感受如何？使用外化的最重要理由，是讓問題不與人連結在一起，也就是讓錯誤的事情或行動可以有機會做修正或彌補。鼓勵與支持「非主流」的故事，是藉由許多的證據來深化、形塑與堅固這個故事，而不是說說而已！因為這些證據需要來說服犯錯之人與其家人，讓這個新的身分（如「盡責的丈夫」）或較不被注意的身分可以被重新看見與認可。

敘事治療所問的問題（Nichols, 2010, p.366）

說明

解構問題（Deconstruction questions）	外化問題
開放空間問題（Openinf space questions）	發現特殊結局
較喜愛的問題（Preferred questions）	確定特殊結局是較喜愛的經驗
故事發展的問題（Story developemnt questions）	從較喜愛的特殊結局發展新的故事
意義的問題（Meaning questions）	挑戰負面自我、強調正向的能力
延伸到未來的問題（Questions to extend the story into the future）	支持改變、增強正向發展

 Tom Anderson的反思團隊
（整理自Becvar & Becvar, 2009, p.250-252）

反思團隊（多位治療師）觀察治療師與家庭成員的晤談。　　　反思團隊使用參與家庭使用的語言，而非專業術語，讓治療師與家庭成員都可以了解。

晤談之後，治療者訪問反思團隊成員的觀察與想法，同時家庭成員可透過單面鏡觀看與聆聽反思團隊對話的內容。

在反思團隊進行討論時，實際進行治療的治療師角色是從一位治療師到觀察／參與者的角色。　　　反思團隊一起討論所激發的想法，比沉默觀察時要更多。

反思團隊是從晤談時的事件敘述開始，反思必須是真正的反思（且使用暫時、假設的說法），而家庭成員有權利不同意反思團隊的想法。

基本上反思團隊會以正向的方式敘述，在討論時注視彼此，而非家庭成員。　　　進行治療的治療師可以反思自己的想法，也請家庭成員針對所聽的做回應。

 在教學時使用類似反思團隊的效果

觀察的學生可以站在不同家庭成員的角度來思考與感受。

彼此討論的氛圍可以激發更多的思考，甚至可以彼此辯論。

扮演家庭成員者對於家庭中其他成員的想法與感受，有更貼近的同理與了解。

單元 32　後現代家族治療
——敘事家族治療（三）

外化問題（續）

倘若要讓新的非主流故事（或身分）更堅固、具說服力，就需要有證人或證明來支持，要不然這個故事很容易因為太脆弱而崩壞。

當我們在面對問題時，許多時候只看見問題、不見其他的選項，也因為這樣的「隧道視覺」，因此我們常常在治療場域會聽到「充滿問題的故事」（problem-saturated stories），而將問題外化也可以減少罪惡感與責怪，外化就是解構故事的形式之一（White, 1991, cited in Gladding, 1998, p.262）。因此如果一個「叛逆」的女兒不是問題的話，媽媽當然也不會有「過度敏感」的問題了，母女兩人可以共同對抗叛逆及過度敏感的問題，而不是彼此爭鬥。敘事治療的目的是協助人們能夠將他們從充滿問題的故事及破壞性的假設中隔離開來，可以展開空間，容納新的、更具有建設性的自我。敘事治療可以將有缺陷的身分轉化為「比較喜歡」（preferred）的身分，不是讓人看到彼此的衝突，而是團結起來、打擊共同的敵人，這樣也可以催化出「特殊結局」（unique outcomes）或者是「閃亮的事件」（sparkling events）（Nichols, 2010, p.352-353）。

治療師的工作就像是經營政治企業一樣，讓人們能夠擺脫壓迫的文化假設、而且有能力變成自己生命更主動、積極的作者。破壞了沒有建設性的故事是為了要重建新的、更具生產力的故事，而解構就是質疑假設，解構也包含了創造新的、更樂觀的經驗。一旦一個問題被外化，且被重新定義，個人就可以開始去對抗問題。將問題視為外在的實體，敘事治療師就讓家人可以去挑戰問題對他們生活的影響。特殊結局是問題故事中所不能預測的經驗，也就是不受到問題影響的時刻，要將家庭成員對彼此的看法從「以偏概全」（totalizing views）的角度（只會引發反感與對立的情況）做改變（Nichols, 2010, p.354）。外化問題與文化的期待有關，主要是挑戰人們視為理所當然、支持問題的信念（Nichols, 2010, p.357），例如「不聽話的孩子就是不孝順」（這是文化上的假設與期待）。

在了解家庭成員的故事、蒐集相關資訊的同時，也正是解構的提問，讓家人從被動、挫敗的立場，轉化為主動、賦能的角色；一旦問題成為另外一個實體，治療師就開始繪製問題對家庭的影響（mapping the influence of the problem on the family），通常家庭成員會因而展現出自己的笨拙或不適任（Nichols, 2010, p.354），這也是一般在治療中會發生的情況。反過來，在繪製家庭成員對問題的影響（mapping the family members' influence on the problem）時，治療師要去探討家人對於問題所採取的措施與解決方式，也就是讓家庭成員轉變到「主動」的立場、對抗問題，同時也讓成員了解自己擁有的能力，對家庭來說不啻為一個正向、賦能的經驗。從「有問題」到「對抗問題」的轉變，也可以意會到問題不會單獨存在，而家庭成員也有贊成與反對的立場，同時也夾帶著文化的假設（Nichols, 2010, p.357）。

外化問題的功能
（White & Epson, 1990, cited in Gladding, 1998, p.260）

 將人與問題分開 ✓

讓人們對問題有較多掌控與能力感 ✓

 減少人際間的衝突（包括誰應該為問題負起責任）✓

 呈現可以對話的選項 ✓

減少人們為了解決問題無效而產生的挫敗感 ✓

 為彼此的合作鋪路（不需要為了問題而爭執或對立）✓

 為採取行動、恢復原有生活與關係而打開新的可能性 ✓

 敘事治療技術（Nichol, 2010, pp.356-363）

像是詢問厭食症者是怎麼認為女性在社會的價值是以外貌來評定的？
暴力的男人為何相信只有這樣才是展現男子氣概的？

重新建構破壞了的文化假設

找相關證人來支持新的故事（不管是找證人、形成支持團隊、
寫信或頒發證書，都是創造與維持改變的重要努力）。

增強、鞏固新的故事

針對解決問題的相關能力，
蒐羅充分的證據支持新的、較喜愛的故事。

重新著作

（reading between the lines pf the problem story）
家庭成員沒有問題時的情況，並請其詳細描述。

發現問題故事的「言外之意」

繪製對問題的影響。

誰是老闆？是問題還是人？

對問題的觀點、問題對自己及家人的影響，
繪製對問題的影響。

外化的對話

基本上是以問題方式呈現

 知識補充站

「內隱（implicit）關係」的知識是非語言、非象徵，無法言喻且無意識的，由動作、情感模式、
期望和認知模組所組成（Andolfi, 2016/2020, p.28）。

敘事家庭治療案例：一直洗手的小玉

　　張小姐帶小六的女兒小玉前來，她說小玉最近幾個月來一直洗手的行為讓她很憂心，小玉的學業表現一直很好，最近又連續擔任班代工作，也表示級任老師倚重甚深，但是曾幾何時，連她都發現小玉洗手的次數變多，而且時間很長，治療師請小玉讓她看看雙手的狀態，兩隻手都通紅，還有破皮的現象，媽媽帶去給皮膚科醫生治療，醫生建議她把小玉帶來給治療師看看，因此才約了這個時間。張小姐說，丈夫與她都是專業人士、工作很忙，治療師可不可以開立處方讓孩子可以趕快好？

　　治療師接著問小玉：「一天大概會洗幾次手？」小玉很擔心地看著媽媽說：「十次以上，有時候二十次。」

　　「洗手時間多長？」治療師再問。小玉小聲答：「有時候兩、三分鐘，有時候二十多分鐘。」

　　「所以妳自己也看了時間？」小玉點頭。

　　治療師轉向張小姐說：「媽媽也常洗手對不對？」張小姐點頭說：「對對，手髒的時候，還有吃飯前會洗手。」

　　「所以洗手是很正常的，許多人都會這麼做，有時候覺得手髒了，就會多洗幾次。」治療師說，媽媽點頭，然後治療師轉向小玉問道：「什麼時候會很想洗手？」小玉說：「下課、還有坐在車上要回到家的時候。」

　　「在車上的時候有什麼感覺？」治療師問。

　　「就是很緊張，想要趕快下車開門進到家裡。」

　　「那種感覺一定讓妳很不舒服！」治療師說道，小玉看著治療師、輕輕頷首。

　　「要急著去洗手前，有聽到什麼聲音嗎？」治療師猜測地問。

　　「有一個聲音叫我去洗手。」

　　「哦，那個聲音是怎麼說的？」治療師問，一邊的張小姐有點納悶。

　　「妳好髒！快去洗手！」小玉很快說道。

　　「是男生還是女生的聲音？」治療師問。

　　「男生！」小玉很肯定。

　　「我們可以給這個聲音一個名字嗎？」治療師問。

　　小玉很遲疑，治療師說：「任何一個名字或稱呼都可以。」

　　「髒？很髒？」小玉不確定。

　　「我們叫它『髒先生』怎麼樣？」治療師問。

　　小玉點頭。

「小玉，有沒有什麼時候『髒先生』特別煩，老是叫妳去洗手？」

小玉說：「就是下課，還有上數學課，還有我剛才說快要到家的時候。」

「好，有沒有哪些時候『髒先生』叫妳去洗手，妳不理它的？」治療師問。

「有！」小玉臉上有了笑容：「上體育課、英文課，還有音樂課的時候！」

「哇！那個時候它可是拿妳一點辦法都沒有啊！」治療師說，張小姐也笑了。

「媽媽有沒有其他的發現？就是看到小玉沒有被『髒先生』影響的時候？」治療師問張小姐。

張小姐看了一眼小玉：「她當然不是常常在洗手。我發現她在做功課，或者是閱讀的時候，還有跟弟弟玩的時候。」

「你們是怎麼對付『髒先生』的？」治療師問。

「我當然是叫她不要常洗手，有時候會阻止她去洗手，我先生有一次還拿溼紙巾給她擦，因為怕她手又破皮、細菌感染。」張小姐說。

治療師轉向小玉：「妳呢？妳怎麼做？」

小玉側頭想了一下說：「我會告訴自己不要去理那個聲音，有的時候會把音樂放很大聲，可是爸爸會叫我調小聲一點。」

「還有呢？」治療師問。

「有時候我會哭。」小玉覺得有點不好意思，治療師說：「正常，因為洗手手會痛嘛！」

「還有我看連續劇、還有玩拼圖的時候。」

「看樣子你們也想了很多方法對付『髒先生』了！」治療師深吸一口氣說：「接下來我要問你們一個問題。『髒先生』對你們有什麼影響？也就是它的存在讓你們的生活有什麼不一樣？」

「我們快被它煩死了！」張小姐首先發難：「它讓我女兒很痛苦，讓我們的生活都亂了套，我們夫妻很擔心孩子出什麼狀況，我我……。」張小姐有點失控、哭出來了。小玉也低下頭去。

接著小玉也提到自己受到「髒先生」的影響，像是跟朋友疏離了、有人用奇怪的眼光看她、她不喜歡自己等。接下來的幾次晤談裡，治療師開始詢問小玉與出席的父母親「沒有『髒先生』」的生活與未來是什麼模樣？小玉希望自己可以勇敢面對「髒先生」說「不」，甚至不理會「髒先生」，所以開始為新的小玉（勇敢的班代）蒐集勇敢的故事與證人，而治療師也花了一些時間提到我們傳統文化對於「乾淨整潔的女生」的要求與看法。

單元 33 後現代家族治療
——焦點解決家族治療（一）

焦點解決治療也是後現代取向之一，脈絡、文化及語言為重要的治療考量因素。焦點解決的治療師採取的立場是——不去了解問題的根源或歷史，而能夠讓事情變得更好，他們認為問題的語言與解決的語言是不一樣的，解決的語言正向、帶有希望，而且是未來導向的（Nichols, 2010, p.321）；焦點解決的治療師也不認為生活只有單一正確、有效的方式，當事人僅藉由忍受，也可以發現自己比想像中更有資源，因此治療師就可以問「因應的問題」（coping questions），像是「你是怎麼辦到的？」「你是如何讓自己可以撐住、不倒下的？」

Corey（2009, p.387）認為焦點解決的主要處置方式就是問問題的藝術。治療是治療師與當事人兩造之間的對話，治療師遵循著「解決架構」（solution frame）進行「解決的談話」（O'Connell, 2007）。焦點解決治療師所使用的問句，基本上是「焦點解決導向」的，也就是治療師會細心設計一些問句，協助當事人聚焦在他們已經在做、而且有效的，或是想像的解決方案，甚至是如何讓問題可以獲得解決。針對「解決」來做對話，自然不會受困於「問題」，拓展了當事人問題解決的資源與潛能，而將焦點解決運用在家族治療裡，治療師提供了家庭許多「骨架鑰匙」，讓處於困境的家庭找出許多問題解決的方式；藉由「解構」（deconstruct）去找出例外、破壞問題持續下去的模式，問題沒有「唯一正確」的解決方式，但是我們卻常常局限或受困在這一點上。

語言的使用在焦點解決治療中是非常重要的，不僅治療師採用讚許、鼓勵的字眼，聚焦在例外、因應問題等問句的使用，也充分突顯了語言使用的力量，治療師也採用隱喻、象徵、儀式與故事，以及重新架構等技巧。「重新描述」（re-description）主要是提供對於事件或問題的不同解讀與看法，甚至是讓當事人看到問題的正向動機或善意，也就是從另一個角度來看事情，可以拓展當事人的視野與觀點，而不自陷於「問題」的泥淖中。藉由「重新描述」的方式，讓當事人與「問題」之間有個適當距離，可以協助當事人從更客觀的角度斟酌行為或處境。

此外，策略性家庭作業也是治療師常用的一種方式。用策略性的家庭作業（包括「第一次諮商工作公式」）來維持諮商效果，同時也容易達成改變的目標。de Shazer（1988）曾提出針對不同的當事人，給予不一樣的家庭作業，對於「訪客」可以給予讚美，而對於「抱怨者」可以給一些觀察作業，至於「顧客」就可以建議「行動作業」（cited in Seligman, 2006, p.418）。

焦點解決的基本理念（Connie, 2009; de Shazer, Dolan, Korman, Trepper, McCollum, & Berg, 2007, pp.1-3）

如果沒壞，
就不必修理；

如果有效，
就做更多。

如果無效，就
採取不同行動。

小步驟可以
造成大改變。

解決之道
不需要與問題
有直接關聯。

沒有問題會一
直存在，總是
有例外的時候。

問題「解決」
語言的發展不
同於問題描述。

未來是可以
創造與妥協的。

有用的目標是：（de Shazer, 1991, cited in Gladding, 1998, p.258）

小的

對當事人
來說是顯
而易見的

可以在當事人
的生活脈絡中
達成的

當事人將其視為
與他們的「努力」
有關

以具體的
行為描述

讓它看起來與新
行為有關，而不
是問題的消失或
不存在

以「開始做某件
事」（而不是「完
成」某件事）做
描述

＋ 知識補充站

　　焦點解決將治療目標放在「問題解決」上，因此除了肯定人的能力、探討家人試過的解決方式，也協助家庭將沒有問題的時候連結在一起、看見自己的能力與韌性，有別於一般治療往往花了太多時間去探索問題根源及過去。

單元 33 後現代家族治療
——焦點解決家族治療（二）

策略性家庭作業運用在治療中，可將作業變成全家一起或是其中若干成員共同執行的活動，其目的就是要達到治療目標。許多人要看見的改變都與「行動」有關，但是要真正動起來做些什麼，彷彿很難，因此不妨藉由治療師與家庭成員商議的作業開始，進行一些實際的行動，家庭成員會發現其實改變不難，而在執行中可以體會或領悟到真正的意義，這才是最重要的！因此可以看出焦點解決治療是兼具了行動與認知層面的改變（Nichols, 2010, p.342）。

有時候當事人會被現況「卡住」，治療師可以建議做一些行為的改變，像是改變頻率或速率（如對強迫症患者建議一天洗手五次）、發生時間（像是早上哭改成下班之後哭）、長短（像是哭五分鐘變成三分鐘）、地點或程序（如本來回家是馬上打開電腦，改成去開冰箱找冷飲）等方式，可以用來解困。有時候家庭成員太躁進，希望改變可以快一些，但是這樣可能會造成許多阻抗，甚至改變不如預期的結果，那麼治療師可以使用「限制性介入」（restraining interventions），或是在當事人有所遲疑、不願意或是害怕時，治療師可以體會當事人這些曖昧不明的未決狀況，建議當事人「將步調放慢一點」，或是提醒當事人進步可能產生的一些危機（Duncan, Miller, & Sparks, 2003）。

焦點解決家庭治療是屬於短期治療，不探討家庭或問題的過往歷史，融合了MRI 及米蘭團隊（Milan Group）的思考，認為一個家庭遭遇問題只是暫時「卡住」，協助家庭將原本的能力恢復起來，不將家庭視為被動、受害的角色，因此也鼓勵創意與發想，創始者 de Shazer（Gladding, 1998, p.252）也喜歡以治療團隊方式、隔著單面鏡，在參與的家庭成員眼前進行討論，讓家庭也可以因為多元意見的進入而獲益，同時家庭成員也可以針對他們聽見的意見做回應。後現代的立場既然是多元的，當定義問題的方式不同時，也意味著有多元、不同的解決方式，因此定義問題意義的架構若被重新解釋，隨之而來的解決方式也是可以重新思考的；很重要的是，意義與感受是植基於語言裡（Gladding, 1998, p.253），我們從彼此的語言互動（交換）中創造意義，因此語言就成為改變的工具。

焦點解決運用的技巧許多來自「敘事治療」，如「評量問句」、「例外問題」、「奇蹟式問題」等，治療過程也可分為「建構解決對話、暫停休息、正向回饋與家庭作業」三個階段。焦點解決的家庭治療師是站在正向的觀點與態度來面對家庭。加入家庭、聽取家庭成員所關切的議題、詢問成員採用了什麼方式來解決問題、家庭在沒有問題影響的時候，接著就與家庭設立目標、商議一些家庭作業，下次的會談會討論家庭作業執行的情況、大家的進度或沒有變得更壞的理由。

重新描述示例（Connie, 2009, p.13）

問題描述		解決描述
✖ 不聽話的孩子	▶	⭕ 喜歡獨立思考的孩子。
✖ 關係不睦	▶	⭕ 是基於「相異點」而不是「共同點」為基礎，不是我們所期待的互動模式。
✖ 沮喪	▶	⭕ 感覺悲傷，偶爾會影響個人體會快樂的能力。
✖ 上癮行為	▶	⭕ 一直持續的行為習慣，此習慣對個人沒有幫助。

 焦點解決使用問題類型（Metcalf, 2009, p.29）

未來導向的問句（future-focused questions）		像是「如果你今晚睡著後，所擔心的問題都消失不見了，當你睜開眼醒來，第一個會發現什麼？」
尋找例外的問句（exception-finding questions）		像是「你生活中最快樂的那一段是？」
評量問題（assessment questions）		像是「從一到十，表示你的情況從最差到最好，你目前的情況是在哪個位置？」也可以讓當事人「具體」看見想要發生的下一步為何？讓改變更容易發生。
歸因問題（attribution questions）或是因應問題（coping questions）		像是「即使遭遇到這麼多挫折，你是怎麼撐到現在而沒有倒下去的？」
「關係問題」（relationship question）		像是「如果你兒子看到你沒酗酒的樣子，他會怎麼說？」讓當事人有不同角度的思考。

 焦點解決的治療步驟（O'Hanlon & Weiner-Davis, 1989, cited in Gladding, 1998, p.254）

加入 ▶ 問題描述 ▶ 找尋問題的例外 ▶ 描述問題 ▶ 正常化 ▶ 設定目標

單元 34 後現代家族治療
——女性主義家族治療（一）

女性主義治療主要是對家庭與治療的態度及思考，並無特定的理論或臨床取向。女性主義的家庭治療與六〇、七〇年代的婦女運動有關，先驅者如 Rachel Hare-Mustin 與 Peggy Papp 挑戰傳統對於家庭及其角色的定義（Kjos, 2002, p.158）。傳統治療場域以男性治療師居多，男性治療師較不易從女性觀點來看問題，甚至將社會文化的性別刻板印象帶入治療，對女性當事人來說不一定符合其利益。

在傳統家庭中，男性是養家者，因此也掌握更多發言與做決定的權利，女性則是主要照顧者與關係維繫者，儘管女性也在外工作，但其收入只是「補貼」性質，而工作也不被視為是自我實現的一環，即便女性在職場上可發揮自我與能力，但是在家裡其地位與權力還是遜於男性。因此就婚姻而言，通常男性是享受利益者，滿足其生理與情緒上的需求，婚姻對女性來說，則是提供安全與自尊（Kjos, 2002, p.159）。

女性主義家庭治療是從文化與政治的面向著手，認為沒有所謂「個人」的問題，所有的問題都是政治的（personal is political）。女性主義治療理論讓我們看見文化與社會的影響，特別是女性與弱勢族群的命運與福祉，幾乎都是在男性父權的掌控下，沒有自由與決定權。以家暴案例來說，男性將妻子視為自己的財產、擁有掌控權，可以隨意毆打或施虐，古代還可以販賣妻孥，就是典型的

例子，因此在女性主義的家庭治療中，性別議題（像是傳統家庭角色或是男／女性的角色與期待）都會在治療中加以討論與探討（Kjos, 2002, p.161）。

從女性主義治療的觀點來看，特權與責任是要分攤的，男女雙方的福祉仰賴於共享的關係與照顧他人的能力，不只是因為性別！治療師致力於共同的平權關係，而家庭角色則視彼此能力或優勢而定（Kjos, 2002, p.159）。早期的女性主義治療會強調從性別敏銳的角度來做治療，也就是注意到性別角色受到社會文化的影響，注意到傳統性別角色與家庭問題是有關聯的，也留意男性與女性之間的權力差異。

許多女性求助者碰到的也是男性治療師，當她在日常生活中受到刻板性別印象與期待的不公平對待，進入治療場域、面對的是男性，又如何能夠避免不受到複製父權的荼毒？女性主義治療將觸角延伸到家庭以外的社會與文化脈絡，且立誓要藉著改變制度與價值觀，讓受制的女性與男性都可以重獲自由與尊嚴。女性主義治療師協助當事人了解性別期待是如何扭曲了我們定義自己及與他人的關係（如男性被期待追求成就，女性則需要提供滋養與支持、甚至犧牲自己的發展），也協助女性重新思考與自己身體的關係、讓女性在治療中採取主動（賦能）（Nichols, 2010, pp.278-280）、而非傳統社會化下的被動角色。

影響女性主義家族治療的因素（Kjos, 2002, p.159）

婦女運動
讓性別差異發聲，也將女性議題拿到檯面上討論。

更多女性當家的家庭以及同性家庭的出現，對於家庭組成有新的思考注入。

女性擔任家庭治療師、諮商師等助人專業增加許多。

對於女性身體與性暴力有更多覺察。

 女性主義與其他學派的差異（引自邱珍琬，2006, pp.61-85）

精神分析	反對生理決定論，這是基本的不公平；內化的性別關係成為壓迫與不公平的根源；要求女性去「適應」社會是不公平的。
自我心理學派	不同意女性的性別功能「訓練不足」；自卑情結也可能是人為的產物。
人本學派	人的潛能與成長導向未考慮社會文化因素；需求層次論不一定按照既定的階段（如家暴受害者會捨生存而保護子女）。
認知行為學派	人的許多困擾也來自外在環境的壓力，不一定是個人信念使然；肯定訓練未考慮行為周遭之影響因素；認知三角將責任歸給個人也不公平。
家庭治療	系統的形成要考慮性別因素；角色互補的說法貶低女性的重要性。
存在主義	女性之焦慮不只是生命有限而已，還有生命現實；存在主義將焦點放在個人身上，未顧及物理與文化環境的障礙；受苦有其意義，但是否有性別差異？
完形學派	語言的使用與人格關係，忽略環境的制約；不是專注於個人之改變，文化或制度之改革也要顧及。

✚ 知識補充站

　　以往的發展成熟理論是以男性的觀點出發（分離與個別化），女性的重視關係與連結是不受重視的，女性主義改變了這一點。女性重視連結與關係，女性之間的連結與互助是一大優勢，而其支持系統通常較男性為優，然而若男性刻意限制女性的交遊或人際網絡，也可能造成女性在需要支援時沒有可仰賴的管道。

單元 34 後現代家族治療 ——女性主義家族治療（二）

女性主義治療師會與當事人家庭建立一個平等和無位階的關係，目的是與家庭建立合作的關係、一起分享領導權，並協議治療契約內容，避免標籤或讓家庭／成員病態化，也會去了解家庭成員對問題的看法，同時注意到家庭中的權力平衡的問題，意識到每位家庭成員的特殊貢獻，也了解外在壓力和權力因素如何影響這個家庭。女性主義家庭治療師也會注意到家庭裡的角色與結構的部分，以及角色的性別歧視在心理問題的診斷上，扮演了一個很重要因素（Kjos, 2002, pp.161-163）。治療師讓家人都可積極介入治療過程，並兼顧聯繫與增進個人權力；治療師協助男性增加親密的能力，更涉入子女教養工作、表達情緒、平衡成就及關係，接受自己的脆弱，在工作上及與重要他人的關係上都能夠合作（Nichols, 2010, pp.280-281）。Hare-Mustin（1978）指出，女性主義家庭治療要注意訂立契約、家庭工作的轉移、溝通、代間的界限、對偏差的重新標籤、做為模範、自我感（ownship）及隱私權，以及與家庭不同成員建立同盟的治療關係（cited in Kjos, 2002, pp.160-161）。

女性主義治療師除了使用一些共通的基本治療技巧之外，還注意到性別以及與性別相關的價值在家庭系統、社會中的運作情況。Walters, Carter, Papp, 及 Silverstein（1988, cited in Kjos, 2002, p.163-164）建議在進行女性主義家庭治療時的幾個原則：認出性別相關的訊息以及社會的建構制約了行為與性別角色；意識到女性接觸社會與經濟資源的限制；覺察到性別歧視的想法會限制女性過生活的選擇；注意到女性一直被社會化為要承擔家庭關係的主要責任；意識到生育及養育子女在我們的社會中可能有的兩難情境與衝突；注意到女性在家庭中的角色衝突，以及透過與男性的關係來獲取權力的模式；肯定女性的行為特質與價值（如連結、滋養及情緒的能力）；意識且支持女性在婚姻與家庭之外的其他可能性；了解到任何介入都會牽扯到性別，而每一種介入對不同性別具有特殊意義。

女性主義家庭治療師所採用的技術，包括：發展與維持治療關係、評估與定義問題及催化改變。治療師要有一些基本的女性主義概念，了解性別角色社會化對不同性別的影響，同時要傾聽每位家庭成員的想法、照顧到在場每一個人，同時注意不要責怪任何人，示範與訂立溝通原則、讓每位成員都可以被聽見；在評估與定義問題時，要注意到權力位階的差異，對不同性別的期待與行為要求、以及社會與文化對問題的影響；在催化改變時，須留意想法與感受的平衡，協助家庭成員表達想法與感受，也注意到性別不均、性別刻板印象，以及每位家庭成員的優勢，還要減少家庭位階的差異（Wheller et al., 1978, 1985, cited in Kjos, 2002, pp.164-167）。

女性主義家庭治療師的考量
（Braverman, 1987, cited in Kjos, 2002, p.161）

價值觀

了解父權系統在男性與女性身上的影響，也了解社會、政治與家庭脈絡對於女性問題的重要影響。

了解傳統心理發展以男性為成熟楷模的限制。

熟悉女性問題解決的過程——主要聚焦在連結與關係，而非邏輯、抽象與理性。

了解「個人的就是政治的」，也就是說，不管是母職、子女教養以及婚姻，並不只是生命週期的事件而已，許多的制度對女性而言，都還帶著特別的社會文化之傳承與期待。

對於女性不同生命週期的生物方面之影響要有敏銳度，包括月經、青春期、懷孕、生育、停經等，其在女性身上的徵狀、所代表的意義以及對人際關係的影響。

了解女性的性與性反應，減少一些困惑和錯誤的想法。

重視女性與他人的關係，是很特殊的支持來源，她們跟男性之間的關係是不同的。

 女性主義家族治療特色（Nichols, 2010, pp.278-281）

拓展分析內容到社會與文化脈絡。

承諾改變箝制不同性別的機構與價值觀。

協助人們了解性別角色、位階與自我定義有關。

企圖鬆動堅固的性別期待與刻板印象。

協助當事人了解自己遭遇的困難及賦能，並採取改變行動。

重新定義「力量」是有能力表現與產出，並有自由與資源來完成。

+ 知識補充站

　　女性主義治療師減少家庭位階差異的做法，包括：質疑性別位階的差異、肯定女性在家庭工作的價值，以及維持性別區分的任何規則或模式（Wheller et al., 1978, 1985, cited in Kjos, 2002, p.167）。女性主義治療師也特別關注於社會階層中，底層那些貧窮、勞工階級的女性，用更具體的行動倡議社會與政策之改革。

單元 35　家族治療的貢獻與評價

Minuchin 提到結構問題若是植基於社會與心理衛生機構，就可能讓問題更形嚴重（Mitrani & Perez, 2003），可見其不是將家庭問題限制在家庭結構裡。家庭治療拓展了傳統治療強調的個人內在動力，將個人所置身的家庭納入考量，而最近的發展更是將許多的文化脈絡（所謂的「後設架構」，metaframework），包括個人內在、家庭系統、目的論、互動模式追蹤、組織、發展、多元文化、性別與過程等都列入考量（Corey, 2009, p.412-427），讓家族治療的廣度與深度更豐富。許多的家庭治療是從單純的個人諮商，拓展到在家庭治療上的運用，像是認知家庭諮商、阿德勒家庭諮商、後現代家庭治療等，只是聚焦的重點或有不同，而精神分析、象徵體驗以及人本過程確認模式的共同焦點就在情緒；情緒的表達、真實情緒以及治療師與當事人之間的情感連結，是這三個模式裡最重要的元素。家庭的系統模式聚焦在過程以及覺察上，Nathan Ackerman 的家庭治療結合了精神分析，他將家庭本身視為一個活生生的系統（a living system, Ackerman, 1958, cited in Rambo et al., 2013b, p.43）。

家族治療所使用的技術包羅萬象，也因為百家爭鳴的結果，總是有新的創意與技術出現，而現代的治療師已經朝向整合的取向，也使用了許多整合的技術（Goldenberg & Goldenberg, 1998, p.75）。

固然家族治療看到個人以外更廣大的脈絡及其影響，但是因為時代的變遷與科技的日新月異，傳統核心與大家庭結構都受到挑戰，家庭結構已經不像 Haley 所堅持的核心家庭模式，家庭成員的構成也有了許多變化，包括同志家庭、單人家庭或老年家庭等，因此其運用也需要進一步的臨床與實徵研究來了解。我國傳統重視家庭與家族，但卻也是箝制個人發展最重要的力量，國內治療師要將「徵狀」的功能解釋為「家庭出現狀況」都還有許多難度，更何況將「個人」問題視為「家庭」突顯的危機！若要將西方之家庭治療原封不動搬到我們的社會文化中，需要有許多的修正與配合在地文化及習俗，還要顧及西方文化中沒有的「倫理」位階與關係，加上我們是集體文化的社會（重視和諧、個人榮辱與家族相關），更增添了治療的複雜度。在臨床工作中，常常碰到所謂的 IP，尤其是年紀愈小的孩童，愈容易淪為家庭問題的受害者（或代罪羔羊），諮商師想要集結家人參與治療，遭遇的抗拒很大，這也是我們未來需要突破的瓶頸。

小博士 解說

家庭迷思是解釋現象的基模（scheme），同時有真實與幻想的成分，來自原生家庭或目前的家庭。迷思產生是將一系列事實與行為轉譯為大家都能接受的敘事，而大家在敘事中可以找到解讀自己經驗與生命意義的鑰匙（Andolfi, 2016/2020, p.39）。

家族治療師需要了解（Minuchin et al., 2014, p.65）

家庭是複雜的社會系統，包含不同的次系統，彼此之間有不同的動機與議程。

我們在不同的社會脈絡下，會以不同的方式運作。

因為這些現實，每個人都有不同的自我。

在不同的脈絡與發展階段下，與不同的人會有不同的依附情況。

家庭成員感受到彼此之間的責任與承諾，即便是有困擾的家庭也是如此，治療師應該要啟動他們的能力來互相保護與療癒。

我們也學習到治療師總是與部分的系統連結，而治療通常只是部分的。

 Minuchin對家族治療師的提醒（整理自Minuchin et al., 2014）

做治療沒有一個正確的方式。

要記得的是，你總要去探索他們彼此互相影響的方式。

將「問題」視為關係情境。

家庭創造了一系列的確信（certainties），而我們在成長過程中都是帶著這些確信的。

關係網絡是與家庭一起工作時的核心，用來探索更好生活的方式。

治療師不僅傾聽家庭成員所說的，同時也觀察治療室裡所發生的任何事。

治療師需要去平衡批判與同理、尊重的聲音。

治療師的立場是「不確定的專家」，其功能是帶著好奇與娛樂心情去觀察生命的荒謬。

治療師不是一個修理匠，而是一個脈絡安排者（arranger of the context），讓家庭成員彼此改變。

＋ 知識補充站

　　所謂的「三角化」（triangling）是最小的穩定關係，在家庭中易受影響的第三者（通常是孩子），在成對（如父母）的關係中選邊站，或者汲取了這個成對關係的焦慮，企圖緩解關係中的焦慮（Guerin, Forgarty, Fay & Kautto, 1996, cited in Andolfi, 2016/2020, p.44）。

Part 4

家庭治療專業倫理

單元 36 家庭治療專業倫理（一）

家族治療基本上認為，一個被認定病人（IP）的問題可能只是家庭功能系統出現的一個徵狀而已，而非個人的不適應或者心理發展上的障礙；個人的徵狀也反映出了家庭成員的痛苦，因此從此徵狀開始，可以藉此分析家庭成員關係所受到的影響，而家庭成員的行為又如何影響 IP。Bitter（2009, cited in Corey, Corey, & Callanan, 2011, p.440）提到家庭系統的觀點呈現了範典的重大轉移，拓展了個人問題、問題形成與定義的脈絡，也就是從西方文化重視個體化、自主性及獨立，轉換到傳統上較屬於東方文化的集體化、互賴、家庭根源與連結、關係的權力位階及多世代的觀點。這裡就牽涉到所謂的文化價值觀的問題。

一、服務誰？

當治療師面對的是一個以上的家庭成員時，那麼誰的利益該被考量？而如何平衡家庭內各個成員的權利以及福祉？當事人若多於一人，就如同團體治療一樣，保密的重要性與限制也需要考量，若治療裡的任何資訊要揭露，也都必須得到全部參與者之同意，而當其中一位成員可能會受傷或傷害他人時，保密的原則就需要打破。治療師也不應為了其中一位成員的福祉而犧牲另一位成員的權益（如外遇的先生想要同時維持婚姻與外遇關係）。

二、治療師的資格與能力

若要擔任合格的家庭治療師，不能只接受基本的諮商師訓練而已，還需要接受家庭治療相關系統培訓課程，以及在接受督導的情況下進行臨床實務，並取得認證與執行家庭治療業務的執照。執照的更新有期限，家庭治療師需要接受規定的最低繼續教育時數才能更新執照，同時與同儕互動討論、並持續接受督導，方能確保治療師的服務品質與有效性。

治療師需要有實務經驗才可讓自己更有效能、與時俱進，也不放棄研究，將理論做修正與補強，做研究也是治療師的社會責任之一——因為可以用實證結果、倡議政策及社會的改變。許多臨床家庭治療師同時也是研究者，不管是在做個案報告或研究時，必須要確保參與者之匿名性，並遵守相關規定（如知後同意）。此外，每位家庭治療師須維護與提升專業形象與聲譽，也肩負倡議與改變能動者的社會責任，才是真正提供專業服務。

小博士解說

儘管有學者提及助人專業倫理保護執業者多於大眾，但是為了維護專業的社會聲譽與地位，同時保障使用服務民眾之安全，專業倫理絕對不可或缺，只是還需要更具體的約束與行動。

證照的重要性（Corey et al., 1998, Fretz & Mills, 1980, cited in Goldenberg & Goldenberg, 1998, pp.400-401）

建立最低標準的服務與專業可信度來保護社會大眾。

以符合執業標準來增進執業者的能力。

在心理衛生相關服務上，保護社會大眾免於被忽視或天真的想法，協助潛在消費者更能明智地選擇執業人員。

讓民眾可以負擔心理衛生服務（可獲部分保險補助）。

執業者願意增進與維持最高表現標準來提升專業服務。

允許助人專業更清楚自我定義與提供之活動，同時更有獨立性。

 美國家庭治療協會（American Association of Marriage & Family Therapy, AAMFT）倫理的規定項目

對當事人的責任

專業能力與操守

對研究參與者的責任

保密

對學生、受僱者與受督者的責任

財務管理

專業的責任

廣告

＋ 知識補充站

在美國，不同屬性的治療師（依服務族群——如兒童、青少年或學校、專長——如婚姻或遊戲治療、特殊取向——如認知或後現代）各有其需要獲得的證照，一般除了全國性的基本證照外，還需要取得在該州執業的證照。

單元 36 家庭治療專業倫理（二）

三、治療師與原生家庭的議題

許多治療師訓練者相信實務工作者之心理健康（特別是與原生家庭的關係），對於其專業訓練有重要提醒。我們一般在諮商師培育過程中會提醒準諮商師「自我知識」（self knowledge）的重要性，也就是自我了解與相關議題，當然也包含從原生家庭帶來的殘留（未竟事務）或影響。一般諮商師面對的是跟諮商師一樣的人，許多的生命經驗與相關議題都可能會遭遇到，倘若諮商師本身對於自己的議題未做處理、甚至有許多的未竟事務，自然在治療過程中會衝撞或被碰觸到，可能就有反移情等情況發生，影響諮商關係、治療效果，甚至是當事人權益；而家庭治療師所工作的對象是家庭及其成員，更容易在治療過程中發生移情或反移情的情況，倘若治療師本身不察，可能就在無意中傷害了當事人，因此治療師的持續進修與接受督導非常重要，有經驗的督導也較容易看見實務工作者的自我議題。

四、價值觀與相關議題

家庭治療師不免會碰到許多與家庭相關價值觀問題，包括性別角色與關係、同異性戀、多元家庭、婚外情、子女養育與教育等議題，而這些也都可能影響治療師對於當事人家庭成員的態度、對待與處理方式，因此非常重要。治療師當然不能將自己相信的價值觀或信念強加在當事人身上，但是會不會隱微地或刻意地傳達了這些訊息或想法？諮商師本身需要很敏銳的覺察，並有適當行動修正。例如有治療師認為女性是照顧者，應該負責子女或全家的照顧之責，家庭應該要結構完整、不贊成離異，婚姻應該是一男一女的結合，或者不贊成同志婚姻，甚至認為家庭裡應是男主外、女主內，或男強女弱，這些也都影響著其在看待家庭議題時的不同假設與後續之處理。有些治療師認為價值觀不會影響治療進行，這樣的假設通常是錯誤的，曾有治療師是虔誠教徒，也堅信婚姻中男性權位大於女性，當她面對一位可能遭受家暴的當事人家庭時，竟然與丈夫站在同一陣線，其理由是「女人應該聽從丈夫，才能維持婚姻與家庭之和諧」，這不僅違反專業倫理，也傷害了當事人權益。

「治療師的價值系統對於治療師如何看待家庭的問題形成與定義、治療目標與計畫，以及治療方向，有著決定性的影響。」（Corey et al., 2011, pp.449）因此家庭治療師的養成教育裡，首先就是檢視自己與原生家庭的關係，因為我們從原生家庭裡接受第一步的社會文化與價值觀，有時會將這些觀念視為理所當然，而沒有經過進一步的檢視，就會將其帶入治療現場，可能妨礙了治療關係或效能。價值觀的展現非常隱微，若無刻意及敏銳的覺察，可能造成傷害仍不自知！治療師的首要專業原則是「不傷害」，切記切記！

較常見的執業不當（Goldenberg & Goldenberg, 1998, p.406）

❌ 在正式治療開始前未取得知後同意（包括沒有討論可能的危險、利益或其他可用的程序）

❌ 誤診（如當事人企圖自殺卻未注意）

❌ 忽視或做了不適當處置

❌ 執行自己能力範圍之外的業務

❌ 未能諮詢其他執業者或做適當轉介

❌ 與當事人有身體或性關係

❌ 未能防範當事人自傷或傷人

❌ 背棄當事人

❌ 未能適當地督導學生或助理

造成執業不當訴訟成立的因素
（Goldenberg&Goldenberg, 1998, p.407）

違反明確照顧標準，執業者表現低於標準。

有專業關係存在，治療師有法定義務要照顧當事人。

原告受到生理或心理上的傷害。

專業人員違反職責，直接造成原告的傷害。

＋ 知識補充站

預防不當執業或面臨被訴訟的方式：保持正確與完整的處置計畫與記錄、遵循知後同意程序、盡量保護當事人紀錄、有疑問時諮詢同儕、在個人能力與受訓範圍內執行業務、承擔專業責任且不放棄困難或挫折的當事人、做適當轉介，以及若自己休假或未執業時，有人可以處理危機情況（Goldenberg & Goldenberg, 1998, p.407）。

單元 36 家庭治療專業倫理（三）

五、文化與性別的敏銳度

許多價值觀源於文化及傳統，即便老一代可能對於若干傳統不持贊成立場，然而儘管世代交替，許多傳統觀念依然持久不墜。治療師接觸一個家庭，自然會碰到當事人（如閩南、外省、客家、原民、新住民）的不同文化傳承與重視的價值觀，當然還有對於性別角色與位階（如性別刻板印象、同異性戀傾向、以夫為貴或家長說了算）的議題，因為家庭是個人社會化的第一站，文化與性別的影響力，也會彰顯或潛隱在家庭中，因此治療師本身的、還有當事人的文化與性別觀點，就會在治療室中交會或展開。治療師最希望與當事人維持平權、友善與有效的關係，公平對待每一位參與治療的成員、同時讓彼此可以開放坦誠溝通，一起為家庭更好的現在及未來努力。一位自稱女性主義的治療師在面對一對異性戀伴侶，其中女性想要離異、男性希望維持婚姻時，這麼對妻子說道：「離婚了孩子怎麼辦？」這一句話裡展現了治療師性別社會化的淵源與偏見，裡面蘊含的意思是：母親是照顧者，女人留在婚姻裡對誰都好。

六、保密議題

家庭治療需要全家參與嗎？還是其中幾位就可以？若治療中需要做個別晤談，治療師需要為個人保守祕密嗎？治療師面對的是家庭所有成員，不要有差別對待之外，最好在治療開始前先提到保密議題與限制，同時提醒成員所有一切都需要讓參與成員知曉、不可隱瞞，倘若有些資訊可能會破壞治療或效果，治療師自己要斟酌。但是保密或相關議題是否能夠如此簡單處理？也考驗著治療師的智慧與經驗。

七、知後同意

知後同意包括治療目標、過程、可能冒險或益處、負面結果、付費、當事人責任與權利、終止治療、保密議題、對治療師的期待等。第一次晤談最好全家出席，但是否全程參與治療或是後來再加入，或是願意揭露多少，也都需要讓參與者了解，口頭或書面都可以，最好有書面證明。在第一次與家庭成員見面時，最好讓家庭成員有機會就契約內容、相關問題做提問與說明，甚至要教育當事人在治療中可以做些什麼（如專注傾聽、不打斷）、如何從治療中獲益。

八、診斷

對當事人做診斷是否會有標籤／汙名的問題？甚至被用來訴訟或做為家庭內權力爭鬥的問題？診斷基本上是讓資源進來、協助當事人，但若在家庭治療的場域裡，診斷是否能達其目的？

小博士解說

美國的專業助人者從實習開始就需要保意外險，為的就是萬一執業失當或違法需要賠償時，可以給付給因執業不當而受害之當事人。

家庭治療師的特色
（Bitter, 2009, cited in Corey et al., 2011, pp.445-446）

 在（presence）　　接納　　有興趣　　關懷

肯定與自信　　勇氣、願意冒險　　對改變開放　　有工作模式

注意到家庭的目標　　欣賞多元的影響力　　對他人的福祉有興趣

願意涉入、參與，並與家庭工作時感到滿意　　會注意到家庭及成員的靈性需求

 治療師容易陷入的性別偏見
（Margolin, 1982, cited in Corey et al.,2011, p.454）

 認為女性留在婚姻裡是最好的。

對於男性與女性的婚外情態度大不同。

 讓伴侶相信養育孩子的責任基本上是母親的。

較重視丈夫的需求、而非妻子的。

相對於女性生涯，治療師對男性生涯較感興趣。

 家庭治療師訓練方式
（Goldenberg & Goldenber, 2004, cited in Corey et al.,2011, p.447）

對話的課程　　直接與家庭工作的臨床經驗　　固定督導（特別是單面鏡後的現場督導）　　時事與現況的家庭議題

153

Part 5

如何進行家族治療

單元 **37** 如何進行家族治療

治療應以行動為導向（Minuchin et al., 1996/2003, p.32），一般的家庭治療師會採取介入的方式加入家庭。Minuchin 認為，家人之間的互動具有破壞跟療癒的雙重可能性，因此都是治療實務工作的重心。治療師參與一個家庭就開始了改變的歷程，其工作是催化家庭的改變、將家庭戲劇帶入治療室，並製造一種情境、鼓勵家庭成員直接互動。治療師同時是參與者與觀察者；Minuchi 會觀察參與治療的家庭成員坐哪些位置、彼此相對的位置如何，這樣可以看到家人彼此親近和疏遠的改變，同時也會注意參與成員的姿勢與動作。治療師依據家庭表現出來的互動模式，發展出經驗上的知識，同時也開始意識到某些潛伏的可行變通方法（Minuchin et al., 1996/2003, p.15）。治療師的功能在於協助家庭成員看得更清楚自己在做些什麼？協助他們對於目前行為的有效程度做誠實評估，同時鼓勵他們做必要的改變（Corey et al., 2011, p.449）。

家族治療師很重要的一個做法就是「加入（join in）家庭」，通常是從跟不同參與的成員打招呼、做自我介紹、家庭治療的過程與做法述說開始，接著就主訴者（往往是打電話約治療時間的那個人）所提的議題做了解，並清楚每位參與者對於問題的認識與感受。Rober（2017, p.10）建議第一次與家庭見面的 6 個步驟：與那個家庭非正式的寒暄、介紹自己、每位家庭成員介紹他們自己、討論參與治療的猶豫不決、討論為什麼家庭治療對家庭會有用的擔心跟理由、結束晤談。Rober（2017, p.40）認為，家庭治療就是對話，可以從關係與互動中產生出意義。治療師的功能也在於催化參與家庭治療成員彼此間開放及真誠對話，聯繫或修補彼此的感情，進而了解對方。家庭治療師不僅要聽故事，還要能夠深化故事，藉此拓展家庭成員的眼界與觀點（Rober, 2017, pp.45-46），因此家庭治療的目標不是解決問題而已，而是注入希望與信心，讓家人在沒有專家的協助下，也可以一起走過困境（Rober, 2017, p.50）。

治療師通常是接到第一通詢問電話時，就可以先了解一下相關的主訴問題和蒐集相關資訊，接著會形成初步假設。假設可以協助治療師縮小重點，一旦建立某些假設之後，就可以思考還要蒐集哪些資料來驗證這些假設，治療師也應該保持好奇心及不批判的態度，或是諮詢同僚（Patterson, Williams, Edwards, Chamow, & Grauf-Grounds, 2009/2012, pp.26-27）。

小博士解說

第一次會談最重要的任務就是治療師加入（joining）個案與家庭，加入是一個過程（Patterson et al., 2009/2012, p.31），不是一次性的。

 家庭治療過程（Gladding, 1998, pp.98-110）

晤談前的計畫與準備
知道誰打的電話？因為通常打電話的人是對於改變最有興趣、而且最願意在治療中開放的。相關的重要訊息，如姓名、地址、電話、簡單敘述問題，其他資訊包括轉介來源、之前治療的歷史，以及比較喜歡的付費方式。
在評估初次晤談資訊時，治療師可能會做一些假設（特別是治療師是問題取向時），另外可以考慮家庭的生活週期，甚至形成一個初步的診斷。

初期晤談
加入家庭——建立關係、詢問有關家庭成員對家庭的觀感、觀察家庭的互動模式、評估需要做什麼、注入改變的希望以及克服抗拒、約定下次見面的時間及給予家庭作業、立即記錄對這個家庭晤談的印象。

晤談中期
將邊緣的家庭成員納入，讓家庭成員可以連結在一起，建立契約以及增進彼此之間的關係，尋找家庭改變的證據。

結束
重新導向、摘要、討論長期目標與追蹤。

 徵狀的意義（整理自Minuchin et al., 2014, pp.11-18）

行為有其脈絡，個人呈現的徵狀亦同。　　個人呈現的徵狀與家庭關係有關。

治療師會探索維持徵狀之下的關係原則。　　徵狀代表著家庭「脈絡問題的表達」。

治療師要了解問題或徵狀如何呈現。　　家庭成員扮演著維持徵狀的積極參與者。

將治療焦點從帶有徵狀者轉移至家人的互動。

＋ 知識補充站
　　尊重當事人經驗（Norcross, 2010, cited in Rober, 2017, p.72），並請其給予治療關係的回饋是很重要的，而經常性地使用當事人回饋，可以對治療過程產生正面影響，同時也引導治療往新的方向（Rober, 2017, pp.72-79）。

單元 **38** 進行家族治療的階段與任務

Minuchin 相信家庭會改變，但是改變的過程通常需要涉及某種程度的危機（Minuchin & Nichols, 1993, p.47）。Nichols（2010）將治療分成早期、中期與結束三階段。在治療早期，主要目的在於修正初期假設——有關問題的持續與解決（Nichols, 2010, p.62）。治療師需要學習加入家庭、取得信任，證明治療師是有用的（Minuchin & Nichols, 1993, p.29）。治療師的聆聽很重要，注意每位成員所說的內容與感受，與每位參與成員建立同盟。每一位治療師都希望能夠造成改變，但是改變不容易，得要先了解每一位成員在呈現問題中的角色、態度與受到的影響，在成員覺得自己被接納、聽見之後，才容易敞開心房、接受與參與治療。倘若其中一位成員被視為「病人」或「問題人物」，治療師就要將焦點做適當轉移，看看家中成員在問題中的角色與涉入情況如何。像是孩子逃學，父親可能認為是母親太寵溺孩子、處處呵護，母親則可能怪罪父親對孩子太嚴厲、沒有關愛，此時治療師不妨詢問類似問題，如：「通常碰到孩子逃學，你們是怎麼處理的？」「孩子逃學對你們有哪些影響？」

早期階段除了認定讓家庭來做治療的主要衝突或問題之外，發展對於問題持續的假設，並做適當修正，聚焦在主要問題與人際互動上，分派家庭作業讓成員可以看到讓他們暫時卡住的建構與動力，促成改變，同時評估、驗證假設與處置的有效性（Nichols, 2010, pp.63-64）。

治療中期，治療師的角色就不那麼積極或具主導性，而是鼓勵家庭成員有更多互動，同時以冷靜、好奇、同理與尊重的態度進行。治療師尊重每位成員的能力，包括改變的能力。此時期的治療師會企圖減緩家庭成員的焦慮，特別是在家人互動過程中，因為焦慮具有破壞性。換言之，治療師在治療中期除善加運用有效的挑戰、卸除家庭成員的抗拒、同理他們的防衛之外，避免指導性太多，讓他們以自己的方式互動，也讓每位成員都可以挑起自己的責任、增進對彼此的了解，確定互動可讓呈現問題有正面影響，即便與家庭中若干成員會談時，也不失系統觀點，將主動角色回歸給家庭中適當的人（Nichols, 2010, pp.64-65）。

何時應該結束治療？通常是家庭成員會聊一些八卦或無關緊要的事時（Nichols, 2010, p.65）。結束時要特別關注到家庭成員在做些什麼？同時回顧與檢視他們完成的事項或目標，以及這段期間學習到如何做建設性的互動。可以讓成員去思索可能未來會遭遇的挑戰為何？可以怎麼做？這都是預防復發的準備。接下來可以在相隔一段時間之後做追蹤評估，不管是電話訪問、問卷調查或是約時間會談，都可以得知成員目前的情況、治療的效果，也讓治療師做「結束」的動作（Nichols, 2010, pp.65-66）。

家庭治療不同階段任務（Taibbi, 1996, pp.49-84）

早期階段

在第一次晤談之前

最好能夠知道是誰打的電話、問題為何以及問題發展歷史。

第一次晤談

★開場白——寒暄、聊聊一些小話題，評估成員的焦慮程度、建立合作關係。
★告訴我你為什麼在這裡——了解每一位成員對於治療的期待或釐清一些疑問。
★探索——建立假設。
★創造經驗——讓家庭成員能夠有一個相當不一樣的經驗。
★回到問題——給予家庭成員一個新的理論來替代舊的，讓他們知道問題使其能力無法有效發揮。
★設立目標——描述你的治療計畫。
★協議家庭作業。
★結束。

第二次晤談

★先看看上次的談話有沒有遺漏的？
★倘若上次有人未出席，此次則希望能夠將家庭成員全部聚集在一起。治療師若有必要決定與家庭成員分開談話，不要讓有人被遺忘的感受。
★詢問有關家庭作業進行的情況以及困難。
★詢問家庭成員對於上一次晤談的感受和想法。
★協助家庭能更了解治療、呈現的問題以及整個處置與家庭成員彼此都有關係。
★要以清楚的溝通來支持自己的行動。

第三次晤談

★許多家庭可能談過兩次就不再出現。
★有些家庭是在遭遇危機時前來，危機解除就不再繼續治療。
★家庭若有危機，早已耗盡心力，也無力去追索底下可能的真正議題。
★若懷疑家庭有危機，治療師可以做有關危機反應以及問題可能復發的教育，提供他們未來再回來檢視的機會，或者是可以很簡短地提醒他們，治療師看到底下的議題以及浮現行為之間的關聯。
★若家庭進行第三次晤談，表示治療師的評估完整或接近完成，合作的氛圍高，而家庭成員感覺跟你在一起很自在，他們的期待也很清楚，整個治療過程就可能朝向中期階段進行。

中期階段

★修通是目標
★遇到卡住的情況，或是有時候家庭在有進展之後，又回到原先的情況
★可以增強家庭成員的技巧與觀念（如藉由介紹一些體驗性的作業）

結束

★回顧
★成員分享看見家庭或自己的轉變
★預防復發　★結束治療

單元 39 第一次晤談（一）

　　若在第一次與家庭見面的過程中發現一些特殊的現象，也可以加以留意或指出。像是 Rober（2017）與一位單親母親及一對子女，面對丈夫在一年前自殺的情況，6 歲的兒子在進入治療室的時候手上拿著恐龍玩具、也拒絕與治療師握手寒暄，此時治療師說：「好恐怖的恐龍啊，是要保護你自己還有你的家人嗎？」這就是諮商師的觀察與假設。

　　所謂的「加入」就是成為家庭系統裡的一部分，使用這個家庭成員的語言，調整自己的步調來適應這個家庭、並對他們做反應（Minuchin & Nichols, 1993, pp.41-42），也就是成為一位主動的參與者。第一次晤談的目標在於建立與家庭成員的同盟關係，同時發展出對於問題為何持續的一些假設，很重要的是要注意到家庭成員針對問題已經做過或者正在進行的一些行動，以及讓他們能夠持續往前的原因為何？通常治療師會很簡單地簡述當初接到電話約治療時所敘述的議題，然後可以要求打電話的那個人來做更細緻地描述。在晤談進行前要先說明原則，像是家庭成員能夠一次一個人說話、其他人不要打斷，但往往有時候家庭成員可能會有一些爭論或是情緒的反應，就必須靠治療師的功力堅持那個原則，當然隨著治療師的經驗值增加，有時候就能夠對於那些打斷不必那麼堅持，只要確定每個人都能夠有機會表達他／她自己的觀點和感受，這也是建立同盟關係很重要的一個部分；即便是家庭中沉默的一員也需要關注，讓他／她有機會可以說出自己的感受或想法，而不要忽略他／她。有些議題對於若干家庭成員來說，可能很難在大家面前說出來或是覺得不自在，治療師都要以同理、了解的態度對待（Nichols, 2010, p.58）。

　　第一次與家庭成員晤談，可以仔細觀察到家人之間的互動情況，像是走在走道上的情況、進入晤談室的先後次序、座位方式與神態。像是家人在走道上時是如何互動？可能代表的意義為何（如家長中間夾著女兒，女兒面紙掉了，兩位家長都急著要俯身去撿，但彼此又在謙讓 —— 夫妻兩人關係極為客氣與生疏）？進入晤談室的先後，可能表示在家中的權力與地位（如父親先進入、然後兒子、最後是母親），入座後的位置（如靠近治療師的或面對治療師的，表示權力最高或有發言權，坐在中間位置的可能是和事佬，坐在距離諮商師最遠的，可能是自覺權力最小的）。若有年幼孩子在現場，更可以觀察到親子互動的情況，這其實是一個協助治療師建立假設很好的參考。

　　接著諮商師需要介紹自己，不一定要說自己的頭銜，因為家庭中會有孩童或青少年，可能不懂這個頭銜的意義、或是會因此抗拒權威人士，所以簡單說明諮商師的工作是：「我的工作是與家庭裡的人一起工作，有時候家人會有一些擔心或煩惱的事，我們可以一起討論、試圖解決。」同時開放給參與的成員提問與說明的機會。

第一次電話聯繫該收集那些資訊
（Patterson et al., 2009/2012, pp.20-21）

問題是什麼？個案如何說明此問題？是危機狀況嗎？
一個嚴重或一般的問題？是一個個別的問題或長期的困難？

這個家庭如何回應這個問題？到目前為止的處理狀態如何？

之前是否有接受過治療？為什麼會選擇在這個時候求助？

影響這狀況的因素還有哪些？如各種壓力源的特性以及發生頻率，對工作、個人、身體或其他方面的影響如何？

第一次會談可以問的問題（Patterson et al., 2009/2012, p.16）

當事人對於治療的期待是什麼？

對於前來接受治療，他們的焦慮是什麼？

為什麼他們會在此時前來接受治療？

讓他們前來接受治療的動機是什麼？誰是這個資源的轉介者？

第一次會談的不同階段（Patterson et al., 2009/2012, p.30）

Step 1 先跟來接受治療的個案、伴侶或家人寒暄，表示歡迎，目的在於彼此介紹、讓個案感到自在。

Step 2 開始說明一些行政的議題，目的是確定個案能夠清楚了解治療的歷程，包括保密、錄影及收費情形等。

Step 3 目標設定階段。嘗試了解個案希望藉由治療達到什麼目標？了解個案對於治療目標和期待為何。

Step 4 進入評估階段，基本上評估工作會持續進行。

＋ 知識補充站

通常是打電話約治療時間的那一位當事人之動機最強，治療師可以詢問「現在」決定治療的主要原因為何（Patterson et al., 2009/2012, p.45）？

單元 **39** 第一次晤談（二）

再過來，治療師可以邀請參與的家人介紹自己，此時或許會有一些沉默，不必緊張，總會有一位救火員會出現，或許是權力最大者，或許是較勇敢的那一位。有時成員不知道要怎麼介紹自己，可以請成員想說什麼就說什麼、不需要拘束，能夠讓諮商師更了解他／她就可以，諮商師也可以根據成員所說內容做一些回應與回饋，或與其做簡單對話。有時候，其他成員會開始插嘴、補充，這些也都是很好的，諮商師可藉此更了解家人之間的互動情形。像是：「我是小麗，我是長女，有時候我要幫忙照顧弟弟，因為我們家開店，爸爸有時候很忙，媽媽身體好的時候可以幫忙，但是最近她比較累。」

治療師：「聽起來妳也為爸爸媽媽分擔了很多事，還有其他有關妳自己的事可以讓我了解妳一點嗎？像是妳今年多大了？」

小麗不好意思地笑了一下：「我忘了告訴你，我今年十歲、快要十歲了，我喜歡閱讀，不像弟弟喜歡打電動。我在學校有幾個朋友，我們下課會一起玩、聊韓劇裡面的人。」接著治療師就可以繼續邀請其他成員參與、介紹他們自己，也看他們隨意互動的情況，可以多了解一些家人的狀況與平日互動方式。

第二步是請家人說明所關切或擔心的事情，要記得同時也詢問其他人的看法，不要只是聽一個人說而已，每位家庭成員都有機會表達自己的意見與感受，這樣展現了尊重與公平，也是治療師希望可以達成的家族治療目標——家庭問題之解決與個人權利之尊重。家人之所以來做治療，有許多是很猶豫不決，不知該說或不該說，或許了怕其他家人的反應，不說卻又讓自己難過，治療師需要了解參與成員的這些擔心與猶豫，並做適當同理與猜測，而猶疑不決通常會在第一次晤談時出現，治療師需要去了解猶豫的好理由。像是：「我們家發生了一些事情，」小麗看看爸爸，爸爸用眼神示意她可以說，小麗繼續：「我不知道怎麼說，爸爸說小孩子不需要知道，可是我很擔心媽媽會不會回來。」

要家人一起來接受治療，當事人會有許多擔心或焦慮，再者，家人對於接受治療也會有不同看法、或是動機不同，有些是經由轉介管道而來，或者是有過治療經驗（Patterson et al., 2009/2012, p.16）。許多當事人的猶豫是因為之前的治療經驗不佳或無效，猶豫有些事情可能是禁忌、或說出來不安全，而猶豫通常是以非語言的方式表現，對於年紀小的孩子會以沉默或是徵狀方式展現（如肚子痛、頭痛或不想去上學）（Rober, 2017, p.119）。

第一次晤談重點（Nichols, 2010, pp.61-62）

Point

與家庭中每位成員接觸、了解他們對於問題的觀點以及對於來做治療的感受。

Point

藉由控制架構以及面談的步調來建立領導地位。

Point

發展與家庭成員的工作同盟，在溫暖與專業之間取得平衡。

Point

讚美當事人正向的行為以及家庭的優勢。

Point

維持跟每個人的同理，以及尊重家庭做事的方式。

Point

聚焦在特別的問題以及企圖解決的方式上。

Point

對於呈現問題的無助互動發展出假設，也對於這些堅持保有好奇，同時注意到一些支持家人繼續前進的有益互動。

Point

不要忽略其他未出席家庭成員、朋友或者其他人的角色。

Point

對於治療契約進行協調，讓大家知道家庭的目標，並將治療架構做具體說明。

 與家庭初次接觸的一些建議（Patterson et al., 2009/2012, pp.18-21）

仔細聆聽個案的敘述，並將你看到的內容回應給對方

評估是否為一個危機狀況

考量是否具足夠知識和經驗可以診斷及治療主訴問題

盡可能快速回覆電話

仔細思考為什麼第一次與機構聯絡的是這位家人，並且謹記你必須與家庭中的每位成員都建立融洽的關係

聆聽個案有什麼需要的同時，也能儘快且有效率地解釋清楚治療事宜（如費用支付方式、約時間或取消）

第一次接觸的談話內容應局限在相關的基本資訊和議題上

＋ 知識補充站

治療師在當事人家庭進入晤談室之前或之後，也都是很好的觀察時機。看看家人是如何互動、彼此之間的關係如何？誰先進入晤談室？進入晤談室之後的座位是如何坐的？這些也都可以給治療師一些提示或假設基礎。

單元 39 第一次晤談（三）

　　第一次會談最重要的任務是「加入」，因此讓來談成員感到自在是第一步。「加入」就是讓當事人與治療師有連結的感覺，通常會在當事人感受到被了解、尊重與關心下形成，讓每位成員說出自己的故事（感覺被聽見與了解），同時給予正向回饋（Patterson et al., 2009/2012, p.31）。此外，邀請每位成員討論問題與目標，也可加強連結，或許每位成員的目標不盡相同，治療師可以發揮創意、兼容並蓄，將這些目標連結在一起。在了解每位成員的目標之後，治療師就需要考慮自己是否能夠勝任，或是價值觀可能與家庭成員不同、需要轉介出去（Patterson et al., 2009/2012, pp.41-42）。

　　家庭治療師發展的假設是有關於家庭成員對於問題的涉入程度如何、造成問題的持續或惡化？可以詢問家庭成員對於解決問題做了哪些努力？同時觀察家人之間的互動，並詢問家人是如何彼此互動的。因此最需要蒐集的資訊是：對於問題解決無效的方式為何？家庭目前的發展階段為何（Nicolos, 2010, p.60）？一旦治療師對問題有更多了解、對家庭脈絡更清楚、形成假設（該做些什麼來解決問題）之後，就可以對家庭成員提出建議（Nicolos, 2010, p.61）。

　　Rober（2017, pp.202-203）建議諮商師可以準備一些簡單問卷，讓參與的成員可以當場拿回家去填寫，然後在下次晤談時帶來，治療師就可以大概了解家庭成員擔心的事。問卷內容有幾個問題，像是：最擔心的是誰？擔心什麼事？最擔心的那個人對於治療是否有效的看法？如果你不是家裡最擔心的那個人，那麼你關心什麼？若你不是最擔心的那個人，你認為治療有效嗎？以這樣的方式可以進一步確認目前家中成員擔心的事情為何？為何擔心？做一個治療目標與處置的計畫或假設，也可用來引導接下來的治療方向。

　　第一次晤談要結束前，治療師不妨詢問一下家庭成員對此次晤談之感受，同時針對此次晤談所觀察到的每一位成員、所說的內容或過程，做一個簡單摘述，並加上一些正向特質與發現，可以藉此讓家庭成員回顧自己參與晤談的情況、對家庭的關切，同時展望未來。有些成員或許第二次以後不會出現，但是治療師不妨也邀請其未來若有需要時返回治療室、提供他／她的觀察與發現，也為將來的參與減少阻礙。許多參與過家庭治療者回到家庭之後，無形中會有一些改變，而這也會影響到其他未參與的成員，使其也不得不做出改變，這樣的效果就是家庭治療所預期與期待的，也足以證明家庭為一系統，中間的一個改變會引發其他的變化。

小博士解說

　　家庭治療師最基本是需要了解個案概念化、處置方式、拓展精微技巧，以及基本的溝通技術。

家庭治療過程可分為四階段（Corey, 2017, pp.410-415）

1 建立關係（或「加入」） ➔ **2** 進行評估 ➔ **3** 形成假設與意義 ➔ **4** 促成改變

 以圖畫為感官的想像來探索可問之問題（Rober, 2017, p.162）

地點　（你可以描述一下黑暗的走廊是什麼樣子嗎？
你在走廊上還看見什麼？）

行動/互動　（他們兩人在做什麼？他們彼此有說話嗎？）

其他額外的感官模式　（他們聽見什麼嗎？聽起來像什麼？
有沒有特別的味道？）

時間　（你可以告訴我大概是在什麼時候發生的？接下來會發生什麼事嗎？）

 晤談量表內容示例

 你認為發生了什麼事，所以家人才會出現在治療室？

 誰最擔心這件事？

 這件事情對你的影響是什麼？

 你或家人試過的解決方法有哪些？哪些比較有效？

 你希望家裡有哪些改變會更好？

＋ 知識補充站

　　家庭治療師了解到每個人在遭遇壓力或焦慮時，思考會變得僵化、能力也無法適當施展，因此在思考家庭問題時，不要只做因果關係的線性思考，而是要從互動角度上做考量，也就是從個人內在動力轉移到人際動力（Nichols, 2010, p.67）。

單元 **39** 第一次晤談（四）

　　我通常會詢問家中最有權力的那位，聽他／她描述所擔心的事（有時候夫妻會怪罪對方），但是我會將他們的擔心化為「最大公約數」（也就是他們共同關心的議題），接著我會請其他成員針對他們認為的主題做描述，倘若他們有遲疑或顧忌，就會請最有權力者（如父親）或家人都走出諮商室，讓我單獨聽取這位（些）成員的觀點，然後再請家長進來一起談。若一對母子出席治療，我請母親先描述此次來見治療師的目的（或許母親開始數落孩子在學校出問題，然後歸咎為自己的錯，因為正在與丈夫討論離婚的事情），倘若隨行孩子的頭愈來愈低，看樣子似乎是「承認」自己就是問題所在，接著我會請母親先出去一下，然後對孩子說：「剛剛聽了媽媽這邊的故事，我現在要聽聽你的。」孩子或許還是表現出遲疑（可能因為治療師是成人，或是成人通常不相信孩子），要鼓勵孩子願意出席今天的場合，希望與他一起努力讓情況變得更好。孩子說出自己的意見與感受之後，我再請母親回到諮商室中，將母親與孩子的擔心做整合、企圖找出公約數：「剛剛小松告訴我，他很擔心媽媽目前的狀況，因為媽媽難過跟生氣的時候變多了，他很想幫媽媽的忙，因為不想要看到媽媽傷心的樣子，所以有一次不小心惹怒了媽媽，媽媽說要打他的樣子、讓他想起媽媽以前活力十足

的模樣，因此他誤以為這樣可以把原來的媽媽找回來。」媽媽憐惜地擁抱了兒子一下、眼眶泛淚，治療師繼續說：「或許我們今天三個人一起來，看看能不能讓媽媽的擔心減少，或者是讓媽媽可以恢復以前的樣子，小松就不必每天擔心了，你們說這樣好不好？」

　　第一次晤談時，可以與家庭成員約定一起談幾次，試圖將所關切的議題做處理，也可以規定一點可以完成的家庭作業，讓大家把作業心得下次帶來，除了讓當事人開始行動做改變、或突破一些認知上的障礙（如擔心問題無法解決），也繼續延續治療效果。

　　要結束這一次晤談時，可以摘述諮商師從這個家庭中所學到或知道的，包括他們的優勢、痛苦與焦慮，提出契約、說明治療的目的，同意給予回饋與評估（Rober, 2017, p.27）。如同一般的個別諮商，家庭治療也需要有好的開始與結束，倘若還有下一次治療，治療師當然也可以給予適當的家庭作業，可以慢慢讓參與治療的成員有體驗或改變行動、延續治療效果，並做為下一次晤談的起始話題。

　　治療師在蒐集資料的同時，會建立假設與做評估，而評估是持續的歷程，隨著資料蒐集愈詳盡，也會修正評估與假設。評估與假設自然受到治療師之理論取向影響。

初次評估內容（Patterson et al., 2009/2012, pp.53-71）

探索主要問題	找出 IP（被認定的病人）後，必須聆聽及探索其他家人可能有的問題。是否有其他人了解這個問題或同時也涉入這個問題當中？可以評估受到這個問題影響的範圍。詢問個案為什麼他們認為問題確實存在？這個問題通常具有啟發的作用，而治療師要避免不要太快進入問題解決的部分。
評估曾經嘗試過的解決方法	評估個案曾經試過和想過的解決方法，才能避免建議個案一些已經試過的無效方式，也不會損害自己的專業信譽。此外，就某些個案來說，這些解決方法可能就是造成問題或是讓問題惡化的原因，另外也需要探究過去是否接受過治療。
評估危機狀況及生活壓力事件	評估個案面臨危機的可能性有多大？壓力源屬於急性還是慢性？個案擁有多少資源可以用來因應壓力？

此外，也要注意一些潛在的傷害議題（如自殺、暴力及虐待事件、物質濫用的問題，或是有生理及神經學的因素）。

🏠 **評估內容**（Patterson et al., 2009/2012, pp.77-90）

治療中所提議題對個人的意義	靈性的評估	家庭結構（三代家族圖與家人關係）

生命週期議題（是否家庭成員面臨發展議題）	伴侶關係（承諾、控制與責任、互動特性、溝通與衝突解決、關係受到孩子的影響如何）

家庭評估（承諾、控制與責任、關係連結、溝通與衝突解決技巧）	評估在大社會脈絡中的家庭（如原生家庭、性別、種族、文化等影響）

家庭外之社會系統（家庭外之壓力源、家庭外之個人或系統可提供之支持、每位家庭成員在家庭外的功能表現、找到有關家庭內個人與人際動力的線索、家庭外部系統對治療可能的影響）

✚ 知識補充站

家長會企圖解決面對的問題，然而當他們無法有效解決問題時，就容易發怒，過一段時間生氣就會變成拒絕，然後覺得有罪惡感，最後就彼此指責（Rober, 2017, p.74）。

Part 6

家庭治療技術

單元 **40** 家庭治療技術：一般技巧（一）

　　不管服務的族群屬於什麼，許多諮商師或治療師會隨著自己經驗值的累積、閱讀相關研究或實務書籍，也會自己創發出適合某些當事人或議題的新技術，當然也需要臨床治療師持續蒐集足夠的證據，證明這些技巧是有用且有效的。治療師最重要的工作就是觀察與傾聽，治療師觀察家庭中三人關係的同時，也讓每位參與者都可觀察到其他兩人之間的狀況，或是調解兩人關係、提供資訊，也就是第三人（包括代罪羔羊）的存在可以讓增進理解與親密、提供情緒支持變得很重要（Andolfi, 2016/2020, p.74）。在這一節將介紹一些常用的家族治療技術，以及辨識度較高的特別技巧。

一、一般技巧

（一）建立結構

　　治療師從第一次接觸開始就必須建立與討論（口語及非口語方式）治療歷程以及內容的基本規則，也就是提供一個結構（包括時間、地點以及治療氛圍），讓當事人感到安全、願意談論自己關心的事，而治療師資格、學經歷與專長，以及相關保密等倫理議題也要提及，並開放讓參與的成員提問。治療師也必須負責規劃治療的模式，如溝通歷程的規則（讓每個人都能夠輪流發言或者專注聽別人說話），協助家庭建立更有效的溝通技巧（Patterson et al., 2009/2011, pp.127-128）。

（二）關係的同頻（attunement）

　　治療師能夠敏銳覺察當事人的經驗與感受、並做適當回應（Rober, 2017, p.38）。因為治療師是受訓的專家，或許有聽過許多類似的故事，因此治療師通常步調會較當事人快許多，但是這樣就容易失去「與當事人同在」的重要意義，彷彿治療師是專家，要帶領當事人往某個方向，這樣子容易造成權力不均的情況、增加當事人的無力感，或讓當事人感覺到自己被催促，因此與當事人同頻非常重要。打個比方說，治療師已經登上峰頂，在讚美當前美麗風景的時候，當事人還在山下披荊斬棘、汗流浹背。我記得有一回與一位當事人在治療中，她反應道：「我本來以為只有自己在沙漠中艱苦行走，但是卻發現有兩排腳印，我不孤單。」這是當事人感受到治療師與其同頻、一起走治療旅程的很好說明。關係的同頻是持續進行的，在治療剛開始之初很重要，而且可以讓每位參與治療的成員都感覺有力量，也看到希望的未來（Rober, 2017, pp.92-93）。

　　治療師可以採用開放式問句、引導至某個特別方向、界定清楚歷程的階段、聚焦在此時此刻等加速步調，或是應用追隨、澄清、鏡映（mirroring——模仿或呈現當事人的行為）、積極傾聽與回饋方式來放慢步調（Patterson et al., 2009/2011, p.137）。治療師在做家庭治療與個別諮商時最大的不同，在於一人面對幾位成員，在一對一的情況下，治療的同頻較容易維持，然而在面對一人以上時，就需要聚焦在不同人身上，同時要注意不同成員的步調。

治療場域要注意的身體語言（Andolfi, 2016/2020, pp.149-161）

 眼神與表情

手勢與身體訊號

身體距離與關係界限

 身體接觸

周邊語言系統（如語調、語速、停頓、嘆氣等）與沉默

座位安排

 具體化技術（Andolfi, 2016/2020, pp.163-169）

家庭雕塑或願望雕塑

座位安排或治療師主動地移動位置

儀式

讓家庭成員做一些活動（如繪製家族譜、靠近彼此或間隔一段距離、擬定治療契約等）

改變遊戲規則（如破壞習慣互動的模式）

將成員的拒絕改為合作與參與

＋ 知識補充站

　　治療師要跟隨家庭成員的腳步（同頻），而不是以一位經驗老到的專家立場進行。或許治療師本身是這個領域或議題的專家，但是每個家庭畢竟不同，因此要跟隨家庭的步伐、緩緩前進，中間或有遲疑、耽擱，都要耐下性子來等候或鼓勵。

單元 **40** 家庭治療技術：一般技巧（二）

一般技巧（續）

（三）自我揭露

治療師也運用自我揭露的方式來刺激個案思考，或針對某一個議題提供其他不同的觀點，最好是揭露一些過去已經處理妥善的經驗。治療師該如何決定自我揭露的程度？通常是治療經過一段時間之後，治療師要很清楚其自我揭露對每個當事人的影響不同，同時也要考慮自我揭露對當事人可能產生的衝擊（Patterson et al., 2009/2011, pp.128-129）。治療師必須要考慮自我揭露的必要性與目的，還要考慮到對參與成員的影響，Patterson 等人（2009/2011, p.129）認為，治療師在面對兒童與青少年時做自我揭露通常較自在，他們建議治療師自我揭露的原則為：揭露過去已處理妥善的事件，審慎評估是否做自我揭露與揭露程度，以及其可能造成的衝擊。

有時候治療師年紀太輕，或沒有過婚姻、成立家庭的經驗，可能說服力不足，承認自己這方面的不足是可以的，然而治療的經驗值或是從不同當事人身上的學習與故事了解，也可以是很好的開始。當然治療師本身需要研讀相關議題的研究，了解針對類似議題的不同治療方式與觀點，這方面的自我揭露通常也可以取信當事人。

（四）問問題

治療師在治療關係建立的初期與中期階段，問問題能夠將治療聚焦在當事人的看法及需求上。有幾種問問題的方式：（1）直線型問句（lineal questions）——指的是調查與推論，是內容導向的，主要涉及事實資料的建立，用這些問題來蒐集資料或說明當事人的問題；（2）循環型問句（circular questions）——屬於探查功能，源自於治療師的好奇態度，強調的是家庭內跟家庭外在系統之間相互連結關係的資料，像是：「如果你的孩子沒有曠課，日子會有什麼不同？」（3）策略型問句（或影響性問句）（strategic questions or influencing questions）——通常頗具挑戰性，因為提出了新的可能性，像是：「針對這件事情，如果你和前夫採取一致的管教態度來對待孩子，事情會變成怎樣？」一般說來，策略型問句具有特定的目的，而且具有改善的作用；（4）反身型問句（reflexive questions）——主要是在不改變家庭的情況下，促進家庭的改變，也就是藉由提出問題、嘗試從家庭獲得新的可能反應，像是：「如果你的兒子強烈感覺他無法跟你分享心中的感受，你要如何讓他知道你想要聽他說出內心的話？」（Patterson et al., 2009/2011, pp.130-133）。

小博士解說

治療師做自我揭露固然可以更靠近當事人或是提供當事人學習之楷模，但是也要注意揭露動機、時間與長短，不要讓治療師自己變成主角。

治療師在面對多位家庭成員時

 需要關注到所有參與之成員（包括孩子）

不要針對某一成員說太多話（不要做個別諮商）

適時融入家庭，並就他們在現場中的舉止做連結。

攔置對於某些家庭成員的批判或假設，以免影響自己的處置與公平性。

注意移情或反移情現象。

 治療師在面對考慮伴侶治療時需考慮事項（Emery & Sbarra, 2002, pp.509-510）

治療師本身的信仰為何（許多信仰不鼓勵離婚、甚至禁止）？

治療師面對衝突伴侶卻要繼續維持婚姻的目標為何？

治療師本身對於婚姻、離異、性別角色或不忠、暴力與親密關係的信念為何？

當涉及孩子時，治療師對於分居或離異的觀點如何？

治療師本身的家族史（原生與立即家庭）與自身經驗（已婚或離異、親職角色）如何？

治療師如何定義成功的伴侶治療？

誰是當事人？伴侶？或其中一方？孩子還是全家？

 沉默與觸碰在治療中的意義（整理自Andolfi, 2016/2020, pp.171-191）

沉默	**是一種溝通方式。** 以沉默為傾聽工具。 **做為家庭悲傷的一種支持。** 沉默是遏制痛苦與安撫家庭絕望吶喊的最好解藥。 **與當事人家庭同在，並讓家庭知道治療師的涵容。**
觸碰	**可以是危險或「性化」（sexualized）的動作，也可以是有好連結的方式。** 身體接觸可以增強治療同盟。 **用身體接觸（如擁抱或握手）建立連結。**

單元 40 家庭治療技術：一般技巧（三）

一般技巧（續）

（五）建立治療同盟

在家庭治療中建立治療同盟與個別諮商時不同。在個別諮商時，治療師只針對一位當事人，但是在家庭治療中卻要同時與多位成員建立同盟。

治療師不是中立、無感受的，治療師的情緒對於參與家庭治療的當事人很重要，因為這顯示出治療師的關心與同理（Rober, 2017, p.131）。有些人誤以為治療師應當是客觀、不顯露情緒的，其實這個邏輯就有問題！想想看：來求助者基本上是遭遇到生活中困擾或瓶頸者，在萬不得已的情況下來找治療師協助，在當事人談論起他／她的遭遇時，一定充滿了傷心、難過、憤怒、悔恨、無奈、無助等情緒，諮商師身為人，難道不會因為其經驗而感同身受嗎？倘若還堅持不動聲色，當事人做何感想？會不會覺得諮商師冷酷無情、或是無法感受當事人的心情？在當事人認為治療師不了解的前提下，又如何協助呢？

新手治療師在接受訓練的時候，往往有標準程序來表達同理心，然而隨著經驗值的增加，治療師就不再需要刻意遵守那些 SOP，而是能夠在聆聽當事人故事的同時，以自己的肢體語言及表情直接表現出來（最立即的同理），當事人也可以如實地接收到諮商師的同理反映。

有時候治療師為了要撼動或企圖改變家庭互動模式或是界限，可以採用「靠邊站」（take sides）的方式，企圖鬆動家庭的位階或互動模式，以維護或與家庭中一位成員站在同一立場、企圖挑起對立，或是讓家人之間可以有更真誠的對話，然後再回到原位，這樣的策略是與某特定成員「結盟」，背後有其特殊目的。像是若家中父親很威權、妻子與孩子在他面前都噤聲不語，治療師可能就與那位「叛逆」的兒子站在一起、要求兒子直接對父親說出自己真正的心意（如：「我們都愛你，但是我們也都怕你，因為你總是以自己的想法為主，不理會也不願意聽我們說話。」）或者是與父親站在同一陣線，企圖讓孩子了解為人家長的心情（如：「你這樣的態度很不知感激！雖然老爸不太會表達自己的情緒，但是他也是人、會有情緒，何況他儘管不說話，可是也努力用行動來表達他的愛與關心，你感受到了嗎？」）治療師在這麼做的同時，也挑戰了僵固或糾結的界限，企圖建立新的、有效與彈性的適當人際界限。

小博士解說

Taibbi（1996, pp.158-161）曾舉出幾個危險家庭模式，它們是：以孩子為中心、彼此不連心、替代伴侶、與孩子結盟，以及藉孩子來攻擊對方。

危險家庭模式（Taibbi, 1996, pp.158-161）

以孩子為中心	配偶關係不佳，孩子成為伴侶關係的黏著劑。
彼此不連心	過分離的生活、彼此不干預。
替代伴侶	配偶之間的親密需求由孩子來取代，位階錯亂，也剝奪了孩子的童年。
與孩子結盟	與孩子結盟，對抗配偶。
藉孩子來攻擊對方	雙親隱身在孩子背後，藉由孩子的敵對來互相攻訐。

 自我－伴侶關係教育方案（Self-prep, Prevention and Relationship Enhancement Program）內容（Kim-Halford & Moore, 2002, p.410）

主題（六次課程）	內容
介紹以及目標設定	介紹領導者以及所有參與的夫妻，統覽整個方案以及其立論。了解對關係的期待、關係發展的目標及自我目標的設定。
溝通	回顧主要的溝通技巧、自我評價目前溝通技巧、如何執行家庭作業。
親密	回顧溝通的作業，選擇自己的目標以及家庭作業，回顧提升親密關係的因素、評估伴侶的支持與表達關切，以及個人改變計畫。
衝突管理	回顧親密關係建立的任務，介紹衝突以及有效衝突管理的觀念，如何協調彼此關係的規則來管理衝突，介紹彈性的性別角色，回顧目前的角色以及設定目標。
性	回顧溝通作業、性在關係中的角色，介紹伴侶支持的概念與設立目標。
改變的管理	回顧家庭作業，選擇想要增進關係的目標，介紹關係如何維持，預期未來生活事件可能對關係的影響，計劃提升彼此的關係。課程結束。

＋ 知識補充站

治療關係是治療有效的基礎，治療師同時要和參與成員建立良好關係不容易，但至少有幫助。

單元 **40** 家庭治療技術：一般技巧（四）

一般技巧（續）

（六）正常化技巧（normalizing）

治療師需要對於一般家庭的共同經驗有一些認識，治療師了解個案所呈現的徵狀是一個人或家庭生活中某些特別發展階段共同的部分，像是將青少年的情緒化視為青少年階段的共同部分，可以協助解除家庭的擔心或焦慮（Patterson et al., 2009/2011, p.133）。例如：「年輕人覺得無聊，生活需要一些刺激是正常的，有時候因為同儕都這麼做，不跟著做似乎會被視為異類，說髒話就是其中之一。」「年紀小的孩子，有很多時候不知道該如何表達自己的感受，最直接的方式就是行動，但是在其他成人的眼中會認為這是粗暴、沒道理的行為。」

（七）重新框架（reframing）

治療師聆聽或經歷與自己不同的生命故事或案例，可以從不同角度觀看當事人（與家庭）的問題，或者說，治療師的功能之一是提供當事人另一個窗口看事情，重新框架是透過認知的轉變來做改變。重新框架讓治療師能夠將治療中所呈現的徵狀重新解釋，正常化也算是一種重新框架。重新框架的技巧可以讓當事人從不同的觀點看待自己的問題，比如說母女經常吵架，治療師可以說：「哇！你們真的好努力溝通！」或者是家人會責怪孩子懶惰、無所事事，治療師可以對孩子說：「你喜歡按照自己的步調過生活。」重新框架絕不是為某人找藉口，有時候這樣的轉換會讓當事人與家庭看見希望或隱藏的動機，讓接下來的合作或改變更容易。

重新框架的技巧除了彰顯治療師從另一個角度或觀點看問題，同時也讓家庭成員看到希望、或是去除對問題的汙名化。米蘭學派的治療師通常在每一回與家庭晤談之後，都給予家庭正向的評語與關注，其目的是希望家庭走出治療室之後，可以自己做一些改變，而不需要總是仰賴治療師的協助，這就如同一般的諮商也是賦能當事人，讓他／她有能力、自信面對與處理生活中的挑戰一樣。

（八）提供支持

專注傾聽當事人所說的、給予適當回饋、表達了解，並讓當事人探索其感受與想法，就是提供最好的支持，讓當事人願意自我揭露與分享。然而如同在個別諮商或督導時一樣，只提供支持並不能造成改變，因此治療師還是需要讓參與成員有改變的動機與執行力。

小博士 解說

傾聽與同理是卸下當事人心防的重要關鍵，在家庭治療中還有認可與尊重的意涵，也是和參與成員連結的最好方式。

不同學派介入方式與技巧（Hackney & Cormier, 2009, p.160）

	情緒取向	認知取向	行為取向	系統取向
學派	○人本中心 ○完形 ○身體覺察治療 ○心理動力治療 ○體驗式治療	○理情行為治療 ○貝克的認知治療 ○溝通交流分析 ○現實治療	○操作制約 ○ Wople 的反操作制約 ○社會學習論 ○ Lazarus 的多元模式治療	○建構治療 ○策略家族治療 ○代間系統治療
技巧	積極傾聽 正向關懷 真誠 覺察技巧 同理心 空椅法 想像 夢的工作 生理回饋 自由聯想 移情分析 夢的分析 專注技巧	ABC 分析 家庭作業 反制約 閱讀治療 媒體作業 腦力激盪 找出可行之道 重新架構 自我圖 腳本分析 問題定義 釐清交流次序 教導 矛盾意象法	引導式想像 角色扮演 自我監控 行為契約 肯定訓練 社會技巧訓練 系統減敏法	次系統講解 糾結與僵固界限 三角關係 同盟與聯盟 角色重建 矛盾意象法 家族圖分析 定義界限 改變三角關係

✚ 知識補充站

　　家族治療師除了使用傳統諮商技巧與團體技術之外，還創發了許多新穎的治療技術，這些技術當然也需要做適文化的修正或因對象而做適當修正。

單元 **40** 家庭治療技術：一般技巧（五）

一般技巧（續）

（九）面質

面質通常是為了促成改變，或是讓治療更深入，但是通常是等到治療關係建立之後，當然也有例外。面質往往是以敏銳及關心為前提，挑戰老舊的思考或方式、促成當事人做改變行動。通常以「立即性」技巧，客觀描述當事人行為，以及治療師的猜測，是較為安全的做法，例如：「我其實有一些困惑，不知道我們的治療會往哪裡去？王先生與王太太，你們對待彼此都很客氣，跟我一般在治療室裡碰到的夫妻很不一樣，你們幾乎是輪流說話、但是沒有針對對方所提的做回應。」

新手治療師通常礙於平日之教導或訓練，不敢輕易使用面質與挑戰，深怕破壞治療關係，或是不知道該帶領當事人往哪個方向？然而當治療需要深入或探索很重要的議題時，面質與挑戰就是必要的。例如：「王先生，到目前為止我們已經晤談了六次，但是你們當初所帶來的問題有一點頭緒了嗎？還是我們是在原地打轉？」

（十）因應危機

危機會破壞當事人或家庭之正常功能，因此需要立即處理。危機介入是短期且強調現在，可以用來解除目前徵狀、恢復當事人先前的功能、找出造成危機之因素，以及找出合適的因應方式（Rappaport, 1970, 引自 Patterson et al., 2009/2011, pp.139-140）。像是躁鬱症患者突然在會談場合情緒爆發，治療師除了確定當事人很安全，且不會傷及他人之外，協助安撫其情緒之後，可以緊急請家長帶到附近醫療院所急診室處理，下一次晤談可就這樣的緊急情況與家人商議因應的步驟。

（十一）提供心理教育資訊

提供手邊可用之資訊，協助當事人與其家庭知道可用資源、補足相關知識。許多家庭成員或許對於問題有自己的觀點，但是並不一定了解問題之內涵或起源，治療師對於議題的了解，可以提供第一手正確資訊，當然也可以讓參與成員有相關網路連結，或是紙本資料的覽閱，藉此釐清一些錯誤訊息或迷思。如：「身為同志家長的擔憂，在許多資料與研究上都有了初步的結果，我手邊正好有一些可以讓你們參考。」當然治療師本身若可以做更多說明或解釋，也可讓參與成員了解更多新知與認識。

（十二）立即性

治療師也可就自己觀察家庭成員的行為互動客觀做描述，不做批判或評價，提供家庭成員一些新的角度來看自己的行為或彼此互動的狀態。如：「小珍，我發現妳在聽媽媽說話時會靠在她身邊，有點小鳥依人的模樣，這也是妳平常在家跟媽媽相處的方式嗎？」「我觀察到最近兩次晤談，李太太的表情不像第一次見面那般焦慮，而李先生與太太間也有更多眼神的接觸，你們自己有沒有這樣的發現？」

面質／挑戰的使用（整理自邱珍琬，2007, pp.224-230）

功能	**提供當事人不同觀點、立場或角度** 激發更深層的探索，協助當事人之前未看見或未思考的
	增加當事人的自我覺察與了解 協助當事人去面對想要逃避的事物
	提供當事人檢視其言行或想法 促成改變的動力

| 過程 | **詢問**
辯論 |
| | **引起刺激** |

| 適用情況 | **挑戰不一致**
挑戰當事人（忽略或小覷）之優勢 |
| | **鼓勵當事人自我挑戰**
點出當事人思考或行為的模式 |

| 功能 | **治療師以同理、關愛與直接的態度指出**
治療師與當事人共同去探索不一致，協助當事人認可與接受那個不一致 |
| | **治療師協助當事人探索不一致的發展脈絡、可能原因或其影響**
當事人體認到不一致的意義或影響，決定這個不一致是否對其生活造成重要影響，或繼續維持這樣的不一致 |

 點出當事人的思考／行為模式之內容（整理自邱珍琬，2007, p.228）

 關係模式　 僵固的認知信念　 核心情感　 習慣性行為　 假設

＋ 知識補充站

家人之間最重要的是關係，不要因為捍衛自己的面子而犧牲了重要關係。

單元 **40** 家庭治療技術：一般與特殊技巧

一般技巧（續）

（十三）挑戰

治療師運用挑戰或面質技巧，可以很溫和或直接，主要是看治療師的治療型態以及評估結果（Nichols, 2010, p.63）。新手治療師較不願意使用挑戰或面質，擔心破壞了關係或治療同盟，但同時也需要承擔一個風險——無法讓治療更深入。當然治療師運用挑戰不是要將責備對象做轉移（如責怪孩子逃學，變成伴侶互相責怪），而是將問題拓展、變成互動的模式，最好是挑戰無益的互動，指出家庭成員間固定的互動模式，而這個模式似乎讓大家都卡在那裡動彈不得（Nichols, 2010, p.63）！

（十四）家庭作業

家庭作業可以延伸治療功效，同時讓成員可以測試一下自己的彈性，讓家庭成員更清楚自己在問題中的角色，同時嘗試新的連結方式。家庭作業的目的不在於解決問題，而是讓家人試試不一樣的行為（Nichols, 2010, p.63）。

此外，治療師需要知道自己的無知，讓家庭來教育治療師（Minuchin & Nichols, 1993, p.102），尊重家庭成員是自己家庭與問題的專家，這也是治療師能夠了解這個家庭，並做適當加入的關鍵。

二、特殊技巧

（一）改變階層

每個人各歸其位，家長位階較高，若子女越位（如女代母職），就是錯位，將女兒放回原本的位置。有時候家長一方退位或失功能，則要求家長返回其原本位置與發揮功能（Patterson et al., 2009/2011, p.140）。倘若應該被呵護的子女，卻礙於位階較低，成為家長「情感綁架」（用關係來要求對方順從或答應某些事）的對象，也要讓家長回到自己的職責面上。

（二）建立界限

家人之間的界限若過於僵化，雖保持了獨立自主、卻也犧牲了親密感，若界限過於融合（或糾結），雖享有親密、卻犧牲了獨立自主。倘若家庭成員之間有界限僵固或過度糾結的情況，治療師就可以藉由主動介入或演練方式，打破原本的互動模式，像是讓成員可以表達對彼此的感激、身體的距離等，藉此鬆動僵固的界限；或者是以阻斷或要求家庭中誰與誰說話（如母親要代理孩子說話就予以阻止）的方式，讓孩子與母親過度糾結的界限得以有挪移空間（Patterson et al., 2009/2011, p.140）。

像是兒子常常以「我媽說」來開頭，治療師或許可要求他以「我認為」來做嘗試，或是當孩子說話時都會先看父母親一眼、忖度自己該不該說或說些什麼，治療師可以將座位做一些變化、讓孩子在沒有直接看見父母親的情況下發言，這是讓兒子與母親之間的糾結界限有一些鬆動，讓兒子可以擁有自己的空間、避免一直受到母親的影響或控制；倘若問題相反，像是兒子與父親之間關係較生疏、界限較為僵固，就可以製造機會讓父子可以直接對話，舒緩僵固的界限。最好的界限當然是有彈性的，不過於糾結或僵固，偶爾讓對方跨越一下，滿足親密的需求，偶爾也與對方維持距離、可以讓自己有喘息與獨處空間。

同性伴侶家庭的相關議題（Nichols, 2010, pp.295-296）

也有一般親密伴侶會遭遇的挑戰（如獨立與相聚、是否或何時有子女、節慶跟誰過）

社會與原生家庭的恐同

伴侶之間的承諾、界限與性別的行為

在工作或一般社交的出櫃議題

發展社會支持系統或網絡

個人內化的恐同

治療師或許不熟悉同性間的親密性行為或不自在

 刻板的性別印象造成同性伴侶（Green & Mitchell, 2002, p.555）

男同志

女同志

男同志不會因為對方工作之故而隨之搬遷。

男同志都想要在性事上居領導地位。

男同志若在工作職位上較居劣勢，會在其他關係領域上表現得較具競爭性。

較傳統之男同志會掌控較不傳統的伴侶，而伴侶因為太依賴而感到沮喪。

女同志伴侶會想要討好對方，而沒有去溝通彼此的需求。

女同志對於開啟性行為覺得不自在。

女同志若賺的錢比另一半多，會有罪惡感，在其他生活面向上較感無力。

＋ 知識補充站

　　大部分的男同志伴侶也會採開放式婚姻。男同志多於一位性伴侶，主要是為了好玩，未涉及情感關係（Green & Mitchell, 2002, p.554）。

單元 **40** 家庭治療技術：特殊技巧（一）

特殊技巧（續）

（三）重建或現場重演（enactment）

重建可同時用在評估與治療，是家族治療師會使用的一種技巧。治療師邀請家人一起做或討論某件事（或許是畫圖或談宵禁問題），通常會針對家庭成員的共同關切事件（如孩子尿床事件），且在治療師的觀察下做處理（家人是如何處理的過程），讓諮商師可以知道每個家庭成員的角色與互動方式，也可以看到家人即便在解決問題，卻讓問題更嚴重的癥結。如父親叫孩子就寢前先去上廁所，但是母親卻說需要時再去，當孩子確實尿床了，父親就指責母親的寵溺孩子，而母親則是怪父親對孩子太嚴苛，孩子則在一旁啜泣。重建的目的是讓家人可以在一個安全的環境裡一起做一些事情，不會受到治療師的干擾（Rober, 2017, p.142），接著治療師就可以在家人做完活動之後，邀請大家一起分享感想與反省，許多家庭會看見彼此較少目睹的情況（如父子之間的合作、或是孩子的創意與心得），因此活動之後的分享很重要。接下來，若治療師想要讓家庭賦能、感覺有力量，或許會規定家人依照他／她的指示、用不同的方式做重建（通常是比較有效的方式），像是對於尿床的孩子，先由母親帶孩子去上廁所，然後父親擁抱孩子、哄他入睡，接著就走出孩子房間；重建完後，也一樣請家人分享方才的重建活動。絕大部分的家庭都有能力企圖舒緩或解決面臨的議題，只是有時候未能達到想要的目的、卻依然沿用下去，導致一種惡性循環，後來不得不求助於治療師。

重建通常也會引發家庭成員極大的情緒反應（像是害怕、生氣、無力感），甚至批判治療師，這些也都在治療師的預期之內，因此諮商師對於自己這樣處理要有自信、同時提供家庭成員適當有效的同理與支持。重建不只是聯繫家庭成員之間的關係，也同時用來連結治療師與家庭（Rober, 2017, p.146）。重建可中斷負面互動，協助導向較正面的方向，也改變家人關係（Davis & Seedall, 2008, 引自 Patterson et al., 2009/2011, p.141）。

家人彼此之間都希望自己被聽見，但是卻停止傾聽對方（Rober, 2017, p.140），這其實是許多家庭的通病。想被聽見的人會做一些努力，但是當努力無效之後，可能就採取沉默、不理睬的方式因應，有些可能會有劇烈抗爭，於是每每就會有爭吵或大聲爭執的情況，這就是想被聽見卻停止傾聽的情況。

小博士解說

在做重建時，治療師不僅要聽到家庭成員所說的困難處，還需要了解每一位成員的觀點，並且不做任何責難或批判（Rober, 2017, p.147）。

改變界限的方式（不限於此）

 靠邊站（加入家庭中某一或某幾位成員）

 重建（讓家人演出互動情況），然後指導其做不一樣的互動

 讓有僵固界限者可以彼此互動或一起做活動

 讓界限糾結者發表自己的看法或各自行動

 讓家庭成員以不同組合工作或活動

 重建技術（Gehart, 2014, pp.126-128）

目的	從旁觀者角度看行為
功能	可做評估與改變互動次序及模式
階段	★觀察即時互動行為　★邀請家庭成員（引出互動方式）　★重新指導其他的互動方式
益處	★提供現場新的互動方式　★增加家庭成員遷移所學到日常生活中的機會 ★減少家人將問題歸罪為單一個人　★增加家庭成員的能力感與力量

✛ 知識補充站

　　Minuchin（cited in Gehart, 2014, pp.127）之所以喜歡重建的原因是：人們言行不一，有時候說與表現出來的行為不同。

單元 **40** 家庭治療技術：特殊技巧（二）

特殊技巧（續）

（四）探究主述問題的例外

協助家庭看見問題不存在時的情況，或是之前的成功經驗，提醒家庭曾有過的能力，讓家庭可以看見希望（Patterson et al., 2009/2011, p.141）。家庭很容易就因為企圖解決問題，但效果不如預期，就陷溺在問題之中，因此治療師藉由詢問家庭曾有過處理相似問題的成功經驗，或是「問題沒有發生」之前的情況，甚至是若有一天問題獲得解決，除了可以喚醒他們有過的能力之外，還可以協助家庭設立較為具體可行的治療目標。

（五）外化問題

將問題與人分開，挪出可以改善的空間，給當事人（代罪羔羊）與家庭一個機會，一起解決問題所帶給個人或家庭的影響。一般人若將問題與某人（或家庭）綁住（如行為偏差者、暴力家庭），會讓當事人覺得無法掙脫這個汙名，當然要解決問題就可能因為深陷其中、較不能看見解決之道。治療師從問題對個人或家庭的影響入手，或是家庭與個人對問題的影響，就可以慢慢解開繩套，看見希望與未來。

（六）繪製家族譜

家族譜（genogram or geometric maps）是家庭治療師藉此了解、評估或診斷家庭的工具，一般會溯自三代（華人家庭會以父系家庭為主），可協助治療師看見一個人的行為是與整個家庭的關係結構有關聯（Minuchin & Nichols, 1993, p.42）。我們當然可以從較詳細的家族譜中看見遺傳的疾病、個性或互動模式，從中更能了解整個家庭或家族的歷史與脈絡。這是一般個別諮商或是家庭治療師會採用的蒐集資料方式之一，藉由家族三代關係人的資料，可以看見家庭重要的傳承（價值觀或文化、婚姻情況）或是生理（如遺傳疾病或障礙）、心理（如思覺失調、情緒障礙）方面的影響，也可看到家人彼此之間的關係與互動情況，不一定是代間傳承，許多是家庭氛圍與模仿效應。治療師也可以透過家族譜來看自己在當事人家庭中的位置，從中了解自己的治療品質，以及與家庭成員探索過程中的相互主體性（Andolfi, 2016/2020, p.82）。

（七）找出並中斷負向的互動模式

若治療師觀察家庭在描述問題或是彼此互動時，經常是聚焦在負面的情況，那麼就可以做中斷的動作，來處理家人關係中的行為、認知與情緒，這也可以迫使家庭改變互動的方式（Patterson et al., 2009/2011, p.142）。家人彼此之間多年以來形成既定的互動模式（或是所謂的「情緒系統」），而這種互動模式通常也是問題所在、或是延續問題的重要關鍵。當然要改變不容易，然而治療師的刻意中斷負面、具破壞性的互動模式，有助於建立新的互動模式或改變的契機。像是一對夫妻只要一說話就開始責怪對方，而且沒完沒了，孩子若介入，反而會受到連帶傷害，治療師可以安排夫妻以「我訊息」的方式輪流說話，並讓其正確表達。

精熟臨床策略（Berman, 2019, pp.467-469）

 固定評估當事人對晤談有效性的看法

 評估當事人對於治療同盟的舒適程度

 評估家庭成員對於治療進展的情況

 固定對治療做評估、擬定策略與回顧

 發展人際策略的深度知識

 家族治療（整理自Minuchin et al., 2014, pp.4-9）

基本原則		★加入是重要的因素 ★所有來治療的家庭都有錯誤假設 ★這個家庭所確定的事情，正是改變的敵人
技巧		★挑戰家庭的確定性 ★開發更多的選項 ★利用家庭溝通的內容，來了解家庭動力的過程 ★使用幽默與隱喻的語言 ★在不同的層次上介紹不同的主題
與次系統工作	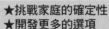	★個人為一次系統──展開家庭成員的身分 ★利用次系統來拓展了解以及改變的可能性 ★藉由撼動次系統的平衡，來提升以及挑戰不同的次系統
治療師利用自己為治療工具		★治療師觀察與反思整個治療過程 ★選擇如何展現功能的距離 ★與家庭工作時自己的專業 ★最好的工具是治療師本身

✚ 知識補充站

治療師在面對同性伴侶或家庭時，需要檢視自己的價值觀（包括內化的恐同）、態度與性別的可能偏見，同時也要針對多元性別的相關研究與實務做理解。

單元 **40** 家庭治療技術：特殊技巧（三）

特殊技巧（續）

（八）找出家庭優勢

Minuchin（Minuchin & Nichols, 1993, p.42）提到家庭治療讓治療師感到挫敗的主要理由是：我們沒有意識到每位家庭成員的行為是互相影響的。

Minuchin（Minuchin & Nichols, 1993, p.45）認為家庭治療基本目標是釋放出「尚未使用的可能性」（unused possibilities），也就是說家庭在遭遇問題時，常常會被「卡住」，或是忘記自己擁有的資源。

通常家庭來尋求協助，討論常常充斥著許多負面的問題，如果找出家庭的優勢，能帶給治療師與家庭機會來發現或重新發現不同成員或家庭具有的正向特質，就類似我們會假設當事人來求助是因為被「卡住」，看家庭的議題也是如此。以優勢觀點來看家庭，讓家庭有機會回復自己原先的功能，同時帶給家庭希望。家庭成員在同一屋簷下、有固定的互動方式，久了就容易僵化，甚至讓問題更嚴重，許多的思考或行動也因此缺乏彈性，甚至先入為主認定對方不會因而改變，也放棄了嘗試的努力。治療師站在局外人的立場，容易看見互動的規則或模式，也可以同理不同家庭成員的考量或心境，因此能看見許多隱微或是明顯的優勢，最簡單的就是以重新框架來看見行為背後的動機（如：「明華擔心萬一說出來只是增加你的憂慮，就乾脆不說了，他是一位善體人意的孩子，不是嗎？」）

家庭優勢通常是在家庭遭遇變動或挑戰時更容易看見，只是當時大家都陷溺在問題之中，比較不容易看到家庭或每個人的強項，治療師可以做適當的提醒或喚醒。

（九）時間線發展

「時間線」（time line）類似家族譜，可以協助當事人將自己關心的事放到脈絡中討論。時間線可以記錄家庭生活的重要典型事件（如孩子轉到青少年階段）以及非典型事件（如非預期失業）（Patterson et al., 2009/2011, pp.142-143），類似生命線的觀念，可以協助家庭看見問題可能的淵源、歷史、發展及其意義，當然也可看到曾經有過的努力、能力與希望。

（十）家庭模擬

家庭模擬（family stimulation）（Andolfi, 2016/2020, pp.91-92）是使用角色扮演的方式來演出家庭動力，也可用來做為治療師培訓之用，其目的是教導新手治療師如何與呈現各種個人及關係困難的家庭工作。藉由角色扮演，也發現扮演者會引發自身之強烈情緒，如同家庭雕塑一樣，當成員可以扮演家庭中不同角色時，也表示他們有改變的能力。治療師藉由家庭成員的角色扮演過程，可以讓他們站在不同位置去感受、思考與行動，不僅可以更了解彼此，也為可能的改變注入契機與希望。

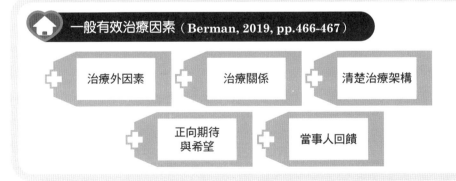

家族治療（Corey, 2016/2017, pp.535-549）

基本哲學

從互動與系統式的觀點來看家庭。當事人與運作中的系統相連，某一部分的改變會造成其他部分的改變。家庭也提供脈絡用來理解個人在與他人的關係下如何互動。治療以家庭為單位，個人的失功能行為是由於家庭互動或更大系統而產生。

重要概念

重點放在家庭內的溝通型態（包括語文與非語文的）。關係問題可能會代間傳遞，主要概念包括分化、三角關係、權力結盟、原生家庭的動力等。

治療目標

幫助家庭成員覺察不良的關係型態、創造新的互動方式，辨識當事人的問題行為如何滿足家庭的某種功能或目的，了解失功能的模式如何代間傳遞，以及家庭規則和過去原生家庭經驗如何持續其影響。

治療關係

家庭治療者的功能是老師、教練、楷模及諮詢的對象。家庭學習各種方法來發掘與解決卡住成員的問題，以及代代相傳的模式。有些取向的治療者比較站在專家的立場，其他則著重在了解家庭在此時此刻發生的事情。所有家庭治療者都關心家庭互動的過程，同時教導溝通的模式。

治療技術

處理婚姻困擾、家庭成員的溝通問題、權力爭奪、家庭危機情況，協助個人發揮潛能以及增進家庭整體的功能運作。

一般有效治療因素（Berman, 2019, pp.466-467）

治療外因素　｜　治療關係　｜　清楚治療架構

正向期待與希望　｜　當事人回饋

＋ 知識補充站

女性主義家族治療師注意性別議題在家庭中的角色，因此會與家庭成員檢視家庭角色、對不同性別角色的期待等。

單元 **40** 家庭治療技術：特殊技巧（四）

特殊技巧（續）

（十一）創意與自發性

家庭治療師通常極具創意，像是之前的 Milton Erickson 運用催眠、Jay Haley 的苦刑治療（ordeal therapy），以及其他治療師在治療過程中的策略與巧思，都展現了治療師的個人風格與創意，而治療師的個人經驗是創意介入的來源（Andolfi, Angelo & Nichilo, 1989, Whitaker & Keith, 1981, Wilson, 2007, cited in Rober, 2017, p.131），隨著治療師的經驗值增多，也會創發適合某些議題或是當事人的技巧與策略，甚至有不少即興演出。許多的技巧只要能夠達到目的，都可以創新研發，如 Maurizio Andolfi（2016/2020）就運用治療師的主動性在家庭成員之間移動，或是坐在地板上，甚至讓成員移動、彼此靠近，此外運用具體化（如進行儀式、繪製家系圖等）的方式，展現破壞慣性、不適當的互動模式，讓成員看見行動與改變、並有反思的分享。讀者在許多的書籍或資料上，都可以找到這些創意的資訊。

家族治療以創意發想著稱，許多理論研發者也是臨床工作者，因此會因為接觸不同家庭或議題，而研發出可以有效應用、達成治療目標的方式，像是開立處方（矛盾意向法），家庭成員可以遵從或不遵從，結果就如同治療師所預期，都能達成目標。有些治療師甚至預測伴侶問題無法解決，但是過不久兩造卻攜手前來告知治療師他的「預測」錯了，因為他們解決了問題——這不就是治療師所要的嗎？有治療師會限制家庭成員的改變速度（也是預防復發），有些治療師不會針對家庭所提的問題做處理（如 Milton Erickson），但是卻解決了當事人的問題。

（十二）其他相關技巧

治療師使用隱喻來設立目標、評估治療效果，或是讓無法以言語表達者說明自己的情境與感受；利用儀式來讓家人表達對於彼此的關愛與在乎，甚至為悲劇或悔恨做一個總結或結束的動作；運用照片或攝影，做為家人共同有的回憶與回顧，喚起成員的能力與希望，甚至用來記錄治療進展；採用遊戲方式，鬆動僵固的界限，或是一起學習重新連結的方式，親子遊戲也可以讓家長看見孩子的成長，以及與孩子不同相處的方式；使用想像方式帶領成員看見未來的目標或沒有問題的未來，也可以正念觀想的方式，讓成員學習接納自己的情緒、拓展忍受度；互相角色扮演，讓家長看見自己在孩子心目中的形象，以及讓孩子了解身為父母的擔憂或責任；為不同家庭與成員，依據治療進展或需求，規範家庭作業或任務，也可以為改變的行動開啟契機。

小博士解說

家庭作業以體驗居多，連結治療效果之外，還可以讓家庭成員開始針對改變採取行動。行動作業也可以破除對改變的看法，嘗試新的問題解決方式。

擬定治療計畫（Patterson et al., 2009/2011, p.95）

列出問題清單

了解個案與改變的目標

明確定義個案的狀況（包括是否符合 DSM-V）

擬定長期的治療目標

挑選出合適的治療介入方法

確定治療期限與次數

考慮是否須尋求外面資源的諮詢或轉介出去

 家庭治療師需要評估的項目（Nichols, 2010, pp.66-74）

呈現問題（家庭如何解決與其效果、對被認定病人的反應）

文化因素（主流或非主流、是否為弱勢族群）

了解是自願或轉介而來

性別議題（雙親的性別角色、對子女的性別教育或約束）

看出家庭系統的脈絡（就問題引發的人際情況，不要只看見問題）

有無嗑藥、外遇、家暴或兒童虐待

家庭正面臨哪一個生命階段

溝通情況

家庭建構（家人組織、次系統、界限、三角關係）

+ 知識補充站

　　一對新組成的伴侶代表的是兩個家族的交會，這兩個家族都有各自複雜的族譜根源，對這個新形成的核心家庭發展具有深遠的影響力（Andolfi, 2016/2020, p.34）。

Part 7

案例分析與家庭治療注意事項

單元 41 伴侶治療注意事項

與家庭工作，最基本的是親子（通常是母親與孩子），接著就是伴侶或配偶治療，不管是同／異性戀伴侶，常常也會因為彼此價值觀不同，會有爭執或衝突，因此有人提到伴侶之間最常爭吵的議題是孩子、性與金錢。Minuchin 認為婚姻並不能成全我們，而是彌補失落的部分，伴侶間也不是獨立的，而是共同決定的；伴侶治療尋求的通常不是協助，而是辯解或藉口，要讓治療師知道對方是如何不公平或遲鈍（Minuchin & Nichols, 1993, p.63），每一個關係都需要穩定與改變的公式，成功的關係是要能夠適應改變（Minuchin & Nichols, 1993, pp.99-100）；「互補」（complementarity）可以讓伴侶分工、支持及讓彼此更豐富（Minuchin & Nichols, 1993, p.88）。根據 Doss、Simpson 與 Christensen（2004, cited in Corey et al., 2011, p.444）的研究，在美國尋求伴侶治療的問題依序是：溝通問題、沒有熱情、想對伴侶或關係有正向感受，以及想要為了孩子來增進彼此的關係。然而，在目前社會依然是男性至上的情況，要讓異性戀伴侶的男性參與治療，還是有若干難度。與伴侶工作的有效原則（Patterson et al., 2009/2012, pp.190-204）如下所列。

（一）加入伴侶系統——將伴侶視為一個單位，同時與兩方建立同理的連結，並擔任伴侶之間的傳譯或解釋者。

（二）建立對治療的承諾——如果伴侶雙方都願意對兩人的關係做出承諾，治療就較可能成功。

（三）辨識並改變惡性循環——阻斷彼此惡性的互動模式，重新建立新的、有效的互動方式。

（四）從責怪對方轉變為關注自我——若因婚姻問題而持續指責對方，治療就會處於僵局、無法前進，因此協助伴侶將焦點轉向自己需要努力與改變的部分，也可減少衝突或責怪的機率。

（五）增強凝聚力及關懷——通常由治療師指定與行為有關的家庭作業，讓伴侶回去共同執行，若能夠成功地完成這些家庭作業，他們對關係的滿意度就會增加。

（六）辨識並處理個人的心理病理問題——倘若其中一方或雙方有心理疾病（如憂鬱症、自戀型人格），就必須考慮到心理疾病對個人與家庭的影響，並鼓勵其接受適當治療，同時持續進行伴侶諮商。

（七）伴侶的情緒管理——伴侶可能將爭執戰線拉到治療場域中，因此必須教導他們能夠辨識何時兩個人或其中之一的情緒會高漲（因為情緒高漲就可能出現一些傷害關係的暴力行為），要做有效之處置（如暫停或離開現場），進行適當溝通，同時了解憤怒底下的真正情緒為何。

小**博士**解說

同性伴侶間，女性伴侶會出現情緒融合及逃避衝突的問題，男性伴侶會出現情緒疏離和競爭的問題（Patterson et al., 2009/2012, p.211）。

依附理論的伴侶治療（Johnson, 2003, p.110）

聚焦在依附需求與害怕的認可，提升安全情緒的連結、舒適與支持。

情緒反應與溝通的特權，直接指出依附的易受傷害與害怕，培養情緒的共頻與反應。

創造彼此尊重的合作聯盟，使得治療時段本身為安全堡壘。

明顯形塑反應與可接近性，讓退縮的伴侶願意重新連結、責備的伴侶可以提供支持及軟化，而連結事件得以產生，解決負面循環及不安全感。

聚焦在自我定義，並且與依附對象在情緒關係中可以重新定義。

形塑重新定義的最佳依附反應，並述及阻礙關係修復的創傷。

 新手治療師面對伴侶治療的挑戰（Patterson et al., 2009/2012, p.216）

維持與雙方的平衡關係

如果雙方對於兩人關係的目標不同，必須先建立雙方對治療的承諾

辨識伴侶的互動循環

處理伴侶的情緒

＋ 知識補充站

　　所有的不貞型態會有兩種明顯的構成要素：（一）打破伴侶之間對性和情感獨占的協議，（二）祕密（Patterson et al., 2009/2012, p.206）。

單元 **42** 案例分析與介入處理（一）

現代的親職受到大環境變化（如數位科技、價值觀的改變、少子化等）的衝激，已經是「計畫趕不上變化」，如何在這樣的氛圍中建立良善的家庭與親子關係，讓孩子的成長過程不會受到扭曲與過載（overload），的確是親職教育面對的最大挑戰。家庭在科技與網路日新月異的洪流中，不僅文化與價值觀需要遭受挑戰，壓力與不同心理疾病產生，也給現代家庭平添了許多變數，對家庭治療師而言更是如此。不同理論對於家庭議題的觀點與解讀不同，自然也影響接續下來的介入及處置，就如不同學派對於兒童問題的看法不一樣。本節會呈現若干案例，並做分析及假設性切入。

案例舉隅一：搗蛋鬼

李家為四口之家，父親李立（五十歲）經營一家皮革製品工廠，多年前工廠已經搬遷到中國大陸，因此每隔三個月才會返回臺灣家中；母親王美珍（四十八歲）為家管，年輕時曾經擔任幼稚園教職，結婚育子之後就辭掉工作，專心在家教養一對兒子。大兒子李維念高中二年級，較為沉默寡言，二兒子李承國二生（十五歲），是母親口中較貼心的一個。第一次約晤談時間是母親美珍主動打電話來，她說李承又在學校闖禍，丈夫回臺就指責她：「連孩子都管不好！」美珍自己找朋友談婚姻中的挫敗，但是通常除了情緒宣洩外，沒有其他作用，這一回二兒子又出事，丈夫叫她來見治療師。治療師先與美珍、李承見過

面，第一次晤談之後，要求美珍將其他兩位家人也找來一起談話，但是美珍面有難色，說自己先生也說不準何時回臺，這樣可能會耽擱晤談時間，但治療師堅持要美珍「叫」丈夫一起出席；第一次晤談後兩週，美珍來電，說丈夫可以一起來，但大兒子李維（十七歲）可能不會出現，就這樣約了第二次晤談時間。

根據美珍的描述，大兒子目前念高二，成績平平、木訥寡言，常常回家就將自己關在房間裡，有時候還不一定出來吃晚餐，平常在學校也無太大問題，為人和善、但朋友不多；二兒子李承目前國二，活潑開朗、數理成績不錯，就是太有自己的意見，在學校會說出不同意老師的看法，朋友很多，也常會有同學邀他一起出遊或打球。美珍與丈夫是在大學時代認識，當時對於丈夫的創意與能力很欣賞，丈夫雖然不是一流大學畢業，但是很有人脈，也對自己的未來很有想法，只是三十多歲之後自己創業，事業蒸蒸日上，反而無法兼顧家庭生活，近年來事業更拓展到中國大陸，幾乎一年見不到三、四次，每次回國時間也僅有幾天至一週左右，夫妻之間漸行漸遠，後來甚至只是熱吵或冷戰，大兒子的個性也變得退縮，但丈夫都認為是美珍的錯。

案例概念化思考脈絡：

■ 李承出現的搗蛋行為是從何時開始？若是之前才突然出現，一定有

重要事件發生。

■李承出現的搗蛋行為一定有其功能或目的，可能是其行為無意中有了附加利益，要不然他不會持續。

■美珍是家管、丈夫負責家庭生計，彼此之間是分工互補方式，是較為傳統的性別分配。

■丈夫將教養子女責任歸為美珍負責，他在教養中的角色為何？

■夫妻關係如何？丈夫在事業移往中國大陸之前與之後，彼此關係有何變化？

■是否有家庭祕密（如丈夫外遇）的議題？

可能處置方向：

■了解李承行為出現時間與可能目的。

■與李承商議其他建設性的解決方式，邀請母親協助。

■了解夫妻與家人互動情況（必要時做個別了解）。

■了解每個人對於治療目標的看法。

■了解家庭可用之資源有哪些？

■美珍的抑鬱情緒自何時開始？其所使用的資源或支持網絡有哪些？必要時轉介其做個別治療。

■若家人可以同時出席，改變其互動模式、調整夫妻位階（較為平權）是策略之一。

■練習新的、正向互動模式，並給予子女發言與被尊重之權利。

治療師的思考與介入

治療師從系統觀的角度了解李承的問題應只是展現了家庭問題的徵狀，或許李承只是不小心在學校犯了

錯（例如以罐頭來「解決」營養午餐難吃的問題，卻引起騷亂），但無意中發現可以讓媽媽暫時擺脫抑鬱的情況、趕到學校來處理他的事情，這樣子的母親才是他想要看見的樣子，或許才吻合他對於母親的期待，因此他「誤以為」自己解決了母親的問題，寧願犧牲自己（在學校犯錯），來看到他想要的結果（母親有活力的模樣），才會重複出現所謂的違犯行為。

案例一評估與介入

美珍是一位在婚姻中挫敗又沮喪的母親。不只因為孩子的表現與責任，讓她覺得有虧母職，加上長年不在家的丈夫指責、怪罪，更讓她覺得自信低落、自覺無能。本案的主訴問題是國二兒子李承在校的「問題行為」。根據美珍的描述，念國二的李承似乎精力充沛、不服管束，常常在學校被老師責備或處罰，身為家長的她也常常需要出席、面對師長的數落，感覺無能與無奈。

美珍第一次出現時，是治療師要求其與二兒子李承一起來，想要了解所謂李承的「又在學校闖禍」實際情況，看看治療師可以協助什麼？在聽美珍敘述李承在學校「挑戰」權威事件的同時，治療師發現李承的頭愈來愈低，但偶爾還會用關注的眼神看著美珍。聽完美珍敘述李承在學校「搗蛋」的故事——在大家不滿意學校的營養午餐時，李承有一回就帶了罐頭去學校，結果班上同學搶成一團，導師在盛怒之下，處罰了李承，還要他抄寫國文作業，治療師好奇問：「為什麼是國文作業？」李承無奈地說：「我們班導教國文。」治療師與李承交

換了一個會心的微笑，然後對著美珍與李承說：「我怎麼覺得這是一個『問題解決』的故事、而不是搗蛋的故事？」在這次晤談中，美珍還提到自己也學習一些輔導知能，只是無法套用在自己身上。

治療師接著請美珍暫時退出治療室，與李承單獨談話。治療師與李承談話的主要目的。是探索李承可以從較不「引人注目」的角度去解決自己面臨的挑戰（包括如何解決難吃的營養午餐問題、中午午覺睡過頭的問題）。李承的確有一些可以使用的問題解決策略，同時不需要引發全班騷動或導師的干預。此外治療師也提到李承會擔心雙親的互動情況（包括父親指責母親沒有盡到管教孩子

的責任），李承的表情變得有些難過與慌亂，李承提及父親在中國大陸有另外的孩子，還有一個他不認識的阿姨在那裡，這是他有一次跟爸爸去中國大陸工廠看到的，但是他不敢讓媽媽知道，因為他擔心媽媽會跟爸爸離婚、離開這個家，而且「媽媽要擔心的事情太多了！」接下來治療師與李承提到自己身為子女可以做的，不是去擔心父母親的婚姻，而是如何做好自己的本分，至少讓母親少擔心，李承說，至少他還是媽媽的開心果、會逗媽媽開心。治療師也提醒李承他是小孩，不應該承擔父母親的責任，儘管他們已經不愛彼此，但依然是他們兄弟的雙親，會照顧與關愛他們。

小博士解說

治療師做自我揭露之前，通常需要清楚為何這麼做的原因，是希望提升信任感或更涉入治療過程？示範所謂的開放或鼓勵當事人相對地做自我揭露？回應當事人之問題、或是肯定及欣賞當事人的個性或行動（Miller & Rollnick, 2013, pp.150-151）？

不同學派對兒童問題的看法
（Henderson, D. A., & Thompson, C. L. 2011/2015, p.2-2）

 **現實學派** 社會沒有滿足兒童的需求，因此兒童在學校和生活中受挫、無法在學業與行為上茁壯。Glasser 提出五種反映和延伸馬斯洛的需求理論：生存與繁殖的需求、歸屬與愛的需求、獲得權力的需求、自由的需求與快樂的需求。

阿德勒學派 相信兒童用嘗試錯誤的方法來滿足需求。建議成人檢視不良行為的目的，並引導朝向較滿意的結果發展。

行為學派 兒童課業和行為的問題導致錯誤的學習。兒童從不良示範的增強，學習到不適當的方法。透過「反學習」與「消除」不適當的模式，學習更適當的行為，並幫助兒童成功。

 現代親職教育的挑戰

少子化更加重孩子自我中心的價值觀，造成缺乏同理心、未能與人合作、得失心太重等偏差。

網路科技發達，造成家長與科技之間的拔河。

成人與教育系統不是資訊的唯一來源。

少子化造成家長愛與管教之間的平衡。

資訊過多或爆炸，造成真假知識不分（更需判斷力的養成）。

經濟衰退與工作的可替代性增加（如人工智慧），家長需要身兼多份工作才能維持生計，自然影響親子共處時間。

全球競爭的結果，為了讓孩子更具競爭力與能力，不讓孩子輸在起跑點上，家長必須要放手讓孩子去學習更多技能。

科技資訊的發達，造成傳統知識權威的喪失，孩子的學習是以「下載」與「卸載」為主，不再重視傳統的學習與努力，也造成親子兩代間價值觀的迥異。

親職外放（如保母、安親、補習班）與經濟衰退趨勢，相對造成親子相處時間減少、管教無力。

＋ 知識補充站

華人重視家族與家庭，許多家庭議題因為集體主義影響，不敢放上檯面，但也因此更加深了家庭成員的痛苦與受苦時間。

單元 **42** 案例分析與介入處理（二）

案例一評估與介入（續）

治療師要求美珍下一回「叫」丈夫一起出席，同時將治療師對於問題的看法做了解說：「通常孩子出現問題不是因為孩子本身，而是反映了家庭裡出現的挑戰。李承擔心妳的心情、還有你們夫妻的情況，他或許是不小心在學校惹了事，卻發現可以讓妳生氣、展現了活力，所以就以這樣的方式來轉移妳對自己婚姻的失望與焦慮。」美珍聽著不由得流下淚來。

由於治療師要求全家出席第二次晤談，美珍在第一次晤談結束時說：「我先生剛回去中國大陸，所以近期回國可能要三個月後。」治療師表示同理美珍的難處，希望她自己先去做個別諮商，慢慢將自己的能量恢復之後、再來處理孩子與家裡的事會較輕鬆，但仍堅持全家一起來。結果未及兩週，美珍打電話來約第二次晤談時間，還說丈夫會一起來。

李先生領先進門，然後與治療師聊天，可見其人際智慧極高，然而治療師也觀察到李先生寒暄與坐下來談話的過程中，沒有正眼看過自己妻子與兒子。治療師先打斷李先生冗長的寒暄，直接說今天是要來解決問題，不是做公關的，李先生臉色有點改變，但馬上恢復正常。席間李先生提及自己對家庭的不滿意，認為兩位兒子都不像他積極努力，現在老二又在學校鬧事情，讓他很沒有面子，他說老婆整天在家、孩子都這樣了。治療師詢問：「孩子是誰的？教養是夫妻兩人的責任。」接著治療師提及李承不是問題所在，而且誇讚李承的解決問題能力，因此請李承離席，到諮商室外，然後針對夫妻兩人說明家庭系統與孩子問題的關係，如果家庭是一個系統，李承的「問題」有其功能——轉移母親美珍的注意力與憂鬱，但是真正的問題不在李承身上。治療師也提及華人社會常常因為孩子出生，配偶就忘了經營彼此的親密關係，建議李氏夫婦去尋求專業的長期協助。

治療師再度邀請李承列席，然後問他們一個問題：「如果滿分是一百分，你願意留在家裡的分數是多少？」李先生說一百，李承八十，美珍四十，治療師說：「哇，媽媽不想留在家裡，一腳已經跨出去了。」然後治療師將問題拋向父子檔：「那麼，要怎麼樣留住媽媽？」李先生馬上說要給出一百分，治療師說：「你不想待在家裡了？」於是李先生改成給四十分，治療師要李先生正眼看著妻子說。李承卻猶豫了好久，治療師問道：「你在擔心什麼嗎？」李承很為難地道：「我想給多一點，但是又不想不及格！」治療師啞然失笑。

治療師針對案例一的文化思考

由於美珍是被丈夫「叫來」接受諮商，治療師要求美珍「叫」丈夫一起來，有點平衡權力的味道。

丈夫領頭進入治療室，也表示他是家中權力最大者。

夫妻之間的位階差異過大，造成妻子是較低下的層級，這也是男權社會的現象。

夫妻的角色分派是很傳統的，男主外（家計維持者）、女主內（家管與照顧者），彼此角色屬於互補型。

憂鬱的母親通常也是男權社會下的產物，因為被限制在私領域（家庭）內，也不能為自己發聲。

美珍無適當之支持網絡或資源，感覺是獨力奮鬥的家長。

 案例一治療師介入的思考

需要將夫妻之間的位階做一些修正

讓孩子回歸其位、不需為父母的問題承擔責任

給妻子與孩子發聲的機會

說明家庭系統與看問題的角度

企圖鞏固夫妻的關係與改變成對等關係

＋ 知識補充站

治療師使用語言的方式，也會影響治療過程與效果，治療師若是常以家長姿態說話、貶低當事人，未經許可給予建議，或是以強迫性的方式說話，都會損害當事人的自主性（Miller & Rollnick, 2013, p.143）。

單元 42 案例分析與介入處理（三）

案例舉隅二：媽寶

二十歲的吳凡因為情緒問題來求助。他說他每天至少要接到媽媽十通左右的電話，有時詢問他今天在學校的情況，有時是因為跟爸爸吵架、要吳凡站在自己這一邊，還有些時候是媽媽說自己要去死、一了百了，雖然他因此被媽媽禁止不能去做很多事，像是他要跟同學去打球，媽媽說幹嘛不利用時間多讀書？他就不敢去。吳凡還說自己一向很乖，不敢違逆媽媽的話，即使現在人在外地求學，不在媽媽監控的範圍內，他還是不敢造次，因為他是誠實的好兒子。吳凡說，自己也很矛盾，因為上了大學，他有好多想做的事，但是多半不能得到媽媽的贊同，他也只好放棄，只是有時候他也很氣，氣自己不敢背著媽媽做自己想做的事！吳凡說，之前哥哥就因為上大學與女友同居，媽媽氣得一年不理他，後來哥哥與女友搬回家來，媽媽也沒有反對。吳凡說，雖然他很氣哥哥不聽話，與一位媽媽不喜歡的人交往、後來還因此有了孩子，但是他其實有點羨慕哥哥有過一年的自由。

姊姊是聽話的孩子，也一直遵從父母親的意見、選擇所讀的科系與生涯，但是在吳凡的眼中看來卻是抑鬱不得志。吳凡認為姊姊很有才華，應該可以朝向自己的志趣努力，但卻因為媽媽的堅持，現在已經三十歲了，卻還是住在家裡，也沒有社交生活，但是媽媽又常說她不出去交朋友，萬一姊姊出門晚回來了，媽媽又會罵，真是很矛盾。

吳凡說，儘管他很努力想要成為媽媽的驕傲，但是同時卻又覺得自己很不快樂，因為他發現孝順很難，而有時候都順媽媽的意，媽媽卻不一定高興。吳凡的外表雖然是個成熟男性，但是卻缺乏自信的光采，雖然他說自己很多表現都不錯，但外觀上卻是怯怯弱弱的不搭。

諮商師與他談過以後，直覺他是被情感綁架的對象，其他家人也是，但是目前的情況不可能讓吳凡家人都出席做會談，因此建議吳凡先做個別諮商的自我整理之後，再看看其他家人參與治療的意願。

此案例倘若可以進行家族治療，或許可以先請哥哥、哥哥女友與吳凡一起先出席，也可邀請姊姊或父親一起，看看家庭互動的具體模式為何？雖然聽起來媽媽是主要掌權者，但也可以想見其擔心自己失去權力或愛的懼怕。若能說服母親一起來晤談一次也好，讓家庭成員有機會表達自己想要的家庭與互動模式，還有各自的擔心為何？另外重新建構父母等權力位階、家人之間的界限等，也都可以是處置要點。

小博士解說

家庭治療若參與人數愈多，改變就可能愈大，但是往往來參與晤談者是權力最小、擔心最多的，不妨先轉介此人做自我整理，等自我強度夠了，或許可以邀請其他家人一起參與治療。

情感勒索的徵象（周慕姿，2017）

勒索者提出「要求」

勒索者讓被勒索者感到「壓力」

如果被勒索者沒有接受，或者是反駁，勒索者持續「威脅」，如用金錢、關係的破裂等，讓被勒索者不得不就範

勒索者食髓知味，於是下一次又「舊事重演」

被勒索者想要「抵抗」

被勒索者「順從」，於是看起來雙方的焦慮好像解決了，但其實是被勒索者「被摸頭了」

 情感勒索受害者

有罪惡感

自信與安全感被剝奪

將滿足他人的需求列為優先

犧牲自己的需求或忽略自己真實感受

常感無助、無力、煩躁的惡性循環

憂鬱與壓力、向內攻擊

感覺自己被玩弄於股掌間、被犧牲

無法建立適當、彈性的人際界限

✛ 知識補充站

　　家人之間也常藉著彼此的關係而「要脅」或「被要脅」，這就是所謂的「情感綁架」，這也考驗著家人在平衡歸屬感與自主獨立之間的智慧及能力。

Part 8

家庭治療注意事項

單元 43 家庭治療注意事項（一）

一般情況下，家庭治療若有愈多成員參與愈佳，因為可以造成的改變因而加乘，而且大家一起來、抗拒也會減少，但是在治療過程中，不一定是全家一起晤談，必要時，須視需要安排個別或是若干少數人分別晤談。Rober（2017, pp.117-118）提及一位被父親性侵的女子，有一次因為害怕而尿失禁，竟然免除了一次性侵，自此她就以尿床為保護自己不受傷害的方式，自殺也可能是用來抵制被動與憂鬱的手段，這些案例就是提醒治療師，有時候不能光看事情陳述的表面，需要開放去探究不同的可能性；家人之間可能有「沒有說出來的」或「不能說的」事情，當然偶爾也需要單獨與不同家庭成員晤談。首次與家庭晤談，要特別說明保密與知後同意的部分（Patterson et al., 2009/2012, p.35）。

治療室中也可以放置一些藝術表達的媒材，可供當事人使用，對於年紀小的孩子，繪畫或許就是他們可以表達自己的一種途徑，治療師不需要去解讀孩子畫的內容或可能含意，而是讓孩子自己來說明，並邀請其他家人依據這幅畫說出自己的解釋，也就是以圖畫為感官的想像（sensory image, Rober, 2017, p.162）來發問，像是圖畫中人物的聲音、味道、地點等，如：「他們躲在洞穴裡，是在逃避誰嗎？」我們一般在個諮場合也會讓當事人畫「屋樹人」，藉此做觀察與診斷，治療師通常會有一套解釋，然而有時候在治療中，不需要局限在診斷的解釋上，而是讓當事人自己來做說明，或許可以透露更多訊息。然而也要注意每個人有個別差異，並不是孩子就喜歡繪畫，的確有些孩子不喜歡，因此在治療室中放置其他可以做為表達的媒材是很重要的。

每個人都在不同的次系統中扮演不同的角色（Nichols, 1992, p.190），如親子次系統中的兒子、手足次系統中的兄弟，而姻親關係也會影響家庭的系統與運作，尤其以華人文化的緊密度來看更是如此。家庭治療不能自外於文化，華人社會是注重集體行動與榮辱的，特別是宗族與家族觀念依然強大的現代，家族治療就會遭遇到西方社會不會碰到的問題，這也說明了理論需要不斷地制宜、修正或改變，我國的治療師在運用時，當然也要注意。

此外需要注意的是，因為家庭是一個系統，對於改變會有抗拒是一定的，就如同個別諮商一樣；然而家庭的抗拒力會更大，也是可以預期的，畢竟我們會先看見要為改變付出的代價，而非其效果。治療最終都是希望造成改變，且朝更好的方向。

小博士解說

許多家庭祕密會隱藏夠久，因為不可說出、不敢求助，裡面受苦的人會更多、痛苦更深。

家中有禁忌不能說的理由
（Baxter & Wilmot, 1985, cited in Rober, 2017, p.109）

 可能會傷及家人關係

 有人會受到傷害

 可能給人不佳印象

 其他家人可能會傷害他／她

🏠 華人社會家庭治療可能考慮的議題

男性與女性都是父權社會下的犧牲者

男性傳宗接代的責任與義務

男性生涯與事業是其擅長領域與自尊來源

親職責任放在女性肩上的部分較重

女性希望成為母親的神聖使命

職業女性的多重角色與衝突

婆媳關係衍生的問題

家人之間的忠誠度需要考量（挑戰保密原則）

雖有家庭祕密，但無人敢碰觸，因為擔心後果無法承受

性關係在家庭治療場域中較少被碰觸，有時卻是必要

女性的「附屬」地位與權力皆低於男性，連薪資也是「貼補家用」

母子／女前來治療的較多，男性家長較少參與，且意願不高

✚ 知識補充站

華人希望維持表面的和諧，但是卻扼殺了多少個人的價值與尊嚴，許多家庭治療總脫離不了互信的溝通。

單元 **43** 家庭治療注意事項（二）

一、聽見了誰？

傾聽是諮商師最重要的工作與能力，而擔任家庭治療師，用傾聽來與家庭成員做連結是很重要的。傾聽本身是主動而非被動，也就是站在「不知」的立場來傾聽。傾聽不只要聽說話者，也要同時聽到那些在場的人，治療師不只要聽當事人說什麼、還要聽到他／她怎麼說（Rober, 2017, p.128）。Rober（2017）提到垂直（vertical）以及平行（horizontal）的傾聽——聽到當事人所說的故事，這是垂直的傾聽，同時注意到其他家庭成員聽到說者所說的反應，這叫平行的傾聽。傾聽不僅要用耳朵，還要用眼睛以及心去聆聽。諮商師不需要在傾聽的同時下診斷，而是要能夠懸置我們的判斷以及診斷，倘若是帶著診斷的心態來傾聽，也就是暗示治療師認為自己是跟當事人不一樣的（或許是說比較正常、比較健康等）（Rober, 2017, p.129）。當然，在家族治療裡，最難的是要兼顧與平衡所有參與治療的成員，因此不能在治療當中做個別諮商，還要顧及每位成員間的互動情況與每位成員的內在動力（想什麼？感受什麼？）

二、了解與善用家庭支持系統與資源

家庭治療是以系統觀的角度來看家庭，很重要的是家庭不能自外於外面的大環境（鄰里、社區、國家、文化、全球）脈絡，因此除了重視個人的優勢與資源之外，也要看見家庭的韌力、以及其可用資源。有時候家庭成員或許有延伸家庭成員或朋友的支持，在進行治療時，也可以將其納入。像是若成員之一的孩子與阿嬤感情緊密，或許也可請阿嬤加入，可以讓治療效果更佳。許多家庭會因為「家醜不外揚」，即便家庭出現問題需要協助，也不一定會使用或清楚可用之資源，更遑論進一步尋求幫忙，此時治療師可以提供相關訊息，甚至協助其取得資源。

三、不要急著下診斷或找出代罪羔羊

治療師因為自己相信的學派不同，對於診斷的看法亦異。有些治療師會先做診斷，有些則是會先暫時擱置，還有些是不相信診斷。倘若治療師以診斷為重點，有時候可能會誤導治療方向，甚至將問題窄化或聚焦在某人身上，這可能就失去了家庭治療的廣度。如果說個案概念化是持續的歷程，診斷也可以是持續不斷修正的過程，隨著治療師對於與一起工作的家庭更了解之後，也需要修正診斷。協助家庭找出真正有效的問題解決方式才是重點。

四、進行家庭治療的同時，必要時也可單獨與家庭成員之一晤談

畢竟家人總是會顧忌或顧慮到對方，因此有時候若治療師發現蹊蹺、家庭似乎有隱藏的議題（如家長一方有外遇），妨礙治療之進行，此時就有必要與成員中一人或若干人進行晤談，以釐清謎團。

家庭治療師的養成
（McCollum, 1990, cited in Patterson et al., 2009/2011, p.7）

 Step 1 聚焦在學習與家庭工作所必備的技巧，第一階段的技能學習主要是治療師嘗試釐清自己能夠對個案做些什麼。

 Step 2 學習將系統理論運用在臨床工作上，學習如何思考。

 Step 3 「治療師的自我」階段，焦點集中在與臨床工作相關的個人議題，治療師聚焦在學習與家庭工作時，如何運用自我。

 我們對於文化的迷思（Ajayi, Marquez, & Nazario,2013, pp.21-23）

文化能力不是可以獲取的知識。

每一個家庭本身都是一個文化（大社會的影響力不容忽視）。

文化議題若當事人提出，就需要討論，要不然就忽略。

治療師應該是「色盲」，將所有家庭視為一樣的。

注意到差異是不好的，常常會加深刻板印象。

治療師在社會議題上，應該處於中立立場。

不是每個人都有一種文化。

 有關文化的假設（Ajayi et al., 2013, p.17）

 假設 **治療總是有其脈絡。** ｜ 治療過程牽涉到當事人的系統脈絡與治療師的脈絡。

 假設 **心理治療不是中立的過程。** ｜ 不管我們的理論取向如何，我們不能避免對當事人的影響。

 假設 **現實是文化所定義的。** ｜ 儘管許多的現實是主觀的，但是不能免於文化之影響。

單元 43 家庭治療注意事項（三）

五、家庭治療不一定要全員出席

進行家庭治療當然希望全家都一起參與，但是家人持不同意見是常見的事，多半是親子出席較多、而且是以母親領頭最多。家庭治療最好是讓全家都可以出席，這樣的效果最佳，然而家中每一個人是獨立個體，有自己的想法與選擇，當然也可能不參與治療，因此若無法全家參與，治療師也可以善用參與成員出席的機會，努力讓治療產生最佳效果。有時候不一定是家人出席，而是重要他人（如親戚朋友或社工）也一併參與，這都視其必要性而決定。

六、不需要一直關注於目標人物的問題上

治療師若是只專注於某位當事人的問題上，可能就失焦了，或許改用個別治療較佳，況且治療師若只關注於某位人物的問題，可能無形中更強化了當事人對自己的標籤，也讓他們更仰賴治療師（Rober, 2017, p.200）。家庭治療的觀點也提醒我們：許多個人的問題其實是呈現家庭問題的徵狀而已，個人通常是代罪羔羊的角色。請記得：治療師面對的當事人是家庭，而非單獨一人；治療師的目的是協助家庭可以對議題或關切事項做更好處理或適應，因此讓其像親密一家人那般互助、彼此支持，有能力去面對生活中的挑戰才是重點。

七、注意家庭信仰或靈性哲學

有些家庭受到宗教或信仰的影響很深，甚至在家庭遭受重創時，藉由靈性或信仰是很重要的支持管道，諮商師也需要善用家庭成員的靈性需求，整合其資源，重新面對生命的挑戰。靈性議題是一般諮商師較容易忽略的，倘若家庭遭遇變故，或還在哀傷情況下，的確需要找到支撐的力量，協助家庭繼續往前。有關靈性需求的部分，治療師也需要結合相關在地資源（如廟宇、教會），協助當事人家庭。這一點也挑戰了治療師本身的信仰或文化敏銳度。有些治療師認為，不需要特別提到信仰或宗教，但是得視當事人家庭的需求而定，倘若自己不清楚哪些資源可以連結或使用，不妨請教家庭成員、諮詢同儕或督導，治療師自己也需要去熟悉、了解。

八、家庭發展階段與治療師生命階段的適配度

治療師與晤談家庭生命階段的適配度也需注意（Simon, 1988, cited in Gladding, 1998, p.20），治療師或許還未經歷過此家庭的生命階段，或是治療師目前正處於該家庭所在的階段，或是治療師已經經歷過該家庭正在經歷的階段。倘若治療師與協助的家庭之間適配度不足，治療師尚未經歷者，可能會較難建立同盟或同理；若治療師正在經歷與此家庭一樣的階段，輕視、焦慮或忌妒可能會干擾治療；若治療師已經經過那個階段，或許更能對此家庭有幫助。

有關靈性需求，Griffith與Elliott（**2002, cited in Elliott & Clark, 2013, p.34**）建議治療師可以詢問以下問題

 在此艱難時刻，是什麼維繫你們的家庭？

你可以在哪裡找到平靜／安慰／希望？

當你急著要擺脫一切，你是怎麼讓自己不去自殺的？

當情況如此令人困惑，你是怎麼找到智慧與清明的？

 你最深的感謝是？

誰最了解你內在最深沉的思考？

 有時僅僅是問：「我不知道你怎麼讓自己一天天這樣熬過去，你是怎麼辦到的？」讓當事人有機會回應即可。

 高風險家庭篩選評估標準

有□ 無□	家中成員關係紊亂或有家庭衝突，家中成人有同居人、常換同居人，或家長、同居人從事特種行業、有藥酒癮、精神疾病及犯罪前科
有□ 無□	兒童、少年父母或主要照顧人從事特種行業、有藥酒癮、精神疾病而未就醫或持續就醫者
有□ 無□	因貧困、單親、隔代教養或其他不利因素，使兒童及少年未獲妥善照顧
有□ 無□	負擔家計者失業或重複失業（包括裁員、資遣）、強迫退休，使兒童及少年未獲妥善照顧
有□ 無□	負擔家計者死亡、出走、重病、入獄服刑等，使兒童及少年未獲妥善照顧
有□　無□	其他

╋ 知識補充站

　　科技網路發達與價值觀的改變，約砲或網路性愛也成為家庭新的挑戰，這些自然也會影響配偶與家庭關係。

單元 44　新手治療師注意事項（一）

一、新手家庭治療師常犯的錯誤

Patterson（2012/2009, p.5）等人建議新手家庭治療師要從發展的角度來看自己的專業，也就是相信自己可以經過努力與經驗淬鍊，慢慢成為專業治療師。家庭治療師因為缺乏信心，所以會有壓力與焦慮的問題，了解這些感覺是很正常的，新手治療師與其他治療師或督導分享這些經驗，可以協助將這些經驗常態化；此外，若有扭曲的認知和想法，也可能造成治療師的害怕及缺乏自信，因此可以採用重新架構認知、找出有效進行治療的想法，倘若能夠找出這些扭曲的想法，就需要找一些有建設性的想法來取代。了解治療師和當事人之間的關係具有治療性是非常重要的，融入以及同理傾聽是最重要的技巧。一開始在與當事人面談時，通常是非常辛苦的學習歷程，等到獲得足夠經驗之後，許多情境就會變得很熟悉。資深的治療師通常需要五到七年的磨練時間，才慢慢感到安全或有自信（Patterson et al., 2012/2009, pp.5-6）。

新手家庭治療師常犯的錯誤有：未能建立起治療架構、未能展現出關心或關切、未能在治療過程中與家庭成員連結、未能讓家庭處理他們的問題、未能注意到非語言的家庭動力，以及太強調細節、太強調讓每個人都快樂、太強調語言的表達、太強調太早或太簡單的解決方式、太強調與一位家庭成員的互動（Gladding, 1998, pp.93-98）。新手治療師還有所謂的「做些事情症候群」（do-something syndrome）（Patterson et al., 2009/2011, p.124），想要在治療中有所做為、只想要運用某些技巧，卻忘了自己才是最重要的工具，關係建立後，技巧才有發揮之地。

二、防範專業耗竭

面對家庭做治療，對許多治療師而言，都是一項艱困的挑戰，要是治療師本身從原生家庭帶來一些議題或個人的一些未竟事務，也都可能對治療造成影響，況且「家庭」與宗族觀念，在華人文化當中是非常重要的，再加上我們有倫理次序、維持人際和諧與尊重的規範，因此直接的溝通常常不可能，也會有潛藏的許多考量與情緒。因此，家族治療師自身對於自己原生家庭的經驗與反省就變得非常重要，而且要常常做覺察與反思！

新手治療師出現專業耗竭的主要原因：因為學習做治療是一項要求嚴苛的工作，治療師常常擔心自己能力不足而造成重大損失，也會減少對治療的樂趣，因此治療師能夠學會有效處理自己的情緒界限非常重要；治療師還需承擔臨床工作以外的壓力（如學業或是家庭等）；學習做治療的過程中，許多課程或臨床工作可能引發一些個人的議題，個人的議題若無適當處理，可能會增加自己工作上的壓力。為了避免專業耗竭，學習照顧好自己是必要的，也要為自己設限，要有強而有力的社會支持網絡（不一定只是治療師同儕的支持與了解，在治療圈外的支持也很重要）（Patterson et al., 2012/2009, pp.11-12）。治療師每天面對的諸多負面能量與議題，自己願意固定尋求專業協助，自然更能夠減少身心耗竭機會，同時更能發揮服務效能！

關於治療師哲學可以問自己的問題（Taibbi, 1996, p.9）

? 生命中最重要的是什麼？

? 生命的目的為何？你的生命目標為何？只有你可以提供、創造與做的事為何？

? 關係與家庭的意義為何？你對他人的責任是什麼？

? 為何關係會改變？人可以改變的有多少？我們怎麼知道何時改變是必要的？

? 關係的限制為何？何時需要結束關係？承諾是指什麼？

? 為自己或為他人而做的關係是什麼？

? 愛一個人或事物的意義為何？

? 家長最需要教導孩子的是什麼？家長的責任與涉入的界限為何？

? 情緒在我們生命中的角色為何？

? 工作的目的是什麼？

? 我們的生命受過去控制有多少？

⌂ 擔任有效家庭治療師的條件（不限於此）

完成相關諮商訓練及（接受督導下）實務

完成家庭系統與理論的訓練及（接受督導下）實務

完成特定取向的家族訓練、取得認證資格

持續繼續教育訓練

固定同儕個案研討與督導

持續自我覺察與反思

觀看或聆聽治療錄音錄影

使用逐字稿

＋ 知識補充站

界限不只規範了個人與他人的關係、家庭內的次系統，同時也決定了家庭與外界的關係。

單元 44　新手治療師注意事項（二）

三、新手家庭治療師在治療過程中的注意事項

治療師做完整的評估與有效的處遇，主要是取決於他／她能夠聆聽及專注於當事人的故事，也讓當事人知道自己能夠被了解，而有效的處遇必須奠基於清楚了解家庭的動力關係，治療師採用某一特定的理論取向來界定當事人的問題，是一個很有助益的方法，而當我們運用某一種理論架構的經驗愈來愈豐富之後，就會開始覺察這個理論的限制，並且嘗試使用其他的理論（Patterson et al., 2012/2009, p.9）。「治療的自我」對治療工作有強烈的影響力，除了治療師用自我為工具之外，一般督導也會建議治療師可以更深入探討自己的個人議題，願意面對這些議題來獲得成長及洞察力，這樣就可以把自己的這些生活經驗有效地運用到治療場域中（Patterson et al., 2012/2009, p.10）。

治療師要能夠掌握語言之外的其他管道（如身體、眼神、手勢與姿態）所傳遞的非語言訊息，較之口語訊息更具說服力，也要欣賞那些具有關係意義的停頓與與沉默（Andolfi, 2016/2020, p.17）。

此外，治療師要能夠避免文化刻板印象及機構的慣例，而以積極主動的方式運用自我、情感共鳴及治療空間，與不同家庭成員靠近、有身體接觸，來促進新的連結。治療師的外顯跟內在的「同在」，是最有效的治療工具。治療師與每個人進行直接而真誠的接觸，藉著治療師與當事人的「同頻」（attuning）──與其痛苦、絕望等情緒深度同理及同在，讓成員因為活力和希望，將它們轉化為改變的力量，另外，治療師要帶著熱情與同理進入家庭與其最困難的議題（Andolfi, 2016/2020, pp.17-18），家庭才會覺得有希望與願景，同時激起想要改變的動力與行動。

治療師因為經驗的累積、技巧愈來愈成熟，對治療的掌控也愈來愈好，學習如何在客觀性與情緒投入之間取得平衡，也就是要學習到如何建構一道適當的情緒界限。界限太過模糊，可能會不知所措，容易捲入當事人的家庭系統中，相反地，若界限太過僵化，可能就缺乏必要的同理心，無法適當了解當事人的問題，以及融入這個家庭。就如同我們於自身家庭與生活中，希望可以維持自我獨立性與歸屬之需要的平衡，有能力設立與維持彈性及有效的生、心理界限是一樣的。

治療師不免也會遭遇到弱勢或不被目前政策照顧到的家庭，除了為家庭連結適當資源以外，也持續擔任改變的能動者，以實際行動催化政策或機構的改變，讓更多人蒙受其利。

小博士 解 說

若治療師因為年紀或生命經驗有所不足，可以做的是：增加自己對於特殊家庭議題的了解與敏銳度、找督導協助，以及在繼續教育中加強對於家庭議題的了解與處理（Gladding, 1998, pp.20-21）。

新手治療師常犯錯誤（Gladding, 1998, pp.92-98）

 說明

無法建立適當結構	治療要如何進行
無法表現出關心或關切	治療師太過焦慮
無法在治療過程中適當與家庭成員建立關係	適當寒暄建立關係，並專注於不同成員
無法讓家庭成員努力解決面臨的問題	讓家庭成員有動力做出改變
無法專注於家庭成員間的非語言動力	太重視內容，忘了同時專注過程
太強調細節	忘了過程一樣重要
太強調語言的表達	疏漏非語言訊息
太強調過早且容易的解決方式	過早結束治療
太強調家庭中某位成員所說的細節	如太過關切代罪羔羊、未與家庭一起工作

治療師面對多元性別的族群（Gehart, 2014, p.100）

了解異性戀歧視		需要知道性別與性少數族群日常生活中被邊緣化、被批判、被忽視的實際體驗，而在廣大的媒體或廣告裡，也很少呈現他們真實的面貌。
治療師的自我反思		需要能夠自我反思自身可能是特權族群的經驗，以及自己的性與性別取向是受到社會所接納、贊同的。
了解自己的位置、透明度以及自我揭露		要與當事人坦承地討論相似與不同區塊，或協助其提到權力與位階的議題，太多的自我揭露是沒有建設性的。
將當事人視為專家，而治療師是站在好奇的立場		為了要能夠在治療中合作，治療師應該要站在一個好奇的立場，將當事人視為他們生命與生命型態的專家。
連結更廣泛的系統		治療師應該考慮更大的社會系統，這些多元性別族群的當事人也是其中一部分，並鼓勵他們去尋找正向、支持的社區。

＋ 知識補充站

　線上治療或治療師提供到府（外展）服務的家庭治療也是一種新趨勢。

單元 45　治療師的自我議題與照顧

Satir 堅信治療師需要充分了解自己與原生家庭的關聯，也必須先處理好自己與原生家庭的議題（Minuchin et al., 1996/2003, p.74），這一點也是許多臨床治療師及學者所相信的，原生家庭與我們的連結最深、影響也最深遠，當治療師觸碰不同的家庭與其議題時，很容易就觸動自身原生家庭的一切，為了讓治療效果更好，且不傷及來做治療的家庭與專業，治療師本身的自我知識、探索及處理與原生家庭的議題就非常重要。培育家族治療師的機構會特別強調準治療師自我覺察及反思自己的原生家庭，看看自己與原生家庭之間的未竟事務或可能的殘留影響為何，並做一些整理與修補，以免他日進行治療時，會干擾治療之進行與效果。

建構理論學者 Von Foerster（1981, cited in Andolfi, 2016/2020, p.28）觀察到「我們對於現實的描述都是自我參照的，而為了要獲得知識，就需要從了解自己與世界的關係開始」。繪製家族譜可讓治療師或受訓者了解自己的原生家庭與之前的世代脈絡，也可用來培訓治療師，透過呈現自己的家族譜來學習家庭系統。在繪製自己的家族譜時，內容的描述是其次，主要是可以再創造一次象徵性的旅程，讓自己回到過去的經驗或家族的私密（難言之隱或未竟事務）中，從故事軼聞中繼續傳遞（Andolfi, 2016/2020, pp.81-82）。

Andolfi（2016/2020, p.89）提到，倘若治療師在治療受阻處發現議題，可能就需要回頭去檢視自己的部分，因為可能與自身的未竟事宜或是自己家庭的共鳴（resonances）有關。這也提醒家庭治療師個人議題與專業議題是同步發生的，而許多接觸到的當事人議題也都可能會觸及自身，需要經常地覺察並接受督導，以防自己在治療中被引發的情緒妨礙了當事人福祉卻不自知。這牽涉到移情與反移情的議題，治療師唯有經常做自我覺察與反思，甚至有督導或同儕協助及討論，方能減少這樣的情況，並思以改進。

治療師也有自己的價值觀與喜惡，倘若假裝不受影響，就會影響治療師的真誠與透明度，當然也不利於治療效果；倘若治療師認為家中某些人就應該負責，也可能因為偏袒的認知，讓家庭未蒙其利、反受其害。家庭影響人最深也最久，擔任專業助人工作的家庭治療師當然也不能豁免，也因為接觸的是家庭，許多議題就變得很敏感，自然會衝擊到治療師本身的經驗，因此治療師本身持續有督導或做自我治療，對其個人與專業成長都有莫大助益。治療師學習家庭治療，第一位受益的一定是自己，可以更清楚自己與原生家庭之間的歷史與脈絡，較不容易情緒化，也更懂得處理家庭相關挑戰。

小博士 解說

治療師的自我照顧當然還包括一般的自我健康照護，也因為工作常接收負面能量，更要積極開發有效方式，最便捷的就是固定督導與人際支持。

專輔老師的自我照顧（整理自王麗斐主編，2013, pp.41-43）

工作中的自我照顧
- 做好工作上的時間規劃與檔案資料管理。
- 準時完成工作、不延宕。
- 營造校內溫馨、支援的夥伴關係。
- 建立彈性且有功能的角色界限。
- 建立校內外的資源與人脈。
- 認識自己的能力與限制。
- 轉化工作瓶頸時的心態。
- 熟悉相關的法規、辦法與倫理規範。

生活中的自我照顧
- 人際與關係支持——家人與親友。
- 身體的支持——生理照顧、適當運動、呼吸調節、紓壓、定期健康檢查與疾病管理。
- 環境的支持——接近大自然、溫暖舒適放鬆之生活環境。
- 自我支持——做好工作與休閒管理、良好嗜好、適時酬賞自己。
- 靈性的支持——靈性靜心活動、信仰活動。

 家族治療師額外的自我照顧項目

檢視與原生家庭的關係並做適當修補

與同業間有固定互動與督導

做個別或團體諮商

覺察札記的協助

將所學運用在自己的立即家庭中，營造更好的生活。

✚ **知識補充站**

　　家庭治療需要協助家庭連結適當可用資源，而非僅限於與案主家庭之間的互動。

參考書目

王行（2014）。「『薩提爾』不只是個姓，收錄於薩提爾治療實錄：逐步示範與解析（pp.10-12）」序。臺北：張老師文化（*A Guide to creating change in families*, By Satir, V., & Baldwin, M., 2000）。

王亦玲、蘇倫慧、蔡曉雯與吳亮慧譯（2015）。兒童心理諮商理論與技巧（8ᵗʰ ed.）。臺北：禾楓。（*Counseling children*, By Henderson, D. A., & Thompson, C. L., 2011）。

王舒芸（2015）。隔代教養家庭生活需求及福利服務研究調查期末報告。取自 file:///C:/Users/USER/Downloads/File_165357%20(1).pdf 2017.10.25 檢索。

王麗斐主編（2013）。國民小學學校輔導工作參考手冊。臺北：教育部。

內政部（2020）souf.moigov.tw/stat/gender/list3.html 2021.5.26 檢索

李瑞玲、黃繡與龔嫻紅譯（2001）薩提爾治療實錄：逐步示範與解析（pp.10-12）。臺北：張老師文化（*A Guide to creating change in families*, By Satir, V., & Baldwin, M., 2000）。

林亮吟（2014）。導讀，收錄於薩提爾治療實錄：逐步示範與解析（pp.19-23）。臺北：張老師文化（*A Guide to creating change in families*, By Satir, V., & Baldwin, M., 2000）。

吳慈恩、黃志中（2008）。婚姻暴力醫療處遇。臺南：復文。

林煜軒、劉昭郁、陳邵芊、李吉特、陳宣明、張立人譯（2011）。網路成癮：評估與治療指引手冊（*Internet addiction: A handbook & guide to evaluation & treatment*, by Young, K. S. & de Abreu, C. N, 2013）。臺北：心理。

邱珍琬（2002）。國小教師創意教學實際。初等教育學刊，12，247-272。

邱珍琬（2006）。女性主義治療—理論與實務運用。臺北：五南。

邱珍琬（2007）。諮商技術與實務。臺北：五南。

邱珍琬（2014.11）。新住民的親職實踐。家庭教育雙月刊。52，6-25。

典通公司（2020 年 4 月）。107 年新住民生活需求調查報告。2020.8.18 取自內政部網站。

周慕姿（2017）。情感綁架。2020.7.30 取自 http://womanynet/read/article/12954。

修慧蘭、鄭玄藏、余振民、王淳弘譯（2016）。諮商與心理治療理論與實務（四版）（*Theory and practice of counseling and psychotherapy*, 10 ed., by Corey, G., 2017 ）。臺北：新加坡商聖智學習。

許慈芳（2020）。已婚同志與伴侶家人互動關係研究。屏東大學教育心理與輔導學系碩士論文，未出版。

黃亞琴譯（2007）。尋找父親。臺北：雅書堂。（VterGesucht, By Gebauer, K., 2003）。

黃富源、鄧煌發（1998）。單親家庭與少年非行之探討。警學叢刊，29（3），117-152。

張在蓓、楊青薷譯（2020）。找回家庭的療癒力——多世代家族治療（*Multi-generation*

family therapy:Tools and resources for the therapist, by Andolfi, M., 2016）。臺北：心靈工坊。

張秀如（1998）親職教育的意義。收錄於蕭淑貞（總校閱）親職教育（pp.1-49）。香港：匯華。

鄔佩麗、陳麗英 （2011）。輔導原理與實務。臺北：雙葉。

楊康臨、鄭維瑄譯（2004）。家庭衝突處理：家事調解理論與實務（*The hand-book of family dispute resolution-mediation theory & practice*, by Taylor, A., 2007）。臺北：學富。

鄭雅蓉（2000）。青少年的價值觀與偏差行為之相關研究。靜宜大學青少年兒童福利學系碩士論文，未出版。

劉漢耀、劉瓊瑛譯（2003）學習家族治療——家族治療師的成長與轉化之旅（*Mastering family therapy—Journeys of growth and transformation,* by Minuchin, S., Lee, W-Y., & Simon, G. M., 1996）。臺北：心靈工坊。

劉瓊瑛譯（2012）。家族治療實務手冊（*Essential skills in family therapy: From the first to termination/2e*, by Patterson, J., Williams, L., Edwards, T. M., Chamow, L., & Grauf-Grounds, C., 2009）。臺北：洪葉。

賴歆怡（2011）。繼親家庭問題解決介入策略。家庭教育雙月刊，34，64-54。

羅皓誠與洪雅鳳（2011）重整之：再婚家庭常見的議題與介入考量。臺灣心理諮商季刊，第三卷第一期, 29-48。

Ajayi, C., Marquez, M. G., & Nazario,A. (2013). Culture and diversity: A lifelong journey. In A. Rambo, C. West, A. Schooley, & T. V. Byod(Eds.), *Family therapy review: Contrasting contemporary models* (pp.17-24). N.T.: Routledge.

Aponte, H. J., & Dicesare, E. J. (2002). Structural family therapy. In J. Carlson & D. Kjos (Eds.)(pp.1-18), *Theories and strategies of family therapy*. Boston, MA: Ally & Bacon.

Ballard, D. (5/10/2001). Adolescent health: For girls, having dad around is preventive medicine. *Women's Health Weekly*, 7-8.

Bartik, W., Maple, M., Edwards, H., & Kiernan, M. (2013). Adolescent survivors after suicide: Australia young people's bereavement narratives. *Crisis, 34*(3), 211–217.

Becvar, D. S., & Becvar, R. J. (2009). *Family therapy: A systemic integration*(7th ed.). Boston, MA:Pearson Education.

Berman, P. S. (2019). *Case conceptualization and treatment planning: Integrating theory with clinical practice*(4th ed.). Los Angeles, CA: Sage.

Burnett, C. (2013). Bowen family systems therapy. In A. Rambo, C. West, A. Schooley, & T. V. Boyd (Eds.), *Family therapy review: Contrasting contemporary models* (pp.67-69). N.Y.: Routledge.

Carlson, J.(2002). Strategic family therapy. In J. Carlson & D. Kjos(Eds), *Theories and strategies of family therapy*(pp.80-97). Boston, MA: Allyn & Bacon.

Cerel, J., Jordan, J., & Duberstein, P. (2008). The impact of suicide on the family. *Crisis, 29,* 38-44. doi: 10.1027/0227-5910.29.1.38

Chaplin, J. (1999). *Feminist counseling in action* (2nd Ed.). London: Sage.

China Post (11/9/07), Police analyze Finnish gunman's suicide note (by Peter Dejong). pp.1-2.

Connie, E. (2009). Overview of solution focused therapy. In E. Connie & L. Metcalf (Eds.), *The art of solution focused therapy* (pp.1-19). N.Y.: Springer.

Connolly, C. M. (2012). Lesbian couple therapy. In J. J. Bigner & J. L. Wetchler(Eds.), *Handbook of LGBT-affirmative couple and family therapy* (pp.43-56). N.Y.: Routledge.

Corey, G. (2009). *Theory and practice of counseling and psychotherapy* (8th ed.). Belmont, CA: Brooks/Cole——Thomson Learning.

Corey, G.(2017). T*heory and practice of counseling and pstchotherapy*(10th ed.). Boston, MA: Cengage Learning.

Corey, G., Corey, M. S., & Callanan, P.(2011). *Issues and ethics in the helping professions* (8th ed.). Belmont, CA: Brooks/Cole.

de Shazer, S., Dolan, Y., Korman, H., Trepper, T., McCollum, E., & Berg, I. K. (2007). *More than miracles: The state of the art of solution-focused brief therapy.* N.Y.: Routledge.

Duncan, B. L., Miller, S. D., & Sparks, L. A. (2003). Interactional and solution-focused brief therapies: Evolving concepts of change. In T. L. Sexton, G. R. Weeks, & M. S. Robbins (Eds.), *Handbook of family therapy* (pp.101-123). N.Y.: Brunner-Routledge.

Egan, G. (1998). *The skilled helper: A problem-management approach to helping* (6 ed.). Pacific Grove, CA: Brooks/Cole.

Elliott, M., & Clark, J. (2013). Faith and spirituality issues. In A. Rambo, C. West, A. Schooley, & T. V. Byod (Eds.), *Family therapy review: Contrasting contemporary models* (pp.33-37). N.T.: Routledge.

Emery, R. E., & Sbarra, D. A. (2002). Addressing separation and divorce during and after couple therapy. In A. S. Gurman and N. S. Jacobson (Eds.), *Clinical handbook of couple therapy* (3rd ed.)(pp.508-530). N.Y.: Guilford.

Flaskas, C. (2002). *Family therapy beyond postmodernism: Practice challenges theory.* East Sussex, GB: Brunner-Routledg

Flaskas, C. (2013). A systemic practice influenced by selected psychoanalytic ideas. In A. Rambo, C. West, A. Schooley, & T. V. Boyd (Eds.), *Family therapy review: Contrasting contemporary models*(pp.46-50). N.Y.: Routledge.

Gehart, D. (2014). *Mastering competencies in family therapy: A practical approach to theories and clinical case documentation*(2nd ed.). Belmont, CA: Brooks/Cole,—— Cengage Learning.

Gladding, S. T. (1998). *Family therapy: History, theory, and practice* (2nd ed.). Upper Saddle River, N.J.: Simon & Schuster/A Viacom Company.

Goldenberg, H., & Goldenberg, I. (1998). *Counseling today's families* (3rd ed.). Pacific

Grove, CA: Brooks/Cole.

Goldenberg, I., & Goldenberg, H. (2000). Family therapy: An overview(5th ed.). Pacific Grove, CA: Brooks/Cole.

Gordon, T. (2000). *Parent effectiveness training: The proven program for raising responsible children.* N.Y.: Three Rivers Press.

Green, R. J., & Mitchell, V. (2002). Gay and lesbian couples in therapy: Homophobia, relational ambiguity, and social support. In A. S. Gurman and N.S. Jacobson (Eds.), *Clinical handbook of couple therapy* (3rd ed.)(pp.546-568). N.Y.: Guilford.

Grever, C. (2012). Helping heterosexual spouses cope when their husband or wife come out. In J. J. Bigner & J. L. Wetchler (Eds.), *Handbook of LGBT-affirmative couple and family therapy* (pp.265-281). N.Y.: Routledge.

Guerin, P., & Guerin, K. (2002). Bowenian family therapy. In J. Carlson & D. Kjos (Eds.), *Theories and strategies of family therapy* (pp.126-157). Boston, MA: Allyn & Bacon.

Hackney, H. L., &Cormier, S. (2009). *The professional counselor: A process guide to helping* (6th ed.). Upper Saddle, NJ: Pearson.

Hale-Haniff, M. (2013). Virginia Satir's growth model: Therapy as intra- and interpersonal communication. In A. Rambo, C. West, A. Schooley, & T. V. Boyd (Eds.), *Family therapy review: Contrasting contemporary models* (pp.54-57). N.Y.: Routledge.

Haley, J., & Richeport-Haley, M. (2007). *Directive family therapy.* N.Y.: Haworth.

Hanna, S. M..& Brown, J. H. (1999). *The practice of family therapy: Key elements across models.* Belmont, CA: Wadsworth.

Hargrave, T. D., & Hammer, M. Y. (2013). Contextual family therapy. In A. Rambo, C. West, A. Schooley, & T. V. Boyd (Eds.), *Family therapy review: Contrasting contemporary models*(pp.72-75). N.Y.: Routledge.

Hooks, B. (2004). *The will to change: Men, masculinity, and love.* N.Y.: Artiabooks.

Huntley, E., & Hale-Haniff, M. (2013). Practitioner's perspective: Practicing psychoanalytic and experiential therapies today. In A. Rambo, C. West, A. Schooley, & T. V. Boyd (Eds.), *Family therapy review: Contrasting contemporary models*(pp.58-59). N.Y.: Routledge.

Jensen, L. C. & Kingston, M. (1986). *Parenting.* N.Y.: Holt, Rinehart & Winston.

Johnson, S. M. (2003). Attachment theory: A guide for couple therapy. In S. M. Johnson & V. E. Whiffen(Eds.), *Attachment processes in couple and family therapy* (pp.103-123). N.Y.: The Guilford Press.

Keim, J. (2013). Strategic family therapy.In A. Rambo, C. West, A. Schooley, & T. V. Boyd (Eds.), *Family therapy review: Contrasting contemporary models* (pp.89-93). N.Y.: Routledge.

Kim-Halford, W., & Moore, E. N. (2002). Relationship education and the prevention of couple relationship problems. In A. S. Gurman and N. S. Jacobson (Eds.), *Clinical handbook of couple therapy* (3rd ed.)(pp.400-419). N.Y.: Guilford.

Kjos, D.(2002). Feminist family therapy. In J. Carlson & D. Kjos (Eds), *Theories and strategies of family therapy* (pp.158-169). Boston, MA: Allyn & Bacon.

Knox, D. & Schacht, C. (1994). *Choices in relationships: An introduction to marriage and the family(4th ed.)*. St. Paul, MN: West.

Lebow, J. L. (2008). Couple and family therapy. In J. L. Lebow (Ed.), *Twenty-first century psychotherapies: Contemporary approaches to theory & practice* (pp.307-346). Hoboken, N. J.: John Wiley & Sons.

Lee, P. A. & Brage, D. G. (1989). Family life education and research: Toward a more positive approach. In M. J. Fine (Ed.), *The second handbook on parent education: Contemporary perspectives* (pp.347-378). San Diego, CA: Academic Press.

Lindblad-Goldberg, M. (2013). Ecosystemic family therapy. In A. Rambo, C. West, A. Schooley, & T. V. Boyd (Eds.), *Family therapy review: Contrasting contemporary models*(pp.86-87).N.Y.: Routledge.

Madigan, S. (2013). Narrative family therapy. In A. Rambo, C. West, A. Schooley, &T. V. Boyd (Eds.), *Family therapy review: Contrasting contemporary models* (pp.151-155). N.Y.: Routledge.

Maple, M., Plummer, D., Edwards, H., & Minichiello, V. (2007). The effects of preparedness for suicide following the death of a young adult child. *Suicide and Life-Threatening Behavior, 37*, 127–134.

McLendon, J. A., & Davis, B. (2002). The Satir system. In J. Carlson & D. Kjos (Eds), *Theories and strategies of family therapy* (pp.170-189). Boston, MA: Allyn & Bacon.

Metcalf, L. (2009). Solution focused therapy: Its applications and opportunities. In E. Connie & L. Metcalf (Eds.), *The art of solution focused therapy* (pp.21-43). N.Y.: Springer.

Mitchell, A., Kim, Y., Prigerson, H., & Mortimer-Stephens, M. (2004). Complicated grief in survivors of suicide. *Crisis*, 25, 12-18.

Miller, W. R. & Rollnick, S. (2013). *Motivational interviewing: Helping people change* (3rd ed.). N.Y.: Guilford.

Minuchin,S., & Nichols, M. P. (1993). *Family healing: Tales of hope and renewal from family therapy.* N.Y.: Free Press.

Minuchin,S., Reiter, M. D. & Borda, C.(2014).*The craft of family therapy: Challenging certainties.* N.Y.: Taylor & Francis.

Mitrani, V. B, & Perez, M. A. (2003). Structural-strategic approaches to couple and family therapy. In T. L. Sexton, G. R. Weeks, & M. S. Robbins (Eds.), *Handbook of family therapy* (pp.177-200). N.Y. : Brunner-Routledge.

Mosak, H. H., & Maniacci, M. P. (2006). *Tactics in counseling and psychotherapy.* Mason, OH: Thomson Brooks/Cole.

Nichols, M. P. (1992). *The power of family therapy.* Lake Worth, FL: Gardner.

Nichols, M. P. (2010). *Family therapy: Concepts and methods (9ᵗʰ ed.).* Boston, MA: Allyn & Bacon.

Nicholson, B., Anderson, M., Fox, R. & Brenner, V. (2002). One family at a time:A prevention program for at-risk parents. *Journal of Counseling & Development, 80*(3), pp.362-371.

O'Connell, B. (2007). Solution-focused therapy. In W. Dryden (Ed.), *Dryden's handbook of individual therapy* (5ᵗʰ ed)(pp.379-400). London: Sage.

Pollack, W. (1998). *Real boys*: *Rescuing our sons from the myths of boyhood.* New York: Random House.

Rambo, A., West, C., Schooley, A., & Boyd, T. V. (2013a).Compare and contrast: Psychoanalytic and experiential models. In A. Rambo, C. West, A. Schooley, & T. V. Boyd (Eds.), *Family therapy review: Contrasting contemporary models*(pp.60-61). N.Y.: Routledge.

Rambo, A., West, C., Schooley, A., & Boyd, T. V. (2013b). A brief history of psychoanalytic/ experiential models. In A. Rambo, C. West, A. Schooley, & T. V. Boyd (Eds.), *Family therapy review: Contrasting contemporary models*(pp.43-44). N.Y.: Routledge.

Rambo, A., West, C., Schooley, A., & Boyd, T. V. (2013c). A brief history of intergenerational models. In A. Rambo, C. West, A. Schooley, & T. V. Boyd (Eds.), *Family therapy review: Contrasting contemporary models*(pp 65-66). N.Y.: Routledge.

Rambo, A., West, C., Schooley, A., & Boyd, T. V. (2013d).Compare and contrast: Intergenerational models. In A. Rambo, C. West, A. Schooley, & T. V. Boyd (Eds.), *Family therapy review: Contrasting contemporary models* (pp.79-80). N.Y.: Routledge.

Rambo, A., West, C., Schooley, A., & Boyd, T. V. (2013e). Compare and contrast: Structural/ Strategic models. In A. Rambo, C. West, A. Schooley, & T. V. Boyd (Eds.), *Family therapy review: Contrasting contemporary models* (pp.116-118). N.Y.: Routledge.

Ratnarajah, D., & Schofield, M. (2008). Survivors' narratives of the impact of parental suicide. *Suicide and Life-Threatening Behavior, 38*, 618–630.

Rivett, M., & Street, E. (2003). *Family therapy in focus.* London: Sage.

Rober, P. (2017). *In therapy together :Family therapy as a dialogue.* UK. London:Plagrave.

Scharff, J. S., & Scharff, D. E. (2002). Object relations therapy, In J. Carlson &D. Kjos (Eds), *Theories and strategies of family therapy* (pp.251-274). Boston, MA: Allyn & Bacon.

Seligman, L. (2006). *Theories of counseling and psychotherapy: Systems, strategies, and skills* (2ⁿᵈ ed). Upper Saddle River, NJ: Pearson Prentice Hall.

Sharf, R. S. (2012). Theories of psychotherapy and counseling:Concepts and cases (International edition). Belmont, CA: Brooks/Cole-Cengage Learning.

Snow, K. (2002). Experiential family therapy. In J. Carlson & D. Kjos (Eds), *Theories and strategies of family therapy* (pp.296-316). Boston, MA: Allyn & Bacon.

Satir, V., Banmen, J., Gerber, J., & Gomore, M. (1991). *The Satir model: Family therapy and beyond.* Palo Alto, CA: Science & Behavior Books, INC.

Stern, E. E. (1981). Single mothers' perceptions of the father role and of the effects of father absence on boys. *Journal of divorce, 4*(2), 77-84.

Stinnett, N. & DeFrain, J. (1989). The healthy family: Is it possible? In M. J. Fine (Ed.), *The second handbook on parent education: Contemporary Perspectives* (pp.53-74). San Diego, CA: Academic Press.

Sweeney, T. J. (1989). *Adlerian counseling: A practical approach for a new decade* (3rd ed.). IN: Accelerated Development INC.

Taibbi, R. (1996). *Doing family therapy: Craft and creativity in clinical practice.* N.Y.: Guilford.

Tasker, F., & Malley, M. (2012). Working with LGBT parents. In J. J. Bigner & J. L. Wetchler(Eds.), *Handbook of LGBT-affirmative couple and family therapy* (pp.149-165). N.Y.: Routledge.

Tunnell, G. (2012). Gay male couple therapy: An attachment-based model. In J. J. Bigner & J. L. Wetchler (Eds.), *Handbook of LGBT-affirmative couple and family therapy* (pp.25-42). N.Y.: Routledge.

Walsh, F. (1998). *Strengthening family resilience.* New York: Guilfrod.

Wark, L. (2000). Young boys with absent fathers: A child-inclusive intervention. *Journal of Family Psychotherapy, 11*(3), 63-68.

Witty, C. J. (2013). Practitioner's perspective: Narrative therapy as an essential tool in conflict and trauma resolution. In A. Rambo, C. West, A. Schooley, & T. V. Boyd (Eds.), *Family therapy review: Contrasting contemporary models* (pp.161-162). N.Y.: Routledge.

Wulff, D. (2013). Using family therapy à la Carl Whitaker. In A. Rambo, C. West, A. Schooley, & T. V. Boyd (Eds.), *Family therapy review: Contrasting contemporary models* (pp.51-53). N.Y.: Routedge.

Yalom, I. D. (1995). *The theory and practice of group psychotherapy* (4th ed). N.Y.: BasicBooks.

Young, K. S. (1999). Internet addiction: Symptoms, evaluation, and treatment. In L. Vande-Creek & T. Jackson (Eds.), *Innovations in clinical practice: A source book* (Vol. 17, pp.19-31). Sarasota, FL: Professional Resource Press.

Zarate, M., Roberts, R., Muir, J. A., & Szapocznik, J. (2013). Brief strategic family therapy. In A. Rambo, C. West, A. Schooley, & T. V. Boyd (Eds.), *Family therapy review: Contrasting contemporary models* (pp.108-113).N.Y.:Routedge.

國家圖書館出版品預行編目資料

圖解家族治療／邱珍琬著. -- 初版. -- 臺北
市：五南圖書出版股份有限公司, 2021.08
　面；　公分
　ISBN 978-986-522-931-3（平裝）

1.家族治療　2.心理治療

178.8　　　　　　　　　　110010676

1B1N

圖解家族治療

作　　者 — 邱珍琬（149.29）

發 行 人 — 楊榮川

總 經 理 — 楊士清

總 編 輯 — 楊秀麗

副總編輯 — 王俐文

責任編輯 — 金明芬

封面設計 — 王麗娟

出 版 者 — 五南圖書出版股份有限公司

地　　址：106台北市大安區和平東路二段339號4樓

電　　話：(02)2705-5066　　傳　　真：(02)2706-6100

網　　址：https://www.wunan.com.tw

電子郵件：wunan@wunan.com.tw

劃撥帳號：01068953

戶　　名：五南圖書出版股份有限公司

法律顧問　林勝安律師事務所　林勝安律師

出版日期　2021年8月初版一刷

定　　價　新臺幣320元

經典永恆・名著常在

五十週年的獻禮——經典名著文庫

五南,五十年了,半個世紀,人生旅程的一大半,走過來了。

思索著,邁向百年的未來歷程,能為知識界、文化學術界作些什麼?

在速食文化的生態下,有什麼值得讓人雋永品味的?

歷代經典・當今名著,經過時間的洗禮,千錘百鍊,流傳至今,光芒耀人;

不僅使我們能領悟前人的智慧,同時也增深加廣我們思考的深度與視野。

我們決心投入巨資,有計畫的系統梳選,成立「經典名著文庫」,

希望收入古今中外思想性的、充滿睿智與獨見的經典、名著。

這是一項理想性的、永續性的巨大出版工程。

不在意讀者的眾寡,只考慮它的學術價值,力求完整展現先哲思想的軌跡;

為知識界開啟一片智慧之窗,營造一座百花綻放的世界文明公園,

任君遨遊、取菁吸蜜、嘉惠學子!